河北省社会科学基金项
河北省重点学科：企业

京津冀
旅游协同发展研究

白翠玲 杨丽花 张启 和文征 杨建朝◎著

中国财经出版传媒集团

经济科学出版社
Economic Science Press

图书在版编目（CIP）数据

京津冀旅游协同发展研究／白翠玲等著.—北京：
经济科学出版社，2018.5
ISBN 978 - 7 - 5141 - 9358 - 9

Ⅰ.①京…　Ⅱ.①白…　Ⅲ.①地方旅游业 - 旅游
业发展 - 研究 - 华北地区　Ⅳ.①F592.72

中国版本图书馆 CIP 数据核字（2018）第 112450 号

责任编辑：周胜婷
责任校对：郑淑艳
责任印制：邱　天

京津冀旅游协同发展研究

白翠玲　杨丽花　张启　和文征　杨建朝　著
经济科学出版社出版、发行　新华书店经销
社址：北京市海淀区阜成路甲 28 号　邮编：100142
总编部电话：010 - 88191217　发行部电话：010 - 88191522
网址：www. esp. com. cn
电子邮件：esp@ esp. com. cn
天猫网店：经济科学出版社旗舰店
网址：http://jjkxcbs. tmall. com
固安华明印业有限公司印装
710 ×1000　16 开　14.75 印张　300000 字
2018 年 5 月第 1 版　2018 年 5 月第 1 次印刷
ISBN 978 - 7 - 5141 - 9358 - 9　定价：68.00 元
（图书出现印装问题，本社负责调换。电话：010 - 88191510）
（版权所有　侵权必究　打击盗版　举报热线：010 - 88191661
QQ：2242791300　营销中心电话：010 - 88191537
电子邮箱：dbts@esp. com. cn）

前　言

　　作为与国际接轨时间较早、整体开放程度较高的中国旅游业，由于具有强关联度、高乘数效应以及较低的市场准入度，在全国许多地区，尤其是经济欠发达地区，把旅游业作为地区经济发展的先导产业，区域之间、城市之间、景区之间以及行业之间的协作逐渐形成共识，合作形式不断创新，区域内合作与区域间的竞争成为继景点竞争与合作、线路竞争与合作、城市竞争与合作阶段之后的主要形式，世界各地的旅游合作已经呈星火燎原之势。从世界范围来讲，旅游区域合作成为世界旅游业发展的一种趋势，如欧洲的北欧地区、西欧地区、地中海沿岸区域的旅游业合作，东南亚国家的旅游业合作，东北亚国家的旅游业合作，美加墨区域旅游合作，加勒比海区域旅游合作等。旅游区域合作已经成为提高旅游竞争力、改善区域旅游总体形象，实施旅游业持续、健康、快速发展的重要途径。

　　我国旅游业经历了景点竞争、线路竞争、城市竞争后，当前开始进入区域旅游合作的阶段，区域旅游合作呈现前所未有的发展态势。中国各个地区的旅游产业加强联系、紧密合作，是旅游业发展到一定阶段的必然结果，也是实现旅游可持续发展的必然选择。区域旅游合作的实质是扩展区域旅游资源优化的区间，进行区域旅游合作就是扩大旅游资源配置的区域空间和增加资源配置的优化选择的可能性。

　　当前，我国经济发展正处于转型升级的关键时期，国内旅游市场持续高速增长，入境旅游市场平稳增长，出境旅游市场增速进一步放缓。旅游业已成为新旧动能转换的重要切入点，不仅本身能创造有效供给，而且在产业链中关联性、带动性强，是拉动经济增长的重要动力。

　　京津冀地区作为我国重要的城市群、都市圈，特别是在国家提出京津冀协同发展战略之后，京津冀如何协同发展，成为学术界和业界关注的热点和重点问题。旅游业作为京津冀地区重要产业之一，是实现京津冀产业协同的先导产业。同时，党的十九大报告中提出"我国社会主要矛盾已经转化为人民日益增长的美好生活需要和不平衡不充分的发展之间的矛盾"，可以说旅游是人民生活水平提高的产物，也是美好生活的重要体现。然而旅游业发展还存在不平衡不充分的问题，突出表现在以下几个方面：旅游消费需求日趋多元而旅游产品有效供给不足；人民群众休闲度假旅游需求增加，而带薪休假制度落实不到位；广大游客期待安全、便利、高品质的旅游产品，而一些旅游市场秩序混乱、旅游水平落后；旅游发展需要综合协调和综合执法，而旅游管理体制改革创新相对滞后。这些都需要在今后的发展中逐步解决，才能更好地服务于提高人民生活水平，满足人民美好生活需要这一宗旨。作为直接服务于人民美好生活的旅游业，要紧紧把握新时代我国社会发展的主要矛盾，将旅游业发展提升到新的水平，在党领导人民美好生活的伟大征程中发挥应有的作用。

　　京津冀实现旅游业协同发展是亟须解决的现实问题。京津冀地区不仅有丰富的、优质的人文旅游资源，同时还拥有优美的自然旅游资源，是主要的旅游目的地之一，但区域内部的不均衡现象非常显著，北京、天津两市作为区域的两大核心，尤其北京在京津冀区域内部处于绝对核心地位，接待的国内旅游人数始终居于首位，对周边城市和地区存在虹吸效应，导致这些地区出现了集聚阴影。与国内其他都市圈如长三角和珠三角城市群相比，其内部发展的不均衡现象尤其明显，出现了所谓的"环京津贫困带"，因而协同发展策略的提出就是要解决空间结构的不均衡现象，实现区域的均质化、一体化发展。

　　目前，在京津冀协同发展、雄安新区建设等国家战略提出和发展过程中，京津冀旅游经济空间结构将面临重构，极有可能打破这种不均衡的格局。2013～2016 年旅游人次和旅游收入增长迅速，年增长率在 10% 左右。京津冀地区作为我国经济发展的核心地区和世界上最具活力和发展前景的经济区域之一，京津旅游资源丰富、服务设施完善、交通方便快捷，旅游业发展水平在我国处于领先水平。现阶段，尤其是雄安新区战略提出和 2022 年冬奥会的到来，如何使整个区域提质增效发挥京津示范带动作用，促进区域的整体优化发展，成为当务之急。

在研究中，本书课题组非常重视与相关单位的沟通与协作，重视理论联系实际，本人多年来一直在从事京津冀协同方面的研究，如发表的"基于帕累托最优的京津冀旅游企业合作路径选择""基于投入—产出的旅游协同创新分析与系统构建""京津冀区域旅游发展中政府合作机制研究""京津冀区域旅游合作模式"等论文，并申请相关课题。为了更深入地了解京津冀旅游协同发展现状，掌握京津冀旅游协同程度，分析河北省京津冀旅游协同在空间、产业、景区、市场等方面所面临的问题，课题组通过网络、实地等进行调研，对京津冀合作发展历程，京津冀协同发展现状、协同度、空间经济联系度进行分析研究，并对其京津冀旅游产业关联度、长城、旅游景区、旅游景区营销等方面进行对比分析，提出京津冀协同模型和对策建议；并以河北省旅游产业集群，从创新的角度，提出以产业集群为代表的产业空间结构优化和产业结构优化的创新策略。

本书认为京津冀旅游协同发展大势所趋，是区域经济发展的必然结果，也是京津冀旅游业发展的必经之路，旅游产业协同发展是京津冀区域经济中观层面发展的重点。但研究发现京津冀三地的旅游协同度不够理想，京津冀三地旅游系统的协同发展还有巨大的潜力和空间。从区域系统的角度来讲，北京的溢出效应不够明显，京津冀旅游产业有序度需要加强。从区域空间的角度来看，京津冀旅游经济联系度和联系量明显提高，旅游经济联系日益紧密。京津冀网络结构呈现北部和南部相对稀疏，中东部相对密集的非均质格局。雄安新区为战略中心，在京津冀地区的旅游经济发展中具有战略地位，也是未来京津冀旅游发展的中间节点，也是旅游经济联系的桥梁和纽带。京津冀旅游协同发展进入了加速期，石家庄和邯郸成为除北京和天津之外的京津冀的旅游经济网络结构中心，逐步从"两核独大"网络格局向"两核带动，多点发展"转变，冀北、冀东和冀南旅游发展进入了新时期，区域整体网络化初步形成。跨区域的景区协同管理难度较大，需要旅游经济中的各部门积极参与，也需要层次分明、条理清楚的协同创新管理路径和机制，旅游景区的协同创新管理可从旅游经济体系中的资源、产品、市场三方面来实施。从政府、行业和企业层面探讨其合作模式和协同对策建议。所以本书致力于为京津冀旅游协同发展提供借鉴，也积极向政府有关部门提出合理化建议。本书是基于作者多年研究的思考，仅供读者参考，与读者交流学习，以期对京津冀协同有一点贡献。

白翠玲

2018 年 3 月

目　　录

第一章 绪 论

国际旅游协同无论从协同的力度来讲，还是展开的层面以及进度来讲，都比国内成熟一些。国内外区域旅游协同是政府、行业、企业三个层面展开的。政府在协同中的作用举足轻重，并在不同的地区取得了不同程度的进展。

从国内来讲，长江三角洲区域旅游合作在逐步深化发展，珠江三角洲发展已比较成熟，京津冀协同也在逐步发展之中。京津冀区域合作体在中国旅游发展中有着重要意义和地位，但由于各种原因，还存在会议多、决议多、实质内容少、彼此缺乏联系及合作的问题。京津冀三地的旅游产业各有特色，发展机遇与程度各不相同，但同时又存在互补与合作的基础。京津冀地域相连，人脉相通，旅游资源丰富，旅游人口密集。同时，区位优越，交通便捷，大都市群集聚趋势明显，将打造京津冀世界级旅游目的地。

自改革开放以来，专家学者们对京津冀旅游圈投入了巨大的热情，描绘了一幅又一幅近乎完美的规划和蓝图。但经过30多年的发展，京津冀区域旅游仍然处于自然发展阶段，区域内部的行政区经济分散化大于一体化，分割强于依存，排斥多于合作，原有计划经济体制下的区域内部，特别是城市群体之间形成的一些不合理、不公平等因素仍然在发挥作用并不断强化，在区域经济发展过程中引发了诸多矛盾和问题。

一、京津冀区域旅游协同必要性

京津冀区域旅游协同对京津冀旅游产业、旅游企业和区域经济协同发展都有巨大的促进作用。而区域旅游协同机制有助于区域旅游协同更有实效的开展，有助于区域旅游协同健康可持续发展，并且是区域旅游协同最具指导意义的理论问题，更是区域旅游协同的重点问题。

（一）京津冀协同是疏解北京"非首都功能"的主要途径

北京作为我国的首都，也是世界上具有"大城市病"最明显的城市。大城市病表现出来的是与城市发展不协调的失衡和无序现象，它造成了资源的巨大浪费、居民生活质量下降和经济发展成本上升，进而导致整个城市竞争力下降或丧失，阻碍了城市的可持续发展。作为我国政治、文化、国际交往中心的北京，应在全世界面前树立国家首都良好的对外形象，应该拥有完善的首都功能，推进世界城市建设。但是目前北京正面临"大城市病"的困扰，交通拥堵、环境污染、人口膨胀、房价高涨等已经成为困扰北京居民正常生产、生活的主要问题。目前，北京亟须解决的问题就是疏解人口、交通和环境压力。解决北京"大城市病"问题，不仅需要从北京自身入手，疏解非首都功能以及加快一般制造业产业转移，还应通过京津冀之间建立有效的合作机制和路径，为治理北京"城市病"提供有效手段。通过北京产业、企业、机构的向外转移，也为天津、河北产业转型升级、提升经济发展质量提供重要机会。京津冀协同发展，特别是疏解北京非首都功能，为解决北京"大城市病"、破解京津冀深层次问题，提供了一个系统性的解决方案。

（二）京津冀旅游协同是区域经济发展的必然选择

京津冀区域旅游协同能够促进京津冀地区旅游产业的发展；而京津冀旅游产业的发展为我国旅游业提供了有力的支撑，为京津冀地区经济提供了新的增长点。

未来国际竞争有一个趋势性变化，即由城市与城市之间的竞争，逐步转化为城市群与城市群之间的竞争。目前，国际上具有较强竞争力和影响力的城市群或都市圈主要包括大纽约都市圈、巴黎都市圈、伦敦都市圈、东京都市圈等。京津冀城市群是继长三角、珠三角之后，我国东部沿海地区又一个重要的城市群，2013 年、2014 年、2016 年京津冀城市群地区生产总值分别占全国的 11%、10.44% 和 10%，但从目前的经济总量和经济实力看，不仅与国外大的都市圈存在很大差距，即使与国内的长三角和珠三角相比，也处在落后位次。例如，2014 年，长三角地区生产总值 12.88 万亿元，约占全国的 20.24%；珠三角地区生产总值 6.78 万亿元，约占全国的 10.65%。2016 年珠三角地区生产总值 6.79 万亿元，占全国的 9.1%；2016 年长三角地区生产总值 14.72 万亿元，占全国的 19.79%[①]。因此，未来京津冀的发展，不能仅站在北京、天津、河北各自的位置，而应该站在京津冀城市群整体的高度，甚至站在国家的高度，从参与国际竞争的角度出发，密切三地之间的经济联系和优化整体竞争力格局，积极打造中国具有实力和竞争力的首都经济圈，实现"规划纲要"提出的"成为国际上具有较强竞争力和影响力的城市群"的目标。

旅游业作为现代服务业的重要组成部分，对地区经济的贡献不断增长；京津冀地区旅游产业的发展不仅关系到京津冀地区经济的增长，更关系到实现增长方式能否从制造经济向现代服务经济的成功转型。从产业经济的角度分析，旅游业能够拉动经济增长的主要原因在于：旅游业能够拉动相关产业发展；旅游业能够拉动就业；符合世界区域经济发展规律的要求，是区域经济发展的必然选择，区域经济一体化运动已遍布全世界，并在明显加快的步伐呈现出"区域重叠、区内套区"的特点，突破了区域性经济一体化只能根据相同的发展程度组成的传统模式；京津冀区域经济一体化发展具有现实性和可行性，京津冀山水相连，地理上是一体，历史上也是一体。而近几十年形成的行政区划，将京津冀割成了三个"片断"，有人形象地说，河北是"没心（心脏地带——北京）没肺（主要出海口——天津）"，天津是失去了腹地，北京只好长期在内部"划圈—摊大饼"。这种分割影响了这一区域的整体发展，无论从京津冀还是华北来说，都需要这一区域的整合。京津冀一体化的发展，有利于各城市在经济上取得互补效应，加速消除城乡二元经济结构，在生态上可缓解城市的热岛效应，在文化上便于多样化的充分交融。

京津冀地区具备完整的基础设施体系，京津冀地区开始形成适应大北京建设的基础产业体系，初步形成与大北京建设相适应的城镇体系，为区域旅

---

① 根据中华人民共和国国家统计局网站数据整理而得。

游合作奠定了基础。

（三）旅游产业协同是京津冀旅游协同发展的基础和保障

区域旅游协同有助于京津冀地区旅游业的发展，并且为全国旅游业提供了强有力的支撑。京津地区是中国北方旅游龙头，是全国旅游业的核心之一。京津冀区域旅游既是中国旅游参与国际竞争的主体力量，又是中国旅游产业的重要支撑。对京津冀旅游业的期望，不仅仅停留在其自身的发展上，更希望发挥其辐射作用，真正成为区域乃至中国旅游业的"航空母舰"，带动区域内乃至国内其他地区旅游业的共同发展。京津冀地区旅游业的健康发展对于我国旅游资源的开发利用、旅游品牌的形成、旅游产品的升级、旅游管理机制的创新，都具有借鉴意义。京津冀地区一直以来都是我国经济发展的核心区域，在经济各个方面对全国的示范作用也更为突出。

区域旅游协同可以使京津冀地区旅游业获得以下几种优势。

1. 利用整体旅游资源优势，实现共赢

区域旅游资源整合是区域旅游业发展的核心因素。京津冀地区旅游资源既有北方的皇家园林，又有充满现代气息的都市情调，旅游资源各具特色，有很强的互补性，如果关系处理得当，合作性会大于竞争性。整个京津冀地区旅游业实行合作，能够在更大范围内实现资源的优化配置，打造更高级别的旅游精品项目，设计新颖独特的旅游线路，就可以发挥京津冀各个地区旅游资源禀赋的优势，同时避免内部互相竞争，为京津冀地区各个城市的旅游业都带来收益，实现共赢。

2. 共享各种资源，获得成本优势

京津冀地区密切的经济联系使得相互共享各种资源成为可能。通过共享设施形成规模经济来减少资源浪费、降低单位成本；通过共享品牌形象、销售队伍、销售渠道，来降低广告费用和销售成本；通过共享旅游市场、实现旅游客源交换使成本内化。因此，京津冀区域旅游合作可以使整个地区旅游资源的配置达到最佳，获得成本优势。

联合营销可以克服以单个区域为单位促销中出现的资金、人才等的不足，实施整体联合营销，不仅有利于策划形成整体旅游形象，而且可以同时推出和宣传若干条线路或核心吸引物，使各区域都能获取整体的宣传效益。显然，区域旅游合作的形成有利于实现区域联合宣传、区域联合营销。独立一个城市给人的吸引力毕竟有限。推广无障碍旅游后，在推广宣传中都是联合京津冀地区多个城市，把几个城市各具特色的景点串联起来，设计旅游产品，共建旅游品牌，共筑区域旅游形象，共享规模效益。

3. 增大旅游产业规模，增强抗风险能力

一个旅游地无论具有多么大规模和吸引力，也不可能拥有市场竞争所需要的全部优势；由于资源结构或产品结构的弱点，一个旅游地是不可能抵御所有的经济、环境等因素对这个地方旅游业的冲击。而不同的旅游地进行合作，则能够相互弥补各自的弱点和缺陷，变小船队为大型"航空母舰"，提高抵御经济、环境冲击的能力。京津冀地区通过旅游合作建立的庞大旅游产业规模，其抗风险能力随着产业规模的扩大而增强。

（四）旅游企业创新管理是京津冀旅游协同的效果保障

从旅游经营实体的角度，旅游企业通过合作能够增强旅游企业的竞争力，从而提高京津冀地区旅游业的活力。通过协同来增强旅游企业竞争力，主要体现在以下几个方面。

1. 通过协同可以扩大旅游企业的经营范围

旅游企业的发展壮大需要以市场规模的扩大作保证，单个旅游企业的市场拓展能力受到其经营规模的制约而变得极为有限。旅游企业只有依靠合作，才能有效地拓展市场，扩大旅游市场的范围。同时，旅游企业之间相互联合可以越过地方市场壁垒，直接在更大区域面向市场开展营销，或吸引其他区域的消费者来本区域消费。旅游饭店集团的跨地区合作经营，就是通过在其他地区建立连锁饭店直接吸引当地人，从而达到扩大市场之目的。旅游景区的异地合作，则是通过在异地经由合作伙伴向当地客源市场开展宣传推广，最终吸引异地游客前来本景区进行游览、观光、度假等活动，扩大市场范围。

京津冀区域旅游合作给区域内的旅游企业提供了合作平台，旅游企业可以通过这个平台共享异地的客源市场，开发新的客源，从而壮大自己的经营范围；也可以通过这个平台利用异地的旅游资源、人力资源、资金和信息资源，从而降低成本，实现多样化经营。例如：旅行社和旅游景区景点之间的联合，可以使景区景点企业在更大范围内利用、调配旅游资源、人力资源、资金和信息资源，增加企业利用资源的种类、数量、质量，提高旅游产品种类和旅游产业链；旅游饭店企业的联合，同样扩大了各单个企业的资金、人力和信息资源利用空间，有利于自身的实力壮大。

2. 通过协同可以协调各个旅游企业的利益，避免恶性竞争

当今旅游企业的竞争日益激烈，很多旅游企业只看自身利益，相互之间不沟通、少合作，结果恶性市场竞争不断发生，恶性竞争使各方均受到损伤，现在国内许多旅行社竞相压价，使原本就低利润的旅行社行业更是雪上加霜，直接导致部分旅游企业亏损经营、资不抵债或破产淘汰。

京津冀区域旅游协同有助于旅游企业在区域内展开交流合作，就能有效协调彼此的利益关系，形成合理的分工协作，共同丰富产品结构，扩大市场份额，壮大经济实力，提高企业竞争力，减少甚至消除恶性竞争带来的损失。

3. 通过协同可以提高旅游企业的综合素质

京津冀旅游企业数量较大，但在经营理念、运行管理、管理技术、服务质量、营销业绩上有相当大的差距。以旅行社业为例，除了国旅总社、中青旅、康辉国旅等少数几家旅行社实行了集团化、资本经营外，大多数旅行社规模小，经营效率低，抗风险能力弱，缺乏核心竞争力。通过合作，旅游企业可以相互学习借鉴对方的先进管理经验、先进经营思想，共同提高整个地区旅游企业的综合素质，使京津冀地区的旅游企业获得较快发展。

二、区域旅游协同研究概述

如图 1-1 所示，分别以旅游、区域协同创新和京津冀、旅游、区域协同创新为关键词的检索结果显示，从趋势上来看，国内相关研究起于 1986 年且逐年攀升，而后逐渐稳定。京津冀相关研究出现时间与其类似，然而增长十分平缓；从总量上看，京津冀区域相关研究文献数量远低于国内研究文献数量，有权威可参考文献十分有限。第一篇较精准的旅游协同创新的文献发表

在 1989 年的《旅游学刊》上，主题为旅游与民航协同发展的思考与对策（见表 1-1）。自 2000 年，相关研究开始迅速增加，其中以旅游合作创新的居多，协同创新的仍然有限，旅游区域协同最早出现在 2008 年的《青岛科技大学学报》上。

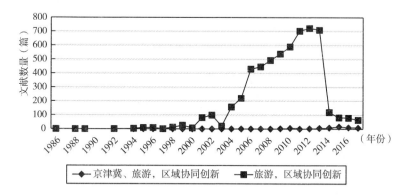

图 1-1　1986～2017 年对于两个关键词所能检索的文献数量对比

表 1-1　　　　不同关键词在 1986～2017 年所能检索的文献数量统计

年份	京津冀、区域协同	京津冀、旅游	京津冀、旅游、协同	旅游、协同	旅游、创新	旅游、协同、创新
1986	0	0	0	0	0	0
1988	0	3	0	0	0	0
1989	0	1	0	1	0	0
1992	0	0	0	0	1	0
1994	0	0	0	0	3	0
1995	0	0	0	0	9	0
1996	0	0	0	0	9	0
1997	0	0	0	0	1	0
1998	0	0	0	0	12	0
1999	0	1	0	0	26	0
2000	0	0	0	0	7	0
2001	0	0	0	2	81	0
2002	0	1	0	3	99	0

年份	京津冀、 区域协同	京津冀、 旅游	京津冀、 旅游、 协同	旅游、 协同	旅游、 创新	旅游、 协同、 创新
2003	0	1	0	5	20	0
2004	0	7	0	3	157	0
2005	0	13	0	9	220	0
2006	0	8	0	13	430	1
2007	0	16	0	15	446	0
2008	0	9	0	20	492	1
2009	2	28	0	18	538	0
2010	5	21	0	21	589	0
2011	0	23	2	31	702	0
2012	2	22	1	41	722	0
2013	5	11	0	48	709	6
2014	8	5	1	7	119	3
2015	16	18	0	2	81	0
2016	10	29	0	3	79	0
2017	8	9	0	1	64	0
合计	56	226	4	243	5616	11

（一）区域旅游协同研究历程

1965 年，安索夫（Ansoff）在 *Corporate Strategy* 一书中首次提出了协同的概念。他指出协同的基础是资源共享，通过协同主体之间共生互长的关系，实现价值创造，企业内部的协同创造尤为重要。20 世纪 70 年代初，德国物理学家赫尔曼·哈肯认为，协同是一个由大量子系统组成的系统，各子系统通过有目的的"自组织"过程，形成新的稳定有序结构。协同，可以理解为有效协调并组织两个或两个以上的不同个体或系统，使其一致有序地完成某一目标的过程，它共包含两个层面的含义：一是"协"，即相互协调与配合的关系；二是"同"，即共同合作、团结一致的过程。随着社会的不断进步，协同的内涵也在不断丰富，不仅包括了人与人、人与环境之间的协作，也包括了不同技术、不同资源乃至不同经济社会系统的全面协调。协同理论表明，某一系统内部的不同要素之间或是不同系统之间在演化过程中总存在着合作、竞争、协调与同步的行为，它们相互影响共同推动系统稳步有序向前发展。因此，协同不仅体现了物种对所处环境的适应能力，还能促进各类系统有序与稳定的变化过程。

对于区域旅游协同的研究源于区域旅游合作的研究，这是区域旅游协同研究的第一阶段。学者们从区域合作的必要性、内容与措施等方面进行了研究。陈万本（2005）认为在经济合作的大背景下，寻找共同的利益点，是合作得以实现的源泉。牛江艳、曹荣林、杨新军（2007）选取陕甘豫三省为研究对象，运用区域地理学和旅游学相关概念和理论，分析其合作的必要性、可能性，提出合作的模式和三省域旅游合作的构想。

区域旅游协同研究的第二阶段主要集中在对协同框架、发展模式、实现路径、影响因素等方面。粟路军（2006）认为，区域旅游协同发展模式是以地方利益为基础，协同发展为目标，以市场交易为协同方式，以政府机制为协同保障。张欢欢（2008）以协同理论为主要理论基础，以区域旅游产业为研究对象，构建了区域旅游产业协同发展的理论研究框架，并对西北地区旅游产业协同发展的实践进行了实证研究。赵建强等（2011）引用赫芬达尔—赫希曼指数（HHI）模型，通过人口、经济、交通、旅游景区、酒店、旅行社集中度6方面指标对城市旅游协同发展水平进行了分析。韩宁（2015）在分析区域旅游发展协同路径的深层次内涵的基础上，研究了区域旅游协同发展模式以及"一带一路"背景下区域旅游发展协同路径。

（二）区域旅游创新研究

1912年，约瑟夫·熊彼特（Joseph A. Schumpeter）在其著作《经济发展理论》中首次对"创新"的概念进行界定，他认为创新是在生产体系中引入一种未曾出现过的生产要素、条件以及它们的新组合形式，是一种非线性的质的变化，而不是量的积累。创新是一种毁灭性的创造。一次创新活动过程，既是对旧的生产要素资本的毁灭，也是从未有过的生产条件和生产要素的全新重组，创新就是通过反复的"毁灭—创造"活动，推动经济持续向前发展。在众多的企业经营者中企业家是创新的主要动力源，企业家应具备的首要素质就是创新意识。约瑟夫·熊彼特的思想重点突出对企业家创新能力的要求，反映出企业家在企业创新和经营管理决策过程中的重要地位。创新理论一直备受各界学者的重视，随着学者们对创新理论的深入研究，创新理论也在不断地发展和成熟，我国创新研究是在国外创新研究的基础上发展起来的。区域创新系统（RIS）的概念最早由库克（Cooke）在1992年提出，他对区域创新系统进行了较早和较全面的理论及实证研究，认为区域创新系统主要是由在地理上相互分工与关联的生产企业、研究机构和高等教育机构等构成的区域性组织体系，而这种体系支持并产生创新。

目前，国内旅游创新主要集中在区域创新和旅游企业创新。区域旅游创新研究主要包括合作模式、体制创新、创新模型和创新体系等领域，例如，秦学、黄细嘉等（2007）展开了对"泛珠三角"、深港、桂西南等旅游合作模式以及区域中心城市旅游联动创新模式等探讨。刘俊杰等（2000）对珠三角旅游业的创新与优化，杨琴（2009）对湖南省旅游产业结构升级优化技术创新模型，陈娟、徐丽霞（2009）等对旅游开发的创新及其系统等，进行了研究。麻学锋（2005）从区域产业集聚与创新角度分析地方旅游产业集聚的空间及其创新。旅游企业创新行为的经验性研究上区域合作。如刘敏（2010）以平遥古城为例，对旅游企业创新内容、创新动力以及创新来源和渠道进行了初步探讨；王君正和吴贵生（2007）运用因子分析和结构方程模型方法，检验了创新活动对旅行社企业绩效的影响，并基于服务创新四维度模型，对国内旅行社创新模式选择进行实证研究。对于旅游协同创新的研究还为数不多。

（三）京津冀区域旅游协同研究

京津冀旅游合作从20世纪80年代兴起，30年来三地的合作在逐步加深，但由于行政区域的割裂，三方的合作仍然没有踏入深水区，缺乏具体制度和项目作支撑。"十二五"以来，京津冀区域一体化进程已经进入实质性发展阶段，三地在产业转移、人才互通、信息共享等方面的合作都有了具体行动，在这一背景下，京津冀区域的旅游合作将面临更加顺畅的行政渠道、更加成熟的合作市场，有关京津冀旅游合作的研究成果增多。

京津冀旅游协同的首次研究为李登科（1988）对京津冀地区旅游发展趋势的探讨，陈传康（1989）对华北文化旅游区与京津冀旅游开发协作，提出京津冀旅游区在华北区中的地位及其客源层次，京津冀区域旅游开发结构及其协作。在 1995 年，郭康教授就预见性地提出了由北京、天津、河北、山西、辽宁、内蒙古、河南、山东八省区市"构建我国最大的区域旅游协作系统——北方旅游协作区"的构想，1997 年，邸明慧提出了"北京大周边地区"的概念，以及河北省与北京、天津的合作战略。自此，京津冀旅游合作研究逐渐开展。

2000 年以后研究成果逐渐增多，主要从京津冀空间结构、区域经济、合作模式和机制的角度对河北与京津的合作发展进行了深入研究。其中的研究脉络大致是区域旅游协同创新驱动力——现状——发展模式。对于京津冀旅游合作的研究内容主要集中于合作模式的探索以及旅游产业合作方面，如白翠玲、苗泽华（2008）提出旅游企业及其构建统一的旅游市场合作机制，并给予帕累托最有提出京津冀旅游企业合作路径选择，提出政府应该健全协调机构、建议利益补偿机制、促进企业成为合作的主体以及构建统一的旅游市场的合作机制。苗泽华、白翠玲等（2009）在分析了京津冀合作存在问题的基础上，把合作模式体系整理为整体空间、政府、旅游行业协会、旅游企业四个角度，并从四个角度分别探讨了京津冀区域旅游合作模式。张亚明（2009）以系统动力学分析为基础，得出京津冀未来旅游业发展的模拟结果，并以此作为京津冀区域旅游业发展规划的科学依据。

2010 年之后，开始了京津冀协同发展的研究。白长虹（2011）以滨海新区为例，分析了京津冀地区文化产业与区域旅游协同发展的可行性意义，旅游景区的协同管理是旅游合作网络的终端，是区域旅游合作的最终落脚点。刘丽娟（2011）提出京津冀都市圈旅游发展相对落后于长三角和珠三角区域，要想真正成为中国旅游经济的第三极，必须加快京津冀都市圈的整合。宁泽群（2013）等认为京津冀区域旅游的发展模式应该依据旅游资源和市场的聚集特点将市场分为两层，从而因两层市场的消费主体不同而分享利益目标，刘德谦（2014）、魏小安（2014）、白长虹等（2014）、戴学锋（2014）、刘锋（2014）、窦群（2014）、刘思敏（2014）进行了京津冀旅游协同发展的回望，分析其推力和阻力，合作中存在的问题，从信息化和城市化角度分析京津冀区域旅游一体化，开始了不同角度的研究，并提出协同发展是一体化发展的重要力量。

2015年《京津冀协同发展纲要》发布之后，对于京津冀一体化效率、旅游公共服务设施、一体化背景下的乡村旅游发展等开始涉及。冯智恩（2015）结合新形势下我国旅游产业的发展特点，针对京津冀区域旅游协同发展中存在的主要问题和关键节点，提出相应的对策建议。王凤娇（2016）采用定性和定量相结合的研究方法，从时间和空间的角度对京津冀区域旅游经济差异进行研究，并对造成差异的影响因素进行定量分析，最后根据存在的问题提出京津冀旅游协同发展对策。袁园（2017）对京津冀旅游一体化评价进行评价。朱晨（2017）基于GEM模型对京津冀区域旅游产业发展研究。宋增文、罗希、周辉等（2017）从京津冀区域视野阐述北京旅游发展新思路。

三、旅游协同创新特殊性

对协同创新的研究，各国学者都有不同的见解。"2012年一流大学建设系列研讨会"上，复旦大学校长杨玉良指出，协同创新，就是相同或相似的单元之间通过合作，产生相互作用关系和共振放大效益，形成高效有序的创新机制。而美国麻省理工学院斯隆中心的研究员彼得·格洛尔（Peter Gloor）则将协同创新定义为：由自我激励的人员所组成的网络小组形成集体愿景，借助网络交流思路、信息及工作状况，合作实现共同的目标。

但是旅游协同创新研究，具有其行业的特殊性。旅游协同创新融合了跨区域的合作创新，涉及产业链的协同创新，因此本书从宏观和中微观的视角出发，沿基于区域的旅游协同创新、基于产业链的旅游协同创新两条主线展开。

从宏观层面来看，旅游协同创新是系统中各种创新要素的有效整合和创新资源在系统内的无障碍流动，即在系统内实现多方面的协同。因而，旅游业、旅游企业和旅游者三个创新主体根据自身特性投入各自的优势互补性资源，在政府、中介服务机构等相关主体的协同支持下，以知识增值为核心，各方充分发挥自身能力，共同进行大跨度整合式的创新活动。在这一过程中，应充分调动各类创新主体的积极性、创造性，实施跨部门、跨组织、跨区域的资源共享、深度合作和开放创新，有利于加快不同领域、不同区域以及创新链各环节之间的融合与扩散。

从中微观层面来看，旅游协同创新就是系统内部形成的知识（文化、技术、专业技能）共享机制，其特点是参与主体拥有共同目标、内在动力，可实现直接沟通，依靠现代信息技术构建资源共享平台，进行全方位交流和多样化协作。影响其潜在参与主体主动参与到旅游协同创新行为中的主要因素有三点：一是系统提供的现行制度和发展规划；二是潜在参与主体自身的创新实力；三是参与协同创新所能获得的显性或隐性收益，这也是最关键的影响要素。

（一）协同创新主体特殊性

旅游业的主要特性是其属于服务业，旅游产品因具有无形性、不可储存性、生产和消费同一性等性质，旅游者在接受服务的过程中，参与服务，无形中扮演了生产者和旅游者两种角色，为了获得更为满意的服务，提高服务效率，决定了旅游者与旅游企业员工一样是创新的主体。旅游业与其他行业的创新模式不同，协同创新就是一个为共同旅游者提供更为满意的服务的过程。在这个过程中，通过旅游者与旅游从业人员、旅游企业的互动，达到知识共享、绩效提升的目的。

旅游者是协同创新的主体之一，其参与协同创新具有明显的随机性和针对性，旅游者在旅游过程中可以采取多种形式参与到旅游服务中去，如参与旅游活动的组织和策划、旅游服务创造与传递行为等。按照参与方式可以划分为直接参与和间接参与这两个方面。直接参与是指旅游者在旅游企业的引导下，针对其特定的现象或者不足，利用自身的知识和经验提出解决方案的过程。旅游者通过旅游活动直接参与协同创新活动，将旅游者的知识与旅游企业的知识结合起来以发挥更大的效力。同时，现实旅游者由于其对旅游企业的信息掌握更多、更精确，对旅游企业的协同创新有更明确的促进作用。

间接参与不同于直接参与，旅游者不是在实际的旅游活动中参与协同创新，而是指潜在旅游者可以通过对旅游企业的认知和评价，来帮助企业在旅游形象以及旅游知名度等方面进行协同创新。由此可见，旅游者是协同创新的主体，通过与旅游企业的互动合作，共同进行协同创新，从而不断提高服务效率。

（二）协同创新形式的特殊性

按照熊彼特的创新理论来看，创新包括技术创新和非技术创新。旅游业因其作为服务业的主要特性，旅游协同创新就是服务创新的过程。服务创新是针对特定的客户提供一种新的解决问题的方法，它不提供有形的产品，它是人力资本、技术、组织和能力的集成，具有很强的异质性（Gadrey，Gallouj & Weinstein，1995）。舒伯阳（2006）认为，服务创新不同于技术创新，服务创新的特征源于服务的特性。服务在本质上是一个行为过程，具有"无形性""即时生产即时消费""易逝性"和"不可储存性"等特征，因此服务创新具有不同于技术创新的独特特征。

旅游业作为高科技应用较少的行业，导致技术创新难以实现，创新成果极易被模仿，从而遏制了创新积极性，因此旅游创新的系统性不强。但又不能忽视旅游企业内部创新不足、创新动力主要来自于外界力量推动的现状。只有在目的地层面旅游创新活动受国家、区域和产业等创新系统的影响，遵循一定的行为模式，才具有一定内在的系统性。因此，为了减弱对于生产要素的过度依赖，非技术性创新成为旅游协同创新的主要形式和必然选择。

在旅游协同创新中，技术创新包括旅游产品的协同创新、旅游线路的协同创新，非技术创新主要集中在具体操作层面和组织层面，具体操作层面主要包括旅游从业技能和旅游品牌塑造等方面的创新，组织层面是指产业横向或纵向协同一体化，以及信息技术在经营管理中的应用等方面的创新。

（三）协同创新内容的特殊性

旅游业是服务业的"龙头"，随着国际服务业的创新发展，旅游业面临着新的机遇与挑战。旅游业因其服务业的特性，决定了创新过程与服务过程相伴而行。服务的协同创新在旅游协同创新中表现尤为明显。通过旅游服务创新来提升我国旅游业的竞争力，是旅游业发展的必然选择。服务是旅游创新的主体，创新是旅游服务的提升。

20 世纪五六十年代，国外已有学者开始关注服务创新，1984 年巴拉斯（Barras）所提出的"逆向产品周期理论"推动了服务创新研究走向蓬勃发展之势。目前，对于旅游服务创新的研究并不是很多，很多学者从技术创新的角度来研究，而旅游业作为技术含量较低的产业，基于传统技术主义的研究指标并不能用于评价旅游服务创新。服务创新有许多不同于技术创新的特征，服务业不同于制造业，服务业的产品是无形的、易逝的、不可储存和难以复制的。

孙伯等（Sundbo et al.，2007）在旅游服务创新研究中引入一些服务创新研究的方法和体系，分别从旅游企业层面的创新、网络层面的创新和系统创新等方面进行了研究。本书重点研究网络层面的旅游服务创新，正如马特松（Mattsson）等所说，旅游业创新系统制度化程度低，属于松散连接的系统，称之为旅游创新网络更为恰当。不同的条件造就了不同的协同基础，旅游业协同包括资源统一性的协同、市场统一性的协同、品牌统一性的协同以及开发主体统一性的协同等类型，研究重点主要集中于旅游业作为服务业的协同特殊性的研究。

（四）协同创新目标的特殊性研究

1984 年马世骏等提出了"社会—经济—自然复合生态系统"的概念。复合生态系统（social - economic - natural complex ecosystem）亦称社会—经济—自然复合生态系统，是由人类社会、经济活动和自然条件共同组合而成的生态功能统一体。在社会—经济—自然复合生态系统中，人类是主体，环境部分包括人的栖息劳作环境（包括地理环境、生物环境、构筑设施环境）、区域生态环境（包括原材料供给的源、产品和废弃物消纳的汇及缓冲调节的库）及社会文化环境（包括体制、组织、文化、技术等），它们与人类的生存和发展休戚相关，具有生产、生活、供给、接纳、控制和缓冲功能，构成错综复杂的生态关系。

但基于复合生态系统的旅游研究，主要集中在以自然子系统为侧重点的旅游生态系统的研究，自然子系统是整个旅游复合生态系统的基础，为旅游发展提供资源，维系着旅游活动的存在，以及经济子系统应发挥主体作用，处理好利用、改造、协调、保护好自然子系统和社会子系统的关系。但具有复合生态系统的区域旅游和旅游企业的协同创新管理研究尚不多见。

旅游业的经济型特征明显，但旅游业所依托的生态环境具有公共物品的特性，旅游活动具有明显的社会特征。基于此，旅游协同是手段，创新是路径，社会和谐、环境生态、经济发展是目标，而旅游的社会—经济—自然复合生态系统的有序发展，是协同创新最终目标。

第二章　京津冀区域旅游协同现状

进入 21 世纪以来，京津冀地区由于其空间关系、经济地理的特殊性和一省两市经济、社会、文化、环境等方面的内在联系，客观上形成了一个具有人缘、地缘和业缘密切往来的经济统一体。这一地区的人口数量、市场容量、投资环境、资源结构、经济生产要素的特殊组合，充分展示了京津冀地区将成为新时代我国区域经济协同发展的新极点。然而，由于受到历史、行政和地方经济利益等因素的深刻影响，产业结构重叠、资源配置低效、生态环境恶化、市场建设无序、资本效率低下还较为严重。虽然三地政府和企业都在积极促进协同发展的进程，但实际效果并不明显。因此，把京津冀区域经济协同发展工作落到实处成为今后发展的重中之重。

一、京津冀旅游协同条件

（一）京津冀旅游区位紧密一体

北京、天津和河北省同源同脉。京津冀三个行政区在社会、经济、文化等各个方面有着天然、紧密的联系。这样的格局，是京津冀旅游协同发展的区域基础。

同时，三地共同面临着扶贫任务。亚洲开发银行公布的《河北省经济发展战略研究报告》首次提出"环京津地区目前存在大规模的贫困带"，在国际大都市北京和天津周围，环绕着 3798 个贫困村、32 个贫困县、272.6 万贫困人口。京津冀旅游合作通过旅游扶贫是解决这个贫困带的最有效途径之一。

（二）旅游资源的同一性和差异性并存

京津冀都市圈内的各个城市处于同一个自然地带和文化区域，同时内部又存在显著的自然地域差异，使得区域内的旅游资源既存在一定的同一性，又存在差异性。旅游资源的同一性与差异性为京津冀都市圈的区域旅游协同提供了基础，京津冀各个城市旅游产业发展的快速扩张、相互融合渗透，也需要通过区域旅游协同有效整合资源，实现资源和产业要素的优势互补。

京津冀三地旅游资源相互联系又各有特色。北京作为首都和全国旅游中心城市，自然、人文、历史等景观在京津冀三地旅游经济发展规模中遥遥领先。河北省是全国地形地貌品类比较齐全的省份，江河湖海、山林草原、高原丘陵、广袤平原，绚丽秀美。作为中国近代历史"缩影"的天津——原"九国租界地"，有风格各异的大小洋楼上千座，形成了世所罕见的"万国建筑博物馆"，构成了天津独特的历史文化旅游资源。

京津冀旅游资源类型包括都市文化与民俗旅游资源、山地和草原生态旅游资源、滨海旅游资源、乡村景观与乡土文化旅游资源四大区域类型。资源类型在空间分布上由边缘区域向滨海呈现阶梯式分布，形成与此相对应的旅游产业布局：环都市圈外围的山地与草原自然生态观光、休闲度假旅游区；京津都市历史文化与现代都市文化观光旅游区；环都市郊区的丘陵林果与平原农业休闲、度假旅游区；沿滨海地区的休闲度假旅游带。

（1）历史文化名城与历史古迹集中分布区。京津冀都市圈是我国历史文化名城的集中分布区，都市圈内 10 个地级以上城市中，有 5 个为国家级历史文化名城（北京、天津、承德、保定、邯郸），此外还有正定、山海关 2 个县级市（区）也为历史文化名城。区域内共有世界文化遗产 8 处，占全国 52 处世界遗产总量的近 1/7，世界遗产数量在各旅游协作区中居于第一位。另有 10 处历史古迹已经被确定为世界遗产的后备名单，占全国 70 处世界遗产后备名单的1/7。还有全国重点文物保护单位 504 处，省市级文物保护单位上千处。[①]

---

① 根据中国世界遗产网有关资料整理而得。

（2）北方海滨休闲度假旅游的主要区域。京津冀都市圈海岸线总长度520公里，可供开发为海水浴场的沙质岸线长达数十公里①。

（3）都市郊区休闲农业发展较早的区域。京津两市郊区休闲农业旅游的开发起步较早，已经成为京津两大都市农业的新业态。在首批203个全国农业旅游示范点中，京津冀都市圈内有19个。其中北京7个、天津4个、河北8个。在首批103个全国工业旅游示范点中，京津冀有8个，其中河北省5个，北京市2个，天津市1个②。

（4）丰富的山地自然景观与生态旅游资源。山地自然景观与生态旅游资源区主要分布在都市圈的边缘地区，包括北部的坝上草原区和燕山山地、西部的太行山地区、东南部的滨海湿地地带。这些区域既是京津冀都市圈自然旅游资源的主要分布区，也是京津冀都市圈的生态屏障。三地旅游资源同中存异，为旅游产品提供奠定了资源基础。

（三）京津冀旅游互为市场

京津冀旅游互为市场得益于区位相连、交通便捷、环境各异和产品互补的既有优势，京津冀之间业已形成了客源互流的局面，互相成为最重要的国内旅游客源地与目的地。在入境客源市场方面，京津冀具有很高的重合度。港澳台都是京津冀重要的客源市场。在外国游客中，北京的前5位客源国是美国、韩国、日本、德国、英国；天津的前5位客源国是日本、韩国、新加坡、美国和马来西亚；河北前5位客源国与北京相同③。京津冀地区的入境旅游市场客源地大致相同，相同的国际客源地促进了京津冀各个城市联手开拓国际旅游市场，也使京津冀区域旅游合作有一个扎实、互惠互利的基础。

根据《中国国内旅游发展年度报告2017》显示，潜在出游力得分北京、天津和河北分别排名为2、7、9。可见在国内旅游方面，北京和天津属于出游力极强区域，河北位于出游力强的区域。而从国内旅游发展指数来看，北京

---

① 张小航，陈思.京津冀体育旅游一体化SWOT分析与发展路径研究［J］.文体用品与科技，2014（21）：159-160.
② 首批全国工农业旅游示范点名单.中华人民共和国文化和旅游部官网.
③ 王兴斌.京津冀抱团取火"首都旅游圈"区域大协作［N］.中国经济网，2014-7-8.

和河北都处于发达地区，因此三地旅游产业在国内旅游方面一定会发挥至关重要的作用。

同时，北京作为首选旅游目的地城市的地位在不断下滑，京、沪、穗、粤旅游外汇收入比从 1991 年的 1：0.34：0.38：0.94 下降到 2002 年的 1：0.73：0.60：1.63，到 2013 年降为 1：1.11：1.08：3.40，到 2017 年四地外汇收入比变为 1：1.33：1.23：3.84[①]。这些都说明外国人来中国旅游从原来把北京作为首选目的地，开始更多地倾向于去上海、广州。北京在旅游产品供给方面需要推陈出新，京津冀旅游协同会完善旅游供给，形成新的旅游产品组合。

（四）京津冀交通立体网络陆续建成

京津冀地区经济较为发达，交通、通信等基础设施条件较好，形成了海陆空交通立体网络，可进入性强。包括北京、天津两个直辖市和河北省的石家庄、廊坊、保定、唐山、秦皇岛、沧州、张家口、承德 8 市，随着高速公路的陆续建成，目前"1 小时经济圈"已基本完成。另外，三地的机场互补，民航局已经把京津冀地区未来航空发展蓝图勾画清楚。对于北京的机场而言，首都机场服务首都，并且提升国际竞争力，天津滨海机场发展航空物流，石家庄机场发展航空快件集散及低成本航空。同时，对于承德、邢台等支线机场，也要加强建设，适时改扩建张家口、唐山等支线机场，完善支线机场和通用机场网络。交通部对京津冀地区的轨道规划，主要以京津塘、京保石、京唐秦为主轴，同时以北京、天津、石家庄这三个城市为核心，构建一个纵横交织的环北京的骨干城际轨道交通网，共同覆盖京津冀的至少 13 个地级以上的城市、重要的城镇及主要的产业园区。

（五）2020 年冬奥运会引领京津冀协同示范区快速建设

2020 年冬奥会的成功申办是京津冀区域旅游合作发展的良好机遇。2020 年冬奥会的举办，使得北京和河北的联系更加紧密，必将促进这一地区的旅

---

① 根据各省市统计资料计算得出。

游合作。

近年来，京津冀各地区给予旅游产业极大的关注，均把旅游产业确定为地区经济发展的重要产业，并且都将"大旅游、大市场、大产业"作为旅游业的发展思路。京津冀地区各个城市的合作意识极大促进了京津冀区域旅游合作，这些区域旅游合作意识都充分反映在各级政府制定的政策中。

（六）雄安新区将成为京津冀旅游新的增长极

雄安新区的建立，成为带动京津冀区域协调发展的强力新引擎。首先，雄安新区能够起到疏解北京的非首都功能，解决北京的"大都市"病。其次，雄安新区必将为京津冀区域旅游合作提供前所未有的战略机遇，京津冀区域旅游协调发展也必将借此不断迈上新的台阶。

雄安新区着眼高起点和创新发展，力求打造具有当代生态、科技水准的新的经济增长点，这将使京津冀区域形成新的旅游目的地和旅游经济增长极。正如浦东新区的开发造就了浦东机场、东方明珠；深圳特区的设立推动了华侨城引领我国主题公园发展的潮流。按照雄安新区规划建设需统筹生产、生活、生态三大布局的要求，雄安新区的建设除了全面提升和完善区内已经具有较高知名度的白洋淀等传统旅游产品外，还会留下城市地标性建筑，会高水平建设时尚休闲设施，连同京津冀区域内长城、大运河等世界遗产级的旅游产品，必将为京津冀阔步迈向国际旅游目的地确立更加坚实的基础。

二、京津冀区域旅游协同历程

在区域经济合作的大背景下，京津冀协同发展分为不同阶段。而各个阶段因产业背景和区域发展需求不同，合作主体和内容、效果也不尽相同。演变过程表现为从合作到协同的过程。

（一）合作探索阶段（20 世纪 80 ~ 90 年代）

这一阶段主要是一些协会或民间组织发起的京津冀合作，而这种合作表现的都是一些暂时松散的合作形式或者是一事的合作，缺乏长远目标。

1985 年成立了京东旅游区，致力于京东地区两市一省旅游资源的开发和景区的合作，这个区域包括北京平谷的金海湖，天津的盘山、黄崖关、蓟县和河北省的清东陵等，创造了一些行之有效的联合开发、联合营销的合作方式，效果明显。后来由于多种因素，没有能够坚持下去。

1987 年，由北京旅游学会发起，联合天津旅游学会和河北旅游学会，在北京密云白龙潭召开了第一次"京津冀区域旅游合作研讨会"，与会代表表达了区域旅游合作的愿望，从而使这样的研讨会成为例会，每年大家在一起探讨区域合作问题，而且参与的省市越来越多，一直到后来发展为北方十省市旅游联谊会。1995 年促成了每年一届的"北方旅游交易会"，1996 年开始由各省轮流承办，到 2017 年已经举办了 22 届。

从 1992 年北京市在《北京市城市建设总体规划方案》中提出首都圈的概念之后，有关单位和专家学者就开始提出了旨在加强京津冀经济协作、实现共同发展的一系列设想。河北省从 20 世纪 90 年代初明确提出了"环京津、环渤海"的两环带动战略。

（二）合作协调规划阶段（2000～2013 年）

该阶段由京津冀合作探索转变为京津冀合作协调规划，参与主体也由原来的协会、社会组织变为政府机构。但是对于"一体化"的理解各地还存在一定分歧。

2001 年，中国工程院院士、清华大学教授吴良镛先生在其《面向新世纪建设"大北京"》的课题报告中，提出了"大北京"地区规划的基本思路，引发了社会各界广泛关注。2002 年，吴良镛先生主持、国内多学科 100 多位学者参与完成的《京津冀北城乡发展规划研究》，被认为达到国际先进水平，可望改变京津冀北地区城市发展长期缺乏协调的状况。

2003 年 9 月 19～21 日，京津冀三地旅游局还在北京中华世纪坛广场举办了"京津冀旅游宣传周"活动。在推动这三个地区的旅游合作方面，三省市的旅游学会和旅游局都做出了积极的努力。

2004 年 2 月 12 日，国家发改委主持在廊坊召开的"京津冀地区经济发展战略研讨会"对三地一体化进程表示了较高的热情和期望，经过充分协商，初步达成了旨在推进"京津冀经济一体化"的廊坊共识。2004 年全国"两会"期间,京津冀经济一体化成为代表委员们的热门话题。为加快京津冀地区经济一体化进程,国家有关部门启动了京津冀区域发展总体化和重点专项规划编制工作,统筹协调区域发展中的城镇体系和基础设施建设、产业布局、资源开发利用、生态环境保护等相关问题;共同构建区域统一市场体系,消除壁垒,扩大相互开放,创造平等有序的竞争环境,推动生产力要素的自由流动,促进产业合理分工。京津冀一体化已经不仅是学术界普遍关注的理论问题,且成为三方政府部门共同关注的实践问题。

2004 年 6 月 26 日有北京、天津、河北、山西、内蒙古、辽宁、山东 7 省区市高层参加的环渤海合作机制会议,由博鳌亚洲论坛秘书长龙永图主持,在廊坊召开。正式成立了环渤海区域经济合作联席会议,千里之行已经扎扎实实地迈出了足下的第一步。毫无疑问,北京要谋求舒展、缓解压力、再度腾飞,冀津要借力发挥、快步紧追、共谋繁荣,京津冀区域合作已经成为不能绕行的课题,成为行政区划不能左右的潮流。国内外对环渤海、环京津大经济圈的战略格局和我国第三个经济发展高潮的到来已经形成了共识,其势不可阻挡,同时,区域协调发展也已成为我国旅游业实现新突破的关键问题,这些无疑都为大北京旅游区的发展提供了历史机遇。

2005 年 8 月,京津冀—港澳台(3+3)旅游合作大会在廊坊举办。为落实全国对台旅游工作会议和 CEPA 精神,增强民族认同感和凝聚力,推动前奥运时期两岸六地之间的旅游合作,促进区域旅游发展,8 月 25～26 日在河北廊坊第一城举办以"友谊、合作、发展"为主题的"京津冀—港澳台 3+3 旅游合作大会"。经过协商,就进一步加强区域旅游合作、促进旅游业繁荣发展发表了《合作宣言》。主要包括:一是在旅游规划、资源开发、项目建设及招商引资方面加强交流协作;二是在客源市场宣传推广方面提供方便;三是在旅游管理方面加强交流和沟通,配合处理投诉,保障消费者合法权益;四是在旅游资讯、人才培训、人力资源等方面加强合作。

2005 年亚洲银行提出"环京津贫困带"概念,在京津周边存在着 24 个贫困县。

2006 年北京市与河北省正式签署《北京市人民政府、河北省人民政府关

于加强经济与社会发展合作备忘录》。2006 年国家发展和改革委员会提出
"京津冀都市圈（2 + 7）"，即以京津为核心，包括河北省的唐山、秦皇岛、
承德、张家口、保定、廊坊和沧州 7 个市，后来又加上石家庄，形成 2 + 8。

2007 年 4 月，京津冀旅游合作会议在天津召开，京津冀联手打造黄金旅
游精品线。来自北京、河北及天津的百家旅行社在津共商京津冀旅游合作大
计。天津市旅游局做了题为"渤海明珠、魅力天津"的旅游推介。京、津、
冀三地旅游局均表示将积极发挥三地旅游资源优势，实施三地旅游资源共享，
打造区域旅游品牌。京津冀三地策划奥运旅游合作计划，建立三地无障碍奥
运旅游区，实现区域信息资源互通共享，统筹发展规划，北京、河北、天津
三地旅游部门共同签署《京、津、冀旅游合作协议》。

三地旅游局负责人共同宣布，京津冀建立了区域旅游协作会议制度；策
划设计共同的旅游宣传口号，统一发布使用；联合开发三地的若干条精品旅
游线路或旅游产品；启动奥运旅游行动合作计划，共同设计针对 2008 年奥运
会的旅游产品。同时，京津冀旅游部门建立联动机制，完善救援应急机制，
对旅游市场进行规范整顿。以两市一省的旅游质监投诉电话为基础，建立三
方旅游投诉和应急事件处理热线电话，确保节假日 24 小时开通。

2008 年农工民主党北京市参政议政委员会提出创建"大首都特区"，将
京津一体作为"泛华北五环绕复合同心圆圈区"的核心圈，逐层向外辐射拉
动，最终形成一个强势的所谓"泛大华北区域经济协作地带"。

2010 年河北省提出打造"环首都绿色经济圈"。在有关环首都经济圈的
表述上，北京提出的"首都经济圈"与河北仍有着微妙的不同。在河北提出
建设京东、京南、京北三座新城承接北京人口时，北京的"首都经济圈"却
将重点放在了自己区域内的卫星城建设上。

2011 年首都经济圈写入国家"十二五"规划。

2012 年建设"首都经济圈"、河北省"沿海发展战略""太行山、燕山集
中连片贫困区开发战略"同时纳入国家"十二五"规划。

2000 ~ 2013 年京津冀三地旅游虽然开展了广泛合作，建立了旅游合作机
制，拓展了旅游市场，加强了旅游监管合作，推进了旅游产业发展，促进了
"三地"旅游经济圈的逐步构建，取得了显著成效；但是，三地旅游合作还十

分有限，主要是落地项目还不多，市场化程度还不高，企业参与性还不强，缺少顶层设计、发展规划以及具体措施的有效支撑。特别是在新的发展趋势和要求下，协同发展任务十分繁重，合作交流空间巨大，发展前景非常广阔。

（三）协同发展阶段（2014 年至今）

2014 年 2 月 26 日，习近平总书记全面深刻阐述了京津冀协同发展战略的重大意义、推进思路和重点任务，为京津冀协同发展指明了方向。按照习总书记关于推动京津冀协同发展的指示精神，河北、北京、天津一省两市党委政府的积极推动下，京津冀三地旅游部门及时反应，从 2014 年 4 月至 2017 年 12 月在三地举办了七次京津冀旅游协同发展工作会议，协同发展推进力度空前。具体会议情况如附表 1 所示。

可以看出，京津冀旅游区的协同开展情况良好，取得了一定的进展和战略突破，区域协同从形式单一、规模有限、参与不足、随意性强的较低层次上开始向规划性强、区域旅游合作意识不断增强、合作机制逐步建立的较高层次上发展。

三、京津冀旅游协同发展现状

当前，京津冀区域协同发展已经上升至国家战略层面，整个区域的协同发展进程有了良好的政策支持和制度保障。京津冀三地领导以及旅游相关部门的负责人就实现京津冀旅游产业协同发展，已经召开了多次工作会议，就相关问题进行磋商，力图为京津冀旅游产业协同发展的顺利实现铺平道路。

（一）协调平台和机制已经形成

从最早的京津冀合作平台——联合举办北方旅游交易会，到 2007 年政府层面的制度性平台——建立京津冀区域旅游协作会议制度，再到 2014 年的国家战略平台——成立京津冀协同办公室，京津冀协同发展走过了 33 年。

2014 年国务院成立的京津冀协同发展办公室更好地满足了习近平总书记对于京津冀协同发展的思路。京津冀旅游协同是京津冀协同战略中的重要组成部分。

在河北、北京、天津一省两市党委政府的积极推动下，京津冀三地旅游部门按照习总书记关于推动京津冀协同发展的指示精神，2014年4月、8月、12月举办了三次会议，2015年6月、12月举办了两次会议，2016年7月举办了一次会议，2017年12月举办了一次会议，协同发展推进力度空前，形成了会议协商机制。在第二次会议中制定了京津冀旅游协同发展工作协调机制方案，三地旅游部门建立了京津冀旅游协同发展工作协调领导小组。在第三次会议中通过了京津冀三地旅游投诉受理协调机制和京津冀区域旅游执法合作机制，第四次会议京津冀旅游投融资服务平台正式启动运营。这些为京津冀旅游协同发展奠定了良好的基础。

（二）京津冀区域相关规划和政策陆续出台

从2014年开始，上述历次会议已经通过了《2015年度京津冀交界处道路旅游交通标志牌设置方案》《京津冀共同开发旅游宣传品工作方案》《京津冀旅游产业项目投融资推介会框架方案》《京津冀旅游大拜年活动方案》《京津冀三地旅游投诉受理协调机制》《京津冀区域旅游执法合作机制》《京津冀三省市旅游局（委）推动京津冀区域旅游直通车发展实施意见》《京津冀旅游协同发展工作总结》《京津冀旅游协同发展行动计划（2016—2018年）》，发布了《京津冀旅游协同发展示范区合作宣言》，签订了《京津冀旅游集散中心直通车同业协会项目合作意向书》《京冀自驾游房车露营协会旅游战略合作意向书》《关于促进京津冀旅游协同发展试点示范区建设的指导意见（征求意见稿）》，签署了《京津冀乡村旅游共建共享共识》《京津冀红色旅游联盟合作协议》《京津冀旅游宣传协议》。陆续出台的这16个规划、机制、行动计划或指导意见，为京津冀旅游协同发展保驾护航。

在河北省旅游"十三五"发展规划中明确提出要做优环首都休闲度假旅游圈，紧抓京津冀协同发展重大战略机遇，以满足京津居民旅游休闲需求为主导。在北京市旅游"十三五"发展规划中明确提出：要加速京津冀旅游服务一体化建设进程；引领京张运动休闲旅游合作带建设；共建大运河旅游带，凸显运河源头的龙头带动作用；先行先试引领太行山、大燕山国家公园建设；

强化与天津邮轮母港的衔接，优化海陆旅游组织等。在天津市旅游"十三五"发展规划中指出要大力发展运河—海河旅游观光带，京津汽车露营基地建设，树立京津冀大旅游目的地观念等。这些发展目标由于京津冀特殊的区位条件，都需要京津冀的大力协作配合才能完成。

（三）京津冀旅游交通网络基本形成

2015 年 12 月 8 日，国家发展改革委和交通运输部联合召开媒体通气会，发布《京津冀协同发展交通一体化规划》（简称《规划》）。《规划》提出：扎实推进京津冀地区交通的网络化布局、智能化管理和一体化服务，到 2020 年基本形成多节点、网格状的区域交通网络；形成京津石中心城区与新城、卫星城之间的"1 小时通勤圈"，京津保唐"1 小时交通圈"，相邻城市间基本实现 1.5 小时通达；到 2030 年形成"安全、便捷、高效、绿色、经济"的一体化综合交通运输体系。

目前京津冀基本上形成"1 小时经济圈"，京津冀地区近 800 公里"断头路""瓶颈路段"基本打通或扩容，交通一卡通全面覆盖京津冀 13 个主要城市，在公交、地铁、出租、轮渡、城际铁路、停车场等领域均可使用，区域旅游基础设施日益完善。北京、天津旅游集散中心分别与河北省部分市县区签署了旅游直通车合作协议，目前已先后开通北京至避暑山庄、北戴河、白洋淀、野三坡、山海关等景区的旅游直通车专线 10 余条，每年发送游客 15 万人次。在北京市铁路局和铁旅集团的支持下，贯穿京津冀的"大好河山张家口号""衡水湖号""西柏坡号""正定号"旅游专列顺利开通。此外，北京还开通了到香河家具城、白沟小商品基地、辛集皮革城等多条购物旅游直通车，每年发送游客在 10 万人次以上。首都第二机场大大缓解航班"空中堵车"的问题，河北秦皇岛、张家口、唐山、邯郸、承德等地加快通用航空产业的发展。太行山高速和各地机场等主干交通，太行山森林绿道等绿道系统、承德御道等旅游＋交通的新业态共同形成了网络化旅游交通体系。

大交通畅通了，交通标志牌建设等"细节"工作也在加快落实。早在京津冀旅游协同发展第三次工作会议中就提出，按照《2015 年度京津冀交界处道路旅游交通标志牌设置方案》要求，加强京津冀结合部旅游信息、交通、服务等对接，在三地交界处相互设置对方的景区指示牌，共同解决景区"最后一公里"的服务问题。公共服务品质的提升，为京津冀旅游一体化的"加速"。

京津冀协同第六次会议提出推动京津冀旅游集散中心加快直通车同业协会项目合作。三地旅游集散中心利用各自的优势，通过直通车同业合作建立一个互惠互利的运营平台。通过直通车同业联盟与域内景区签订合作文件，达到互惠互利合作多赢的目的。在直通车同业合作的基础之上，把旅客资源合理集中到北京、天津、石家庄集散中心，再分配到各个景点，实现三地旅游业互联互通。推动京冀自驾游房车露营协会旅游战略合作。重点围绕自驾车房车营地建设，在相关旅游规划、营地开发与建设、资源与信息共享、人才培养、招商引资、旅游营销推广、节庆赛事活动等方面开展合作，拓展当地旅游市场。在各自平台销售双方提供的旅游产品，共同推广《京津冀电子旅游护照》，共同打造京津冀自驾游与房车露营品牌，促进京津冀三地自驾车房车露营地产业持续快速的发展。

（四）产业协作区域和项目等逐步推动

京津冀协同第六次会议通过了《京津冀旅游协同发展行动计划（2016—2018 年)》，提出共建京津冀旅游协同发展示范区。根据《京津冀旅游协同发展示范区合作宣言》，共同推进房山、延庆、密云、平谷、宝坻、武清、蓟县、滨海新区、张家口、承德、保定、唐山、廊坊、沧州、兴隆、遵化、三河、白沟 18 个市、区、县旅游委（局）携手共建旅游协同发展示范区，推进京津冀交界地区旅游协同发展迈上新台阶。其中平谷、宝坻、蓟县、兴隆、遵化、三河共建京东休闲旅游示范区；密云、延庆、承德、张家口共建京北生态（冰雪）旅游圈，其中延庆、张家口共建京张体育文化旅游带；房山、保定共建京西南生态旅游带，其中包含京西百渡休闲度假区；武清、廊坊、白沟共建京南休闲购物旅游区；滨海新区、唐山、沧州共建滨海休闲旅游带。第七次会议公布的《京津冀旅游协同发展工作要点（2018—2020 年)》指出，2020 年年底前，三地在完成五大示范区的发展规划基础上，将培育一批特色旅游产品和休闲度假业态，建成一批旅游示范带动项目和基地，打造一批区域性龙头景区，形成京津冀旅游协同发展五大示范区知名品牌。

（五）京津冀旅游市场一体化逐步形成

2017年3月底，北京市通州区、天津市武清区、河北省廊坊市共同参与的"通武廊旅游合作联盟"成立，三地发布了"通武廊旅游一卡通"项目和通武廊精品旅游线路。"通武廊旅游合作联盟"目前已打造通武廊精品文化之旅、通武廊运河风情之旅和通武廊运河寻宝之旅3条精品旅游线路。2007年4月，京津冀旅游合作会议在津召开京津冀联手打造黄金旅游精品线。来自北京、天津和河北三地的百家旅行社在津共商京津冀旅游合作。天津市旅游局做了题为"渤海明珠、魅力天津"的天津旅游推介。京津冀旅游管理部门积极发挥三地旅游资源优势，实施三地旅游资源共享，打造区域旅游品牌。京津冀三地旅游部门以供给侧结构性改革为主线，以项目建设、市场活动、试点建设、精准扶贫为抓手，推动京津冀旅游协同发展工作深入开展。如京津冀三地共同主办了"5.18京津冀旅游合作项目发布暨旅游产品推介会"，三地旅游部门首次围绕京东休闲旅游示范区、京北生态（冰雪）旅游圈、京西南生态旅游带、京南休闲购物旅游区、滨海休闲旅游带五个京津冀旅游协同发展试点示范区，编制推出了皇家文化之旅、滨海休闲之旅、畅爽自驾之旅、奥运冰火之旅、红色经典之旅、144小时玩转京津冀国际之旅六大主题16条旅游路线，形成了"旅游+"的创新发展效应。2017年5月，京津冀三地的数十家旅行社共同发起成立了"京津冀旅游合作推广联盟"。该联盟的成立也预示三地将实现面向远程客源的一体化和市场监管一体化。2017北京国际旅游博览会设置了京津冀旅游展区，集中北京、河北、天津各省区市旅游委展台，对接京津冀旅游。业内人士指出，随着京津冀协同发展日益推进，京津冀在旅游方面的协同发展受到密切关注，京津冀旅游圈、旅游带、旅游区等试点示范区建设正在进行中，旅游部门也正在研究并推广京津冀系列主题旅游线路。

目前，京津冀三地策划推动旅游合作计划，建立三地无障碍旅游区，实现区域信息资源互通共享，统筹发展规划。提出要进一步推进三地旅游市场一体化建设，京津冀旅游一卡通等开启了京津冀市场营销一体化的先河，投放京津冀自驾车旅游护照数量达 20 万册、京津冀旅游一卡通用户达 100 万、京津冀旅游通卡数量达 20 万张，涵盖景区总数达 150 家，并首次增加冰雪项目。其中，93 家景区被认证为 A 级，占比高达 62.4%。推动京津冀畅游工程，京津冀旅游"一本书、一张图、一张网"的工作正在推进中。

（六）京津冀旅游经济空间格局基本形成

京津冀旅游协同发展的总目标是建设世界级旅游目的地。经过多年发展，已经形成了"一圈两级四大功能区多节点"的旅游空间格局。一圈为环首都休闲度假旅游圈；两级为雄安和崇礼增长极；四大功能区为太行山、现代农业休闲区、坝上草原休闲度假区和滨海休闲区，同时基于长城、大运河等两大世界遗产，形成带状协作发展区域；多节点为北京、天津、石家庄等为核心节点，张家口、承德和秦皇岛为辅助节点；呈现出北部和南部相对稀疏，中东部相对密集的非均质格局。2016 年，随着京津冀协同和雄安新区等国家战略的提出，河北省政府出台各种政策，大力推动旅游产业发展，旅游业发展进入了加速期，石家庄和邯郸成为除北京和天津之外的京津冀的旅游经济网络结构中心，逐步从"两核独大"网络格局向"两核带动，多点发展"转变，冀北、冀东和冀南旅游发展进入了新时期，区域整体网络化初步形成。

第三章　京津冀旅游协同度研究

协同与竞争是自然界系统和人类社会经济发展系统中广泛存在的普遍现象。协同（synergy）源于希腊文 synergos，初为"一起工作之意"。但一直没有系统的理论来支撑，直到 20 世纪 70 年代德国物理学家郝尔曼·哈肯提出并建立了协同学（synergetics）的理论，认为协同学是一种可以广泛应用的现代横断学科，其研究由大量子系统以复杂的方式相互作用所构成的复合系统，如何通过子系统间的协同作用，自发地形成时间、空间或时间——空间的有序结构。

协同学的基本概念包括竞争、协同、序参量和支配，竞争是协同的基本前提和条件，所谓的竞争，都是与合作、协同相联系的竞争，是以协同和合作为基础的，与协同和合作不可分离的相竞相争。哈肯认为协同具有两种含义，其一指与竞争相对立的合作、互助、协作、同步等狭义的协同意义；另一种是既合作又竞争的广义的协同，是系统整体性、相关性的内在表现，竞争和协同是相互依赖，相互促进的，来自系统内部的两种相互作用的协同和竞争，是自组织系统演化的动力和源泉。根据哈肯的协同学理论，凡是开放的自然系统或社会系统，都适用于根据协同学相关原理来分析研究。

一、京津冀旅游协同因素

旅游系统是个极其复杂的系统，且十分敏感，容易受其他行业的影响，任何一个其他行业的风吹草动都会在旅游系统里体现一二，这些可成为促进旅游协同的良好契机，也可成为打击旅游协同的致命缺陷。区域旅游协同系统复杂,在此从行业和背景两个维度进行协同分析。

(一)行业要素

1. 旅游业核心要素

旅游业核心要素是指在旅游活动中为了满足游客休闲娱乐观赏功能的核心性要素,主要包括游、乐、购物等,这些要素包含对旅游核心吸引物的体验和消费,是旅游体验的核心,是每位旅游者在旅游过程中愉悦体验的源泉。为了数据的易获取性和科学性指标选取了旅行社的从业人员、景区数量,零售业的主要收入,具有一定的可参考性。游乐产品是一个地区旅游业的核心竞争力所在,它可作为"风向标",直接影响旅游流的流量和流向,若一个区域没有景区的建设,旅游发展举步维艰。旅游购物在旅游活动中的消费比重决定了当地旅游产业的成熟度,所以这三个要素是旅游产业的核心要素。

2. 住宿餐饮要素

旅游产业是一个关联度很高的产业,范围是十分宽泛的,如果按照组合的概念定义旅游业,那么旅游业就是"一种十分综合的产业,是由各种提供组合旅游产品以满足旅游者的所有需求的旅游企业及旅游相关企业所构成的集合"。其中住宿餐饮业可称为旅游产业的直接产业,是旅游活动的重要组成部分,没有住宿餐饮业的支撑,旅游者很难顺利愉悦地进行核心旅游产品的体验观赏活动。另外,住宿餐饮业的数量和质量也是考量一个地区旅游业的重要指标,同样直接关系游客满意度的大小。

3. 交通业因素

旅游的动机产生以后,还需要能够顺畅地进入旅游地,才能真正进行旅游活动。其中,交通就是最为显著的影响因素。旅游者在选择旅游目的地时,目的地的可进入性(即:交通条件)扮演着一个重要的角色,一个进入性很差的景区,资源条件再好,也可能面临被放弃的危险。同样交通条件也是影响游客满意度的直接因素。交通是保证整个旅游活动完满的必要条件和重要因素。

（二）背景因素

1. 经济因素

经济是指社会生产关系的总和，指人们在物质资料生产过程中结成的，与一定的社会生产力相适应的生产关系的总和或社会经济制度，是政治、法律、宗教、文学、艺术等上层建筑赖以建立起来的基础。经济增长与旅游业发展是相互影响的，旅游在某种程度上也可以说是一种经济活动，但又不全是经济活动，就每一个地区而言，经济、旅游的互动造就了该区域的独特性，每一个区域的独特性构成了该地区经济与旅游的同一性，这种同一性不仅是两者互动的结果，也是互动的基础。

2. 人口及教育因素

人口是一个内容复杂、综合多种社会关系的社会实体。人口的出生、死亡、婚配，处于家庭关系、民族关系、经济关系、政治关系及社会关系中，一切社会活动、社会关系、社会现象和社会问题都同人口发展过程相关。人口这个社会实体构成或是参与构成了一切可以让旅游活动正常进行的主体、客体和媒介，同时，它又通过对经济的影响来间接影响旅游业。教育水平在一定程度上反映了一个地区的人口素质，人口素质包含思想素质、文化素质、身体素质。这些素质对人的旅游偏好、旅游行为、旅游体验的程度等产生影响。

3. 生态因素

生态通常指生物生活状态，主要指生物在一定自然环境下生存和发展的状态。生态一词源于古希腊，原意是指家或是我们的环境。生态是美好、和谐、自然的事物的修饰词。旅游活动大部分就是对美好、和谐、自然的事物景观的观赏和体验，所以一个地域的生态环境状况对旅游业至关重要，没有人会花费时间和金钱去一个空气污浊、水体异臭、鲜有绿植的地方去享受一小块"绿洲"，这小小的"绿洲"明显是不够吸引力的。

4. 政策因素

一个地区的政策表明了这个地区应该达到的奋斗目标、遵循的行动原则、完成的明确任务、实行的工作方式、采取的一般步骤和具体措施。政策的导向力是强制的、不容更改的。京津冀三地针对旅游业发展各有各的政策，近年来，河北制定和采取了一系列积极的政策，积极地探索与北京和天津协同发展的路径，这对旅游业的协同发展产生了不容忽视的影响，同样北京和天津的相关政策也是在引导着旅游的协同发展，区域旅游业的协同发展是区域内各政府积极合力的结果。目前京津冀旅游发展处于政府主导阶段，所以，政策因素是影响旅游业发展的关键因素。

二、京津冀旅游协同度模型构建与测算

（一）模型建立思路分析

京津冀三地旅游系统是个涉及许多行业十分庞大的复合系统，包含多个相互关联、相互作用又相互制约的子系统，根据协同学相关理论，按照如下步骤进行：

（1）划分子系统与次子系统。

（2）筛选序参量。

（3）查找各序参量在考察期内的具体数值并确定取值范围。

（4）建立模型进行计算。

（5）针对模型结果进行分析。

（二）模型形式化与实证描述

1. 系统模型指标与序参量描述

京津冀三地旅游复合系统设为 S，$S = \{S_1, S_2, \cdots, S_K\}$，其中 S_i 表示衡量京津冀三地旅游系统状态的变量。影响京津冀三地旅游发展的背景系统设为 q，$q = \{q_1, q_2, \cdots, q_k\}$，其中 q_i 表示衡量京津冀三地协同的背景因素的变量。

京津冀三地旅游系统的子系统及其序参量的选择要本着科学性、实用性、可获得性等原则。考虑到数据的可获得性，本书选择了旅游关联产业，同时加入了经济、人口及教育和科技等背景因素以便于综合分析。具体选择指标如表 3 – 1、表 3 – 2 所示。

表3-1 　　　　　　　　　　　行业系统序参量

复合系统	子系统（1）	子系统（2）	序参量名称及单位	标识
京津冀三地旅游系统	1. 北京旅游系统 2. 天津旅游系统 3. 河北旅游系统	住宿餐饮业系统	住宿餐饮业增加值（亿元）	$e_{111}/e_{211}/e_{311}$
		交通业系统	旅客周转量（亿人公里）	$e_{121}/e_{221}/e_{321}$
		旅游业核心系统	旅行社从业人数（人）	$e_{131}/e_{231}/e_{331}$
			零售业企业主营业务收入（亿元）	$e_{132}/e_{232}/e_{332}$
			5A景区数目（个）	
		收入系统	国内旅游收入（亿元）	$e_{141}/e_{241}/e_{341}$

注："5A景区数目"指标由于数值没有参考性不做计算。

表3-2 　　　　　　　　　　　背景系统序参量

复合系统	子系统	次子系统	序参量名称及单位	标识
京津冀三地影响旅游发展的背景系统	1. 北京市相关系统 2. 天津市相关系统 3. 河北省相关系统	经济系统	地区生产总值（亿元）	$c_{111}/c_{211}/c_{311}$
			居民消费水平（元）	$c_{112}/c_{212}/c_{312}$
		人口及教育系统	人口数（人）	$c_{121}/c_{221}/c_{321}$
			6岁及以上大专及以上人口（人）	$c_{122}/c_{222}/c_{322}$
		生态系统	教育经费（万元）	$c_{123}/c_{223}/c_{323}$
			建成区绿化覆盖率（%）	$c_{131}/c_{231}/c_{331}$
		政府系统	政策	

注："政策"指标不易用数据来表示，所以不做计算。

序参量就是决定系统相变程度的根本变量，标志着系统相变前后所发生的质的飞跃，京津冀三地旅游系统和相关背景系统用 e_{ijk} 和 c_{ijk} 来表示。有序度是指子系统和次子系统的有序度。设旅游复合系统中某一次子系统发展的序参量变量为 $e_{ij}=(e_{ij1}, e_{ij2}, \cdots, e_{ijn})$，其中 $n \geqslant 1$，此变量描述的就是旅游系统中次子系统 ij 的运行状态（c_{ijk} 同上），其中 $\gamma_{ijk} \leqslant e_{ijk} \leqslant \zeta_{ijk}$，$\alpha_{ijk} \leqslant c_{ijk} \leqslant \beta_{ijk}$，$k \in [1, n]$，一般来说，可以描述系统运行状态的指标有两类，一种是与系统有序度同增减的，即序参量取值越大，有序度越高，称为正向指标；反之，则称为负向指标。具体数值参看表3-3、表3-4、表3-5、表3-6、表3-7、表3-8。表3-3~表3-8中的数据为国家统计局和北京、天津和河北的官方网站公布的数据；表格中空格表示没有数据；上限和下限取值运用统计拟合器进行估测选择，针对 2008 ~ 2016 年的数据，在"线性拟合、二次拟合、三次拟合、指数拟合、对数拟合、多项式拟合"方法中，选择误差相对较小的拟合方法，并基于实际的需要，对 2008 ~ 2025 年的数值进行估计预测，从中选取最大值和最小值，作为上限和下限取值。

表 3 - 3　　　　　　　　　　北京市行业系统序参量取值

项目	住宿和餐饮业增加值（亿元）	旅客周转量（亿人公里）	旅行社从业人数（人）	零售业企业主营业务收入（亿元）	5A 景区数目（个）	国内旅游收入（亿元）
标识	e_{111}	e_{121}	e_{131}	e_{132}	e_{133}	e_{141}
2016 年	399.40		30521.00		7.00	5021.00
2015 年	397.59	279.43	37780.00	4396.40	7.00	4320.00
2014 年	363.80	273.93	33591.00	5067.68	7.00	3997.00
2013 年	374.80	254.04	31694.00		7.00	3666.30
2012 年	373.06	421.16	27848.00	5995.10	7.00	3301.00
2011 年	348.42	412.33	20934.00	5113.30	5.00	2864.30
2010 年	317.34	390.19	19956.00	4557.70	4.00	2425.10
2009 年	262.51	361.26	22517.00	3550.90	4.00	2144.50
2008 年	274.43	331.18	23858.00	3092.70	4.00	1907.00
上限 ζ_{ij}	585.26	544.68	26802.00	9618.98		6546.53
下限 γ_{ij}	146.44	221.22	13110.00	1330.11		939.32

表 3 - 4　　　　　　　　　　天津市行业系统序参量取值

项目	住宿和餐饮业增加值（亿元）	旅客周转量（亿人公里）	旅行社从业人数（人）	零售业企业主营业务收入（亿元）	5A 景区数目（个）	国内旅游收入（亿元）
标识	e_{211}	e_{221}	e_{231}	e_{232}	e_{233}	e_{241}
2016 年	292.10	481.44	4593.00	5074.40	2.00	
2015 年	248.01	445.62	3449.00	4668.53	2.00	
2014 年		419.71	4258.00	4214.50	2.00	
2013 年		472.89	4326.00	3993.76	2.00	
2012 年	222.18	314.66	4253.00	1701.30	2.00	

续表

项目	住宿和餐饮业增加值（亿元）	旅客周转量（亿人公里）	旅行社从业人数（人）	零售业企业主营业务收入（亿元）	5A景区数目（个）	国内旅游收入（亿元）
2011年	194.52	285.10	4412.00	1406.50	2.00	1384.70
2010年	157.66	269.03	4677.00	1278.70	2.00	1151.90
2009年	131.84	250.15	4093.00	957.60	2.00	950.40
2008年	109.98	233.88	4326.00	810.50	2.00	810.71
上限 ζ_{ij}	555.57	408.12	5050.00	4393.72		4056.20
下限 γ_{ij}	54.40	133.01	3501.00	321.67		327.15

表3-5　　　　　　　河北省行业系统序参量取值

项目	住宿和餐饮业增加值（亿元）	旅客周转量（亿人公里）	旅行社从业人数（人）	零售业企业主营业务收入（亿元）	5A景区数目（个）	国内旅游收入（亿元）
标识	e_{311}	e_{321}	e_{331}	e_{332}	e_{333}	e_{341}
2016年	932.00	1156.70	8575.00	1819.20	6.00	4610.10
2015年	902.00	1213.21	5894.00	1656.55	6.00	3395.60
2014年	543.00	1276.66	9452.00	1314.51	5.00	2528.66
2013年	475.30	1434.76	8946.00	1112.27	5.00	1973.82
2012年	388.87	1369.20	7231.00	1641.30	5.00	1553.91
2011年	338.91	1306.58	7388.00	1454.80	5.00	1190.20
2010年	265.02	1172.86	5930.00	1178.40	3.00	890.80
2009年	247.14	1043.30	9193.00	807.30	3.00	688.70
2008年	222.89	991.75	10155.00	681.30	3.00	535.45
上限 ζ_{ij}	778.46	1889.46	14136.00	5643.63		5785.98
下限 γ_{ij}	88.27	464.01	3664.00	211.01		140.91

表 3-6   北京市背景系统序参量取值

项目	地区生产总值（亿元）	居民消费水平（元）	人口数（人）	6 岁及以上大专及以上人口（人）	教育经费（万元）	建成区绿化覆盖率（%）
标识	c_{111}	c_{112}	c_{121}	c_{122}	c_{123}	c_{131}
2016 年		33803.00				
2015 年	23014.60	36642.00	2170.50	3734.00	8556654.00	48.40
2014 年	21330.80	33709.00	2151.60	3775.00	7420541.00	47.40
2013 年	19800.80	26275.00	2114.80	3736.00		46.80
2012 年	17879.40	30350.00	2049.30	6143.00		46.20
2011 年	16251.93	27760.00	2018.60	5597.00	7373843.00	45.60
2010 年	14113.58	24982.00	1961.90		6134448.00	'
2009 年	12153.03	22023.00	1860.00	4433.00	5289432.00	47.70
2008 年	11115.00	20113.00	1771.00	3986.00	4690166.00	37.20
上限 β_{ijk}	31196.54	47351.37	19006.20	9641.60	12531624.74	55.29
下限 α_{ijk}	6517.77	10655.97	9127.79	1972.41	806524.80	33.02

表 3-7   天津市背景系统序参量取值

项目	地区生产总值（亿元）	居民消费水平（元）	人口数（人）	6 岁及以上大专及以上人口（人）	教育经费（万元）	建成区绿化覆盖率（%）
标识	c_{211}	c_{212}	c_{221}	c_{222}	c_{223}	c_{231}
2016 年	17885.39	36257.00				37.20
2015 年	16837.86	32595.00	1547.00		5037.40	36.40
2014 年	16002.98	30619.00	1516.80		5537.30	34.90
2013 年	14689.94	28221.00	1472.20		4741.10	
2012 年	12893.88	22984.00	1413.20	2553.00	3993.60	34.90
2011 年	11307.28	20624.00	1354.60	2313.00	4136097.00	34.50
2010 年	9224.46	17852.00	1299.30		2920970.00	32.10
2009 年	7521.85	15200.00	1288.20	1713.00	2381672.00	30.30
2008 年	6719.01	14150.00	1176.00	1501.00	2060843.00	28.89
上限 β_{ijk}	27366.72	43524.97	12985.60	4129.79	7845684.38	43.46
下限 α_{ijk}	4777.48	11196.17	6744.39	344.20	498465.45	20.78

表 3 - 8 河北省背景系统序参量取值

项目	地区生产总值（亿元）	居民消费水平（元）	人口数（人）	6 岁及以上大专及以上人口（人）	教育经费（万元）	建成区绿化覆盖率（%）
标识	c_{311}	c_{312}	c_{321}	c_{322}	c_{323}	c_{331}
2016 年						
2015 年	29806.11	13030.69			20760.00	
2014 年	29421.15	11931.54			20277.00	
2013 年	28442.95	10872.18			19794.00	
2012 年	26575.01	10749.00	60806.00	3232.00	7997.30	41.00
2011 年	24515.76	9551.00	61861.00	3045.00	8447882.00	42.10
2010 年	20394.26	8057.00			7192734.00	42.70
2009 年	17235.48	7193.00	62243.00	3233.00	6145261.00	40.00
2008 年	16011.97	6498.00	62981.00	2818.00	5584914.00	38.70
上限 β_{ijk}	49674.33	21503.88	56203.59	3233.00	19295696.07	45.58
下限 α_{ijk}	9905.43	5667.31	63152.30	1425.00	2722034.65	36.20

2. 协同度模型及相关数据描述

根据指标的类别，有序度包含两个公式：

$$u(e_{ijk}) = \frac{e_{ijk} - \gamma_{ijk}}{\zeta_{ijk} - \gamma_{ijk}}$$

$$u(e_{ijk}) = \frac{\zeta_{ijk} - e_{ijk}}{\zeta_{ijk} - \gamma_{ijk}} \qquad (3-1)$$

这里，将式（3-1）定义为子系统 i 序参量分量 e_{ijk} 的系统有序度，由此可知 $U_i(e_{ijk}) \in [0, 1]$，其数值越大，e_{ijk} 对于系统有序度的贡献越大。京津冀三地旅游及其背景系统的具体次子系统序参量的有序度如表 3-9~表 3-18 所示。

表 3 - 9 北京行业系统各序参量有序度

年份	$u(e_{111})$	$u(e_{121})$	$u(e_{131})$	$u(e_{132})$	$u(e_{141})$
2016	0.576455039	0.189451555	0.531373985	0.519695688	0.727934213
2015	0.572330340	0.179960428	0.752914607	0.369928591	0.602916602

续表

年份	$u(e_{111})$	$u(e_{121})$	$u(e_{131})$	$u(e_{132})$	$u(e_{141})$
2014	0.495328381	0.162956780	0.625068669	0.450914298	0.545312196
2013	0.520395606	0.101465405	0.567173289	0.501562939	0.653854591
2012	0.516430427	0.618128980	0.449795520	0.562801685	0.421186294
2011	0.460279841	0.590830396	0.571428571	0.456418064	0.343304424
2010	0.389453534	0.522382984	0.500000000	0.389388421	0.264976700
2009	0.264504808	0.432943795	0.687043529	0.267924337	0.214933987
2008	0.291668566	0.339949298	0.784983932	0.212645391	0.172577806

表 3 - 10　　　　　　　　天津行业系统各序参量有序度

年份	$u(c_{211})$	$u(c_{221})$	$u(c_{231})$	$u(c_{232})$	$u(c_{241})$
2016	0.474290161	0.642871640	0.704970949	0.653985714	
2015	0.386316021	0.576781859	0.612007747	0.598137143	
2014	0.362352096	0.528976549	0.488702389	0.535661653	
2013	0.346389449	0.627096441	0.532601679	0.505287361	
2012	0.359303810	0.364623184	0.808594808	0.583475759	0.2899861
2011	0.289066830	0.291623259	0.774306585	0.520077452	0.2023120
2010	0.196862754	0.205879278			0.1326184
2009	0.121490143	0.123847158	0.597417808	0.361581682	0.1132869
2008	0.085949328	0.091368377	0.539896911	0.305579844	0.0870334

表 3 - 11　　　　　　　　河北行业系统各序参量有序度

年份	$u(e_{311})$	$u(e_{321})$	$u(e_{331})$	$u(e_{332})$	$u(e_{341})$
2016	0.544788310	0.485944789	0.468964859	0.296024754	0.791697889
2015	0.525417600	0.525588411	0.212948816	0.266085241	0.576554409
2014	0.293614768	0.570100670	0.552711994	0.203124827	0.422979697
2013	0.249901532	0.681013013	0.504392666	0.165897854	0.324692165
2012	0.194094516	0.635020520		0.263278124	0.250306905
2011	0.161835827	0.591090533	0.355614973	0.228948463	0.185877234
2010	0.114125768	0.497281560	0.216386555	0.178070618	0.132839805

年份	$u(e_{311})$	$u(e_{321})$	$u(e_{331})$	$u(e_{332})$	$u(e_{341})$
2009	0.102580824	0.406390964	0.527979374	0.109761036	0.097038655
2008	0.086922834	0.370226946	0.619843392	0.086567807	0.069891073

表 3 – 12　　　　　　　　住宿餐饮业系统各序参量有序度

年份	$u(e_{111})$	$u(e_{211})$	$u(e_{311})$
2016	0.57645504	0.474290	0.544788310
2015	0.57233034	0.386316	0.525417600
2014	0.49532838	0.362352	0.293614768
2013	0.52039561	0.346389	0.249901532
2012	0.51643043	0.359304	0.194094516
2011	0.46027984	0.289067	0.161835827
2010	0.38945353	0.196863	0.114125768
2009	0.26450481	0.121490	0.102580824
2008	0.29166857	0.085949	0.086922834

表 3 – 13　　　　　　　　交通业系统各序参量有序度

年份	$u(e_{121})$	$u(e_{221})$	$u(e_{321})$
2016	0.189451555	0.6428716	0.485944789
2015	0.179960428	0.5767819	0.525588411
2014	0.162956780	0.5289765	0.570100670
2013	0.101465405	0.6270964	0.681013013
2012	0.618128980	0.3646232	0.635020520
2011	0.590830396	0.2916233	0.591090533
2010	0.522382984	0.2058793	0.497281560
2009	0.432943795	0.1238472	0.406390964
2008	0.339949298	0.0913684	0.370226946

表 3 – 14　　　　　　　　　　旅游业核心系统各序参量有序度

年份	$u(e_{131})$	$u(e_{132})$	$u(e_{231})$	$u(e_{232})$	$u(e_{331})$	$u(e_{332})$
2016	0.5313740	0.519695688	0.7049709	0.653985714	0.468964859	0.2960248
2015	0.7529146	0.369928591	0.6120077	0.598137143	0.212948816	0.2660852
2014	0.6250687	0.450914298	0.4887024	0.535661653	0.552711994	0.2031248
2013	0.5671733	0.501562939	0.5326017	0.505287361	0.504392666	0.1658979
2012	0.4497955	0.562801685	0.8085948	0.583475759		0.2632781
2011	0.5714286	0.456418064	0.7743066	0.520077452	0.355614973	0.2289485
2010	0.5000000	0.389388421			0.216386555	0.1780706
2009	0.6870435	0.267924337	0.5974178	0.361581682	0.527979374	0.1097610
2008	0.7849839	0.212645391	0.5398969	0.305579844	0.619843392	0.0865678

表 3 – 15　　　　　　　　　　收入系统各序参量有序度

年份	$u(e_{141})$	$u(e_{241})$	$u(e_{341})$
2016	0.727934213		0.791697889
2015	0.602916602		0.576554409
2014	0.545312196		0.422979697
2013	0.653854591		0.324692165
2012	0.421186294	0.2899861	0.250306905
2011	0.343304424	0.2023120	0.185877234
2010	0.264976700	0.1326184	0.132839805
2009	0.214933987	0.1132869	0.097038655
2008	0.172577806	0.0870334	0.069891073

表 3 – 16　　　　　　　　　　北京背景系统各序参量有序度

年份	$u(c_{111})$	$u(c_{112})$	$u(c_{121})$	$u(c_{122})$	$u(c_{123})$	$u(c_{131})$
2016	0.788865490	0.630788328	0.430203840	0.217179389	0.726743332	0.699595869
2015	0.668462407	0.708154973	0.416342412	0.229697008	0.660986195	0.690615177
2014	0.600233723	0.628226699	0.403043885	0.235043075	0.564090390	0.645711720
2013	0.538237116	0.425639998	0.377150456	0.229957792	0.546614633	0.618769645

年份	$u(c_{111})$	$u(c_{112})$	$u(c_{121})$	$u(c_{122})$	$u(c_{123})$	$u(c_{131})$
2012	0.460380724	0.536689340	0.536689340	0.543811015	0.550308503	0.311400779
2011	0.394434569	0.466108286	0.466108286	0.472617056	0.560107652	0.227793399
2010	0.307787220	0.390403974	0.390403974	0.366738860	0.454403223	0.182071395
2009	0.228344443	0.309767164	0.309767164	0.320840923	0.382334242	0.131560013
2008	0.186282785	0.257717044	0.257717044	0.262555759	0.331224571	0.100803527

表 3 - 17　　　　　　　　　天津背景系统各序参量有序度

年份	$u(c_{211})$	$u(c_{212})$	$u(c_{221})$	$u(c_{222})$	$u(c_{223})$	$u(c_{231})$
2016	0.580272289	0.775185902	0.934235977	0.734575060	0.710536136	0.7239859
2015	0.533899326	0.661912289	0.903288201	0.684648892	0.617775868	0.6887125
2014	0.496940136	0.600790317	0.844874275	0.660610367	0.685815218	0.6225750
2013	0.438813347	0.526614969	0.758607350	0.625741298	0.577447683	0.6225750
2012	0.359303810	0.364623184	0.808594808	0.583475759	0.583475759	0.2899861
2011	0.289066830	0.291623259	0.774306585	0.520077452	0.495103193	0.2023120
2010	0.196862754	0.205879278	0.424177950	0.417055201	0.329717213	0.1326184
2009	0.121490143	0.123847158	0.597417808	0.361581682	0.256315562	0.1132869
2008	0.085949328	0.091368377	0.539896911	0.305579844	0.212648836	0.0870334

表 3 - 18　　　　　　　　　河北背景系统各序参量有序度

年份	$u(c_{311})$	$u(c_{312})$	$u(c_{321})$	$u(c_{322})$	$u(c_{323})$	$u(c_{331})$
2016	0.647178323	0.593543299	9.088348773	0.581777278	- 0.164238582	0.703624733
2015	0.500408108	0.464960531	9.088348773	0.550056243	- 0.162985992	0.692963753
2014	0.490728182	0.395554719	9.088348773	0.506861642	- 0.163015135	0.660980810
2013	0.466131072	0.328661446	9.088348773	0.481889764	- 0.163044277	0.628997868
2012	0.419161204	0.320883247	0.337659796	0.857210626		0.363839286
2011	0.367380793	0.245235553	0.185833054	0.768500949	0.345478721	0.234709821
2010	0.263744534	0.150896943			0.269747235	0.157031250
2009	0.184316136	0.096339675	0.130858821	0.857685009	0.206546174	0.133816964
2008	0.153550639	0.052453909	0.024652058	0.660815939	0.172736686	0.126897321

从总体上看，序参量变量 e_{ijk} 对系统 S_j 有序程度的"总贡献"可通过 $u(e_{ijk})$ 的集成来实现。从理论上讲，系统的总体性不仅取决于各序参量数值的大小，最重要的是，取决于它们之间的组合形式。为简捷起见，这里用几何平均法进行加成。即，次子系统的有序度 $u(e_{ij})$ 为：

$$u(e_{ij}) = \sqrt[n]{\prod_{i=1}^{n} u_i(e_{ijk})} \qquad (3-2)$$

$u(e_{ij})$ 越大，对系统有序的"贡献"程度越大，系统有序的程度就越高。参照式（3-2）计算的京津冀三地旅游及其背景系统的次子系统的有序度见表3-19~表3-28。

表 3-19　　　　　　　　　北京行业系统各次子系统有序度

年份	$u(e_{11})$	$u(e_{12})$	$u(e_{13})$	$u(e_{14})$
2016	0.5764550	0.1894516	0.525502397	0.7279342
2015	0.5723303	0.1799604	0.527754336	0.6029166
2014	0.4953284	0.1629568	0.530897730	0.5453122
2013	0.5203956	0.1014654	0.533360199	0.6538546
2012	0.5164304	0.6181290	0.562801685	0.4211863
2011	0.4602798	0.5908304	0.510695920	0.3433044
2010	0.3894535	0.5223830	0.441241669	0.2649767
2009	0.2645048	0.4329438	0.429040420	0.2149340
2008	0.2916686	0.3399493	0.408562376	0.1725778

表 3-20　　　　　　　　　天津行业系统各次子系统有序度

年份	$u(e_{21})$	$u(e_{22})$	$u(e_{23})$	$u(e_{24})$
2016	0.474290	0.642872	0.678999948	
2015	0.386316	0.576782	0.605032697	
2014	0.362352	0.528977	0.511643557	
2013	0.346389	0.627096	0.518764780	
2012	0.359304	0.364623	0.686873692	
2011	0.289067	0.291623	0.395829148	0.283597699

年份	$u(e_{21})$	$u(e_{22})$	$u(e_{23})$	$u(e_{24})$
2010	0.196863	0.205879	0.422409986	0.221168930
2009	0.121490	0.123847	0.244305503	0.167133720
2008	0.085949	0.091368	0.252856219	0.129673778

表 3 – 21　　　　　　　　　　河北行业系统各次子系统有序度

年份	$u(e_{31})$	$u(e_{32})$	$u(e_{33})$	$u(e_{34})$
2016	0.54478831	0.485945	0.372592548	0.791697890
2015	0.52541760	0.525588	0.23803894	0.576554410
2014	0.29361477	0.570101	0.335066454	0.422979700
2013	0.24990153	0.681013	0.289270913	0.324692170
2012	0.19409452	0.635021	0	0.250306900
2011	0.16183583	0.591091	0.285337522	0.185877234
2010	0.11412577	0.497282	0.196295918	0.132839805
2009	0.10258082	0.406391	0.240731309	0.097038655
2008	0.08692283	0.370227	0.231643008	0.069891073

表 3 – 22　　　　　　　　　　住宿餐饮业系统各次子系统有序度

年份	$u(e_{11})$
2016	0.530085322
2015	0.487938067
2014	0.374915989
2013	0.355813481
2012	0.330239463
2011	0.278205020
2010	0.206063453
2009	0.148826499
2008	0.129644868

表 3 – 23　　　　　　　　　交通业系统各次子系统有序度

年份	$u\ (e_{12})$
2016	0.389705430
2015	0.379266773
2014	0.366285844
2013	0.351238877
2012	0.523082729
2011	0.466995825
2010	0.376762790
2009	0.279310462
2008	0.225714449

表 3 – 24　　　　　　　　旅游业核心系统各次子系统有序度

年份	$u\ (e_{13})$
2016	0.510379085
2015	0.423597012
2014	0.449817598
2013	0.430955027
2012	0
2011	0.386375590
2010	0.331976484
2009	0.293306269
2008	0.288171085

表 3 – 25　　　　　　　　　收入系统各次子系统有序度

年份	$u\ (e_{14})$
2016	0
2015	0
2014	0
2013	0

续表

年份	$u\ (e_{14})$
2012	0.31268573
2011	0.23458977
2010	0.16712697
2009	0.13319151
2008	0.10163210

表 3 - 26　　　　　　　　　　北京背景系统各次子系统有序度

年份	$u\ (c_{11})$	$u\ (c_{12})$	$u\ (c_{13})$
2016	0.705413	0.407967	0.699596
2015	0.688023	0.398351	0.690615
2014	0.614071	0.376660	0.645712
2013	0.478639	0.361922	0.618770
2012	0.497073	0.543574	0.311401
2011	0.428776	0.497839	0.227793
2010	0.346643	0.402196	0.182071
2009	0.265958	0.336194	0.131560
2008	0.219108	0.281944	0.100804

表 3 - 27　　　　　　　　　　天津背景系统各次子系统有序度

年份	$u\ (c_{21})$	$u\ (c_{22})$	$u\ (c_{23})$
2016	0.670685	0.179287	0.72398589
2015	0.594470	0.176686	0.68871252
2014	0.546404	0.172734	0.62257496
2013	0.480714	0.166732	0.62257496
2012	0.361954	0	0.28998607
2011	0.290342	0.584196	0.20231198
2010	0.201321	0	0.13261838
2009	0.122663	0.381142	0.11328691
2008	0.088617	0.327365	0.08703343

表 3 - 28　　　　　　　　　河北背景系统各次子系统有序度

年份	$u(c_{31})$	$u(c_{32})$	$u(c_{33})$
2016	0.61978089	0.554086	0.72398589
2015	0.48235881	0.524905	0.68871252
2014	0.44057899	0.498013	0.62257496
2013	0.39140684	0.475043	0.62257496
2012	0.36674488	0.265619	0.28998607
2011	0.30015801	0.261826	0.20231198
2010	0.19949497	0.228251	0.13261838
2009	0.13325523	0.177621	0.11328691
2008	0.08974593	0.134462	0.08703343

对于给定的初始时刻 t_0 而言，次子系统 i 的有序度为 $u^0(e_i)$，而对于整个动态发展的系统来说，如果 t_1 时刻的次子系统 i 的系统有序度为 $u^1(e_i)$，且 $u^1(e_i) \geqslant u^0(e_i)$ 同时成立，将式（3-3）定义为子系统 i 的有序度。

$$u(e_i) = \sqrt[n]{\prod_{i=1}^{n}\left[u^1(e_i) - u^0(e_i)\right]} \qquad (3-3)$$

同理，$u(e_i)$ 的数值越大，对系统的有序度"贡献"越大，子系统的有序度越高；反之则越低。$u(e_i) \in [0, 1]$，$u^1(e_i) \geqslant u^0(e_i)$ 中至少有一个不成立时，视该子系统有序度为零。京津冀三地旅游及其背景系统的子系统有序度见表 3 - 29、表 3 - 30、表 3 - 31。

表 3 - 29　　　　　　　　行业系统的子系统有序度（地区）

年份	$u(e_1)$	$u(e_2)$	$u(e_3)$
2016	0	0.450234823	0.270960333
2015	0	0.371684672	0.441224557
2014	0	0.315154572	0.392459621
2013	0	0.333524853	0.355570094
2012	0.221278777	0.318860269	0
2011	0.467284788	0.179829702	0.266887627

年份	$u(e_1)$	$u(e_2)$	$u(e_3)$
2010	0.392719277	0.129135644	0.196135583
2009	0.320565735	0	0.176653356
2008	0.288562980	0	0

注：该计算定义 2008 年为初始时刻，并将其协同度定义为 0。

表 3 – 30　　　　　　行业系统的子系统有序度（产业）

年份	$u(e_1)$	$u(e_2)$	$u(e_3)$	$u(e_4)$
2016	0.369961704	0	0.1915113	0
2015	0.333119317	0	0.0645115	0
2014	0.226598530	0	0.1484926	0
2013	0.213330073	0	0.1241245	0
2012	0.187431662	0.2720196	0	0
2011	0.136897979	0.2230446	0.0922113	0.1449899
2010	0.066571855	0.1384567	0	0.0810371
2009	0	0	0	0
2008	0	0	0	0

注：该计算定义 2008 年为初始时刻，并将其协同度定义为 0。

表 3 – 31　　　　　　　　背景系统的子系统有序度

年份	$u(c_1)$	$u(c_2)$	$u(c_3)$
2016	0.332311074	0	0.521303389
2015	0.318123700	0	0.451816668
2014	0.273171104	0	0.408776901
2013	0.220709228	0	0.380344949
2012	0.248338405	0	0.194634984
2011	0.179135687	0.181433884	0.145642745
2010	0.107616888	0	0.077706650
2009	0.042757791	0.036359064	0.036667484
2008	0	0	0

注：该计算定义 2008 年为初始时刻，并将其协同度定义为 0。

京津冀三地旅游系统和背景系统有序度的定义类似子系统有序度的定义，

也同样需满足一定的条件，如式（3-4）：

$$C = \sqrt[n]{\prod_{i=1}^{n} \left[u_i^1(e_i) - u_i^0(e_i) \right]} \tag{3-4}$$

C 的数值越大，整个系统的协同度越大，说明系统的协同水平越高；C 的数值越小，复合系统的协同水平越低。但 $C \in [0, 1]$，$u^1(e_i) \geqslant u^0(e_i)$ 中有一条件不满足时，则认为系统的协同度为零。京津冀三地旅游系统协同度与京津冀三地旅游协同背景系统协同度分别见表3-32、表3-33、表3-34。

表3-32　　　　　　　　　　行业系统有序度（地区）

年份	C
2016	0. 349278940
2015	0. 404964695
2014	0. 351689414
2013	0. 344371113
2012	0. 265625696
2011	0. 282005234
2010	0. 215060960
2009	0

表3-33　　　　　　　　　　行业系统有序度（产业）

年份	C
2016	0. 266180
2015	0. 146595
2014	0. 183434
2013	0. 162725
2012	0. 225799
2011	0. 142144
2010	0. 090733
2009	0

表 3 – 34　　　　　　　　　　　背景系统有序度

年份	C
2016	0.416214955
2015	0.379122131
2014	0.334164686
2013	0.289733740
2012	0.219853000
2011	0.161523414
2010	0.091446968
2009	0.039595715

三、京津冀旅游协同度分析

（一）行业系统分析

1. 以地区划分的系统

将三个地区行业系统分开计算其子系统有序度，得到表 3 – 19 ~ 表3 – 21。在表 3 – 19 中显示北京地区行业系统各次子系统有序度，发现，除交通业子系统（e_{121}）外其余系统有序度均呈上升趋势。交通系统有序度从 2008 年到 2012 年呈现上升趋势，且均高于其他系统，但 2013 年之后呈现下降趋势，2014 年之后虽有小幅上升，但仍远远低于其他系统。究其原因可能在于高铁及各地机场的出现，导致周边地区出行十分便利，不再完全依赖于从北京出发，北京作为周边城市中转站的功能下降。住宿餐饮（e_{111}）、游乐购物（e_{132}）和收入（e_{141}）子系统的有序度均呈现稳步增长的态势，各自变化稍有差异。其中收入子系统 2008 年的值仅为 0.17，但增长幅度快，2012 年就超过了其他子系统，为 0.42，并仍处在增长阶段，截止到 2016 年，增长到 0.73，高于其他三个次子系统。住宿餐饮业子系统的有序度从 2008 年的 0.29 的低水平阶段，已经增长到 2016 年的 0.58 的中上水平阶段，目前仅次于收入子系统。游乐购物子系统的变化趋势不如其他系统明显，整体呈现小幅度上升趋势，从期初的 0.41 上升到 2016 年的 0.53。

从表 3 – 20 显示出的天津行业各次子系统的有序度来看，除收入系统（e_{241}）2012 年之后统计部门未对国内旅游收入做相关统计，因此无数据之外，其他三个子系统均呈现上升趋势，这与北京行业各子系统的变化趋势基本保持一致。其中，有序度最高的为游乐购物子系统（e_{232}），2008 年其值为0.25，其中 2012 年达到最大值为 0.69，2012 年之后呈现小幅下降趋势，2014年之后又呈现上升趋势，2016 年达到 0.68。交通子系统（e_{221}）基本保持稳步上升的趋势，从 2008 年的 0.09 有序度水平极低达到 2016 年 0.64 的较好水平的有序度，其中在 2013 年呈现较快增长，从 0.36 上升至 0.63 的较高水平有序度，2014 年呈现小幅下降，下降至 0.53，之后又呈现稳步增长。住宿餐饮业子系统（e_{211}）的有序度要低于其他系统，2008 年为 0.09，基本与交通业子系统持平，其增长速度要缓慢一些，2016 年达到 0.47，从发展趋势来看，其呈现稳步上升的变化态势。

表 3 – 21 显示河北省行业系统各子系统有序度基本呈现上升的趋势，其中上升最快的为收入子系统（e_{341}），其从 2008 年的 0.07 上升到 2016 年的0.79，上升幅度变化最快，说明河北省国内旅游一直呈现很好的发展态势，国内旅游收入稳步上升。住宿餐饮业子系统（e_{321}）的有序度变化趋势接近于收入子系统的变化趋势，从 2008 年的 0.09 上升到 2016 年的 0.54，按照曲线的趋势今后仍处于稳步上升态势。交通业子系统变化幅度较大，基本呈现倒U 形，2008 年有序度为 0.37，要高于其他三个子系统，之后呈现上升趋势，到 2013 年达到最大值为 0.68，2014 年之后呈现小幅下降趋势，到 2016 年为0.49。变化趋势最大为旅游业核心系统，其中 2008 年有序度为 0.23，2012 年没有数据显示，故有序度为 0，之后呈现上升趋势，2016 年有序度为 0.37，有序度水平仍不高。

从表 3 – 29 显示的分地区的行业系统的子系统的有序度来看，变化比较复杂，整体上呈现上升的趋势，从数值来看，三个地区基本上呈现北京 > 天津 > 河北，但从长远来看，这种格局有可能出现变化。北京的行业系统有序度从 2008 年的 0.28 下降至 2016 年的 0，但有序度水平降低；天津相反呈现比较良好的增长态势，2016 年有序度为 0.45，超过了北京；河北的有序度变化趋势和北京相似，2012 年是其最低值，2013 ~ 2015 年基本保持在 0.36 ~

0.44 之间，2016 年稍有下降。

表 3 - 32 是按照区域进行系统划分得出的复合系统有序度，虽然不能判断绝对大小，但可以判断的是整个系统的有序度整体呈上升的趋势，上升十分缓慢，且目前仍处于较低水平的有序度阶段。

这里做一个整体分析，按照"复合系统—子系统—次子系统"的追溯顺序。表 3 - 32 显示复合系统的协同度上升缓慢且相对值不高，其中有序度最高为 2015 年的 0.40，向上追溯表 3 - 29，不难看出，在大多数年份，由于河北的有序度较低，河北的系统有序度拉低了整个系统的有序水平。可以对表 3 - 19 ~ 表 3 - 21 进行对比，河北的住宿餐饮业系统和交通业系统与北京和天津的相差无几，因为虽然北京是最大的交通枢纽地（天津次之），但河北是大部分游客到达北京和天津最主要的中转地和必经之路，并且它也有足以承受这种交通压力的运作协同度高的交通业系统，因此可以基本判断，旅游业核心系统与收入系统的有序度是造成河北省系统的有序度较低的主要原因。事实上，由于北京和天津的旅游业发展相对河北早很多年，拥有整体数量和质量更协调的旅游业核心系统和收入系统也并不难理解。当然，天津在这两方面与河北类似，只是程度不同。尽管北京在三者中相对有序度最高，但也不能说它就十分有序，巨大的发展空间依然存在。比如它的交通业系统有序度近年呈现明显下降趋势，这和京津城际高铁的顺利运行以及河北省逐渐成为直接的游客目的地分不开的。因此只有京津冀三地的系统有序度都提高上去，整个区域的协同水平才会提高，协同度才能上升。

2. 以产业划分的系统

表 3 - 22 ~ 表 3 - 25 是以产业划分的子系统为基础得出的结果，从上述 5 个表可以发现，住宿餐饮业的系统有序度是逐年增长的，交通业系统的有序度也是呈上升趋势，且整体较住宿餐饮业系统高 0.20 左右，在 2012 年交通业系统出现了一个较高值 0.52。旅游业核心系统中旅行社业系统呈现一个异常的变化，在 2012 年出现数值为 0，这主要是由于河北省没有数据造成的，但除去这个点来看整条趋势线，可知交通业的变化趋势是稳步上升的，2016年达到了 0.51。收入子系统因为天津市 2013 年之后并未对国内旅游收入进行统计，因此导致之后的数据为 0，但从其他可供参考的入境旅游收入等数据来

看，天津市 2013 年之后的国内旅游收入呈现上升的增长趋势，因此虽然没有数据显示，但从其他数据可以推断出收入系统的有序度是呈现上升趋势的，且极有可能其数值超高其他行业子系统。

表 3 - 30 为行业系统子系统有序度，以 2008 年为基准，住宿餐饮业系统、旅游业核心系统的有序度基本呈现上升趋势，住宿餐饮业系统的上升幅度大于旅游业核心系统，而交通系统和收入系统由于数据的缺失在 2013 年之后数值为 0，但从其他可供参考的数据来看，其相对有序度应该呈现上升趋势。

复合系统有序度从表 3 - 33 可以看出，是呈现缓慢稳步增长的趋势。相对有序度最高值为 2016 年的 0.27。

从整体进行分析，依照"复合系统—子系统—次子系统"的顺序，复合系统变化的速度及其每一时段相对的有序度，都处于不太理想的状态。从子系统有序度表中发现，京津冀区域内的收入系统和交通业系统的数据缺失是造成整个系统有序度低的主要原因，这种影响是非常明显的，但从可供参考的数据来看，虽然不能准确测算其具体数值，但其变化趋势应该是稳步上升的。同时发现整体有序度并不高，究其原因可能在于三地的协同性还未有效地发挥出来，虽然北京、天津、河北对此采取了一定措施从而推动了三地收入系统更为协调的成长，具体原因在于系统分级有限，难以再进一步定量判断。

（二）背景系统分析

按照协同度模型对三地的背景系统有序度进行了计算，表 3 - 26 显示的是北京市背景系统各次子系统有序度，从中发现，北京的经济系统次子系统、人口及教育系统次子系统及生态系统次子系统三者基本呈现上升趋势，但上升幅度存在差异。其中，人口及教育系统的数值在期初要高于其他两个系统，这种现象在天津和河北也同样是如此。但在 2013 年人口及教育系统出现下降，由 0.54 下降到 0.36，随后呈现上升趋势，至 2016 年达到 0.41，协同度处于中等水平。经济系统稳步上升，由 2008 年的 0.22 上升至 2016 年的 0.71。生态系统的变化幅度最大，2008 年数值仅为 0.10，2016 年增长至 0.70，协同度得到大大提高，这得益于北京逐渐重视生态环境，以及一些非首都功能向外的输出。因此可见北京背景系统的协同度还是相对较高的。

　　表3－27是天津的背景次子系统有序度，从整体来看，天津背景系统的三个次子系统的有序度是呈现稳步上升的，表现最为明显的经济系统和生态系统。尤其是生态系统，从2008年的0.09上升至2016年的0.72，增长了0.63，协同度提高很快，已经超过了其他两个子系统。经济系统虽没有生态系统变化那么大，但变化趋势非常稳定，接近线性上升，2008年为0.09，2016年达到0.67，增长了0.58。而人口及教育系统由于2010年和2012年数据的缺失，使得数据变化比较明显，但对照2010年、2012年前一年和后一年数据的数值，仍可以发现，这个子系统在前期呈现了下降趋势，2008年数值为0.33，2013年之后处于0.2以下，协同度水平较低，究其原因可能在于天津在人才吸引和人才引进方面处于比较疲软的状态。

　　从表3－28显示河北省背景次子系统的有序度，从表中可以明显看出的是河北省三个次子系统的有序度呈现基本稳步上升的态势，没有明显下降的趋势。其中变化幅度最大的是生态系统的有序度，从2008年的0.09，上升至2016年的0.72，增长了0.63，原因在于随着京津冀一体化和京津冀协同战略的提出，河北无论是从政策上还是从具体实施上为京津冀环境的改善做了突出贡献，同时自身的环境也得到了很大改善。经济系统和人口及教育系统呈现交替上升的趋势，两者相差不大，经济系统从2008年的0.09增长至2016年的0.62，增长了0.53，人口及教育系统从2008年的0.13增长至0.55，增加了0.42，可见无论是从经济发展速度还是从人口及受教育情况来看，河北一直在不断提高，逐步缩小与京津之间的差距，可见，河北省发展的空间仍是巨大的。

　　表3－31是以定义2008年为0有序度进行的相对有序度计算。存在较大差异的是天津的数值，由于近年天津的收入系统为0，所以导致了天津背景子系统的数值大多为0，但仍从其他数据可以得到除了收入系统外，天津其他背景子系统呈现上升趋势。比较有意思的是河北的背景有序度在2013年之后超过了北京，成为区域相对数值最高的地区，并且上升趋势仍在继续，而北京虽然仍然呈现上升趋势，但幅度减少，同时相对数量也低于河北。

　　整体来看没有明显的趋势变化。具体来说，2009年，北京和河北的系统有序水平相当（0.10左右），天津的有序度只占其一半（约0.05），自此三地的有序度都逐年上升，截至 2012 年天津和河北的基本持平（约 0.26），略低于北京的 0.34。北京从期初增长至 0.33，河北由期初增长至 0.52。

根据"复合系统—子系统—次子系统"的结构进行整体分析，由于不能判断有序度的绝对大小，同样是以 2008 年为基准计算其相对有序度。从表3-34 可以看出，复合系统的有序度整体呈上升趋势，但变化幅度较小，从 2009 年的 0.04 增长到 2016 年的 0.42，增加了 0.38。进而再对子系统进行分析，可以得出的一个基本判断是：主要由于天津有些数据的缺失造成了整体系统有序度变化比较缓慢，如若有这次增长的数据，那么整个系统的有序度变化将会有很大提高。由于数据指标选取有限，本书无法进一步判断其增长缓慢的原因，就现有数据来说，三地的背景符合系统都呈现增长状态，预示在接下来三地的有序度将不断提高，原因可能在于京津冀协同发展初见成效。

（三）行业与背景系统分析

旅游行业内部鱼龙混杂，大小企业为了自身利益争相进入，整个行业缺乏龙头企业，权益利益比较分散，缺少有效的奖惩机制作为齐头并进的约束力和推动力。北京拥有毋庸置疑的发展旅游的优势，它的旅游资源、交通、住宿餐饮、游玩娱乐设施都处于一个相对较高的水平。天津和河北虽地理位置上与其十分接近，但差距明显，天津和河北省也有其自身独特的优势，例如，河北地域广阔，资源虽不集中但也丰富，但根据数据不难发现旅游业核心系统与收入系统处于一个相对低协同水平。从整个行业来说，旅游业核心系统相对有序度也较低，我们可以轻易地发现河北和天津在各方面与北京的差距，也能比较清楚地看出北京的软肋，比如住宿餐饮业系统，它处于优势的同时也有自己很大的进步空间。对数据梳理后发现北京、天津、河北这三地在一些方面是齐头并进的，说明三地是有协同基础的，可以随着时间的推动，随着各方的努力，进入一个高区域协同的水平的。

影响京津冀三地旅游协同的背景因素不外乎经济水平、劳动力状况和科学技术发展水平等几个方面。就经济水平来说，北京、天津和河北的经济发展水平高低不一，京津冀内各区域在发展阶段或发展水平上存在着巨大差异。

经济原因是影响区域合作的根本原因，对区域旅游协同具有桥梁和支撑的作用，旅游协同度较低，与经济无法有效协同有直接关系。由于北京具有相对较高的经济系统有序度，不难看出这与它在其他方面占有的优势必然存在一定的联系。同时京津冀区域内的人口及教育发展情况也有很大差异，而如果一个区域的人口及教育水平的不一致，标志着这个地区的劳动力和消费力的水平和结构不一致，从而不能形成稳定的向心力和扩散力，进而无法带动区域旅游间的协同。河北在这方面有序度相对较低，仍有很大的发展空间。而生态系统是旅游的重要影响系统，但就数据显示，天津、河北甚至在各方面都占有优势的北京都拥有一个有序水平不高的生态系统，这是阻碍京津冀区域旅游协同发展的一个重要原因，还需要各方做许多努力。另外，政策也是一个非常重要的背景系统，近几年河北政府制定和实施了一系列十分积极的政策，北京和天津在政策上也有些支持区域协同的倾向，随着政策的完善，最终必然会呈现一个高协同水平的京津冀旅游系统。

四、结论与展望

"京津冀都市圈"提出并发展已逾十几个年头，京津冀区域旅游合作也早已被提上了日程，发展多年之后，京津冀旅游系统的协同效果在近年才开始慢慢凸显出来。在搜集数据、建立模型和计算之后，发现京津冀三地的旅游协同度不够理想，所以京津冀三地旅游系统的协同发展还有巨大的潜力和空间。从三地旅游资源的整合、优质精品旅游组合线路的推出、旅游产品的创新、京津冀旅游形象的塑造与传播到信息共享平台的建设等多个方面，三地仍有很多方面需要放弃行政界限开展深度的合作。如以区域的行业系统来说，北京应该在不断提高自身各系统的同时，积极打破行政的界限，帮助天津和河北提高其各个系统的协同水平。就整个产业来说要着重提高旅游业核心系统的有序度，这也正是旅游业的核心竞争力所在，所以要集中力量提高旅游系统的核心竞争力。背景系统本身也是个极其复杂的系统，京津冀应该努力寻求各方合作的契机，探索适合各方发展、区域协同的发展模式。相信经过各地的不懈努力，京津冀区域的旅游定会迎来新的时代。

第四章 京津冀旅游经济网络空间结构研究

空间结构作为一个地理学名词，反映了人类经济、文化活动作用在一定地域范围内所形成的组织形式（Yang Yang，2013）。旅游活动作为一种社会、经济现象，其发生、发展需要作用在一定的空间范围内，旅游空间结构是旅游研究中的一项重要内容，体现了旅游活动的空间属性和相互关系（María Santana-Gallego，2016）。国外学者对旅游空间结构的研究可追溯到 20 世纪 60 年代，利珀和冈恩（Leiper and Gunn）最早提出了旅游空间系统的概念（Leiper N.，1995；Gunn C A.，2002），之后皮尔斯（Pearce）分析了旅游空间的分布及功能（Faruk Balli，2016）、隆格伦（Lundgren）探讨了游憩活动在地理空间中的分布及关系、马罗库（Marrocu）等分析了欧盟成员国旅游流的空间行为及相互作用（Marrocu Emanuela，2011）。国内学者对旅游空间结构的研究要比国外稍晚一些，最早源于 20 世纪 90 年代。在研究内容上主要侧重旅游地空间组织形态（马耀峰，2000；陈秀琼，2006；陈刚强，许学强，2011；于洪雁，2015）、旅游空间模式、空间结构演化过程（钟林生，2015；马耀峰，2011；吴晋峰，2014）等方面的研究；在研究角度上，侧重从点轴理论（汪德根，陆林，陈田，2005；高楠，马耀峰，李天顺，2012；程晓丽，2013）和旅游流（刘法建，张捷，2010；吴晋峰，2010；彭红松，陆林，2014）的角度展开；在研究方法上，多用引力模型、首位度分析，基于社会网络视角的研究颇少；在研究对象选择方面，大多针对长三角地区（陆林，2011，2012）和珠三角地区（陆林，2011）这些经济比较发达的地区，虽然京津冀是我国重要的经济发展地区，但针对京津冀地区的研究很少。

旅游业已成为京津冀地区的主要产业，但在区域位置、资源禀赋、区位交通、市场发育程度及基础设施建设方面存在明显的地域差异，基于此，本章选用引力模型、社会网络分析方法构建京津冀城市旅游空间结构研究模型，探讨京津冀协同发展下区域内各城市旅游经济空间网络的演变特征，以期优化京津冀地区的旅游空间结构，逐步缩小区域差距，实现区域的协同发展。

一、研究区域与数据来源

（一）研究区域

本文选取京津冀 14 个城市及区域：北京、天津、雄安新区、石家庄、秦皇岛、唐山、保定、衡水、沧州、邢台、邯郸、张家口、承德和廊坊。通过分析京津冀 14 个城市（地区）间的旅游经济联系，进而探究京津冀旅游经济空间结构。

考虑到河北省旅游动态发展节点数据可对比性，本章原始数据采用 2013 年和 2016 年的 14 个城市或地区的历史截面数据。源于 2014 年习总书记提出京津冀要协同发展，2016 年河北省开始举办全省旅游产业发展大会，"京畿福地，乐享河北"的旅游品牌效应初步显现，且高铁的迅速发展加强了京津冀沿线城市的游客流动与旅游合作，这些都对旅游的发展产生了重大影响，在很大程度上促进了京津冀旅游经济的发展。

（二）数据来源

本章所选原始数据来源于 2013 年和 2016 年的《北京市统计年鉴》《天津市统计年鉴》《河北省统计年鉴》，以及相应年份的《北京市旅游大数据报告》《河北省全省旅游经济运行情况》等统计文件中的相关数据。将 2013 年和 2016 年京津冀 14 个城市或地区的旅游总收入（国内旅游收入和入境旅游收入之和）、旅游接待总人数（国内旅游人数和入境人次数之和）和城市间的公路里程数作为旅游经济联系的测度基础数据。城市间的距离采用百度地图中建议的平均距离（主要由于京津冀区域内以采用公路交通为主，因此选择公路距离作为距离选择）数据如表4-1所示。

表4-1   京津冀 2013 年、2016 年基础数据

区域	2013 年		2016 年	
	旅游收入（亿元）	旅游人次（万人次）	旅游收入（亿元）	旅游人次（万人次）
北京	3963.00	25200.00	5021.00	28500.00
天津	2800.00	16000.00	3129.00	19100.00
雄安新区	7.92	158.37	7.92	158.37
石家庄	333.50	4891.05	750.32	7647.70
秦皇岛	32.80	2595.07	495.52	4218.05
唐山	200.79	2778.77	437.94	4479.78
保定	214.49	4759.81	768.32	8113.25
衡水	42.49	701.45	101.74	1368.61
沧州	82.83	972.20	123.79	1476.66
邢台	68.21	1195.93	181.60	2109.22
邯郸	176.81	2765.32	489.62	4739.98
张家口	183.38	2574.77	519.24	5193.77
承德	204.76	2463.41	506.58	4636.58
廊坊	126.53	1450.67	279.85	2695.69

二、京津冀旅游经济网络空间结构研究方法

（一）引力模型

城市之间存在着物质、信息、资本、旅游等各种流，城市之间不断进行着流量的交换与转移（曹芳东等，2012），而他们之间的关系在很大程度上依赖于城市间的交通距离。因此，引入牛顿万有引力定律对城市、旅游等问题进行研究（杨国良等，2007；卞显红，沙润，2007；朱付彪等，2012；杨丽花，佟连军，2012）。本书对引力模型进行修正，以此测算城市间旅游经济的联系强度。公式为：

$$R_{ij} = \frac{\sqrt{P_i V_i}\,\sqrt{P_j V_j}}{D_{ij}^2} \qquad\qquad (4-1)$$

式（4-1）中，R_{ij} 为城市 i、j 的旅游经济联系度；P_i、P_j 和 V_i、V_j 分别为城市 i、j 接待旅游者总人次和旅游业总收入；D_{ij} 为城市 i 到 j 的公路交通距离。该城市的旅游经济联系量 C_i 为 i 与区域内所有城市旅游经济联系度相加，公式：

$$C_i = \sum R_{ij} \qquad\qquad (4-2)$$

（二）社会网络分析方法

社会网络分析法通过对网络中各行动者及其之间的"关系数据"进行量化，建立彼此之间的关系模型，进而分析社会网络中行动者之间的关系"模式"或"结构"怎样影响个体行为或者系统的性质，以及行动者反过来又如何影响结构。20 世纪 90 年代，社会网络方法开始运用到旅游研究中，主要对旅游空间结构的形成、演化、空间联系及相互作用等进行分析，被斯科特和库珀（Scott and Cooper）认为是进行旅游研究的绝佳范式（Scotten，Cooper C.，2008）。随着该理论的深化发展，目前已经成为跨人文、社会、自然多门学科研究的重要方法之一。

社会网络分析法是用来研究在一个社会中（网络中）社会行动者及他们之间关系的一种方法，目前其已经被学术界广泛应用（彭红松等，2014）。本章运用社会网络分析软件 UCINET6.0，京津冀 11 个城市及雄安新区是网络中的节点，它们之间的旅游经济联系就是网络中节点之间连接的线。对数据进行二值化处理，则有：

$$d_i(c_i) = \sum_{t=1}^{n} d_i(c_i, c_j) \qquad\qquad (4-3)$$

若城市 i 与城市 j 间有相关联系，则判定 $d_i(c_i, c_j)$ 为 1，无任何联系则判定 $d_i(c_i, c_j)$ 为 0。

1. 网络密度

网络密度为网络中实际存在的关系数除以理论上最大的关系数，用来揭示网络结构的紧密度，是旅游地网络结构总体特征的有效指南。取值范围为 $[0,1]$，网络密度越大，则网络对每一个节点产生的影响越大，联系紧密度越高。公式为：

$$D = \frac{\sum_{t=1}^{n} d_i(c_i)}{n(n-1)} \qquad (4-4)$$

式中，n 为城市网络规模即城市个数。

2. 网络中心度

中心度用以刻画城市节点在网络中是否居于中心之地，包括度数中心度、中间中心度、接近中心度（刘军，2004）。点度中心度测量的是网络图中一个点与其他点的交往能力，见式（4-5）（刘军，2009）：

$$C_{RD(i)} = \frac{C_{AD(i)}}{n-1} \qquad (4-5)$$

式中，$C_{RD(i)}$ 为点 i 的相对度数中心度，更能体现节点在网络中的情况。$C_{AD(i)}$ 为点 i 的绝对度数中心度，是指网络中与点 i 相连的其他点的个数。

接近中心度测量网络中的行动者不受其他行动者控制的程度，其值越小越接近中心度，说明与其他旅游地之间的旅游流通达性越好，联系越紧并且越处于整个网络的中心（于洪雁等，2015）。公式如下：

$$C_{RPi}^{-1} = \frac{C_{APi}^{-1}}{n-1} = \frac{\sum_{j=1}^{n} d_{ij}}{n-1} \qquad (4-6)$$

式中 C_{RPi}^{-1}，C_{APj}^{-1} 分别表示点 i 的相对接近中心度和绝对接近中心度；d_{ij} 表示点 i 和 j 之间的捷径距离。

中间中心度是弗里曼教授提出来的，其测量的是网络图中一个点在多大程度上位于其他点的"中间"，是一种"控制能力"指数，是一个从宏观上衡量某旅游地在旅游流网络互动中对其他旅游地控制和依赖程度的指数。次数越多，中间中心度越大，对旅游流控制力越大，具有结构优势越多。则有：

$$C_{RBi} = \frac{2C_{ABi}}{(n-1)(n-2)} = \frac{2\sum\limits_{j}^{n}\sum\limits_{k}^{n} b_{jk}(i)}{(n^2-3n+2)} = \frac{2\sum\limits_{j}^{n}\sum\limits_{k}^{n} g_{jk}(i)/g_{jk}}{(n^2-3n+2)} \quad (4-7)$$

式中，C_{RBi} 为点 i 的相对中间中心度；C_{ABi} 为点 i 的绝对中间中心度；$b_{jk(i)}$ 表示点 i 能控制点 j、k 交往的能力；g_{jk} 表示点 i、k 之间存在的捷径数目；$g_{jk(i)}$ 表示点 j、k 之间存在的经过点 i 的捷径数目。

3. 核心—边缘分析

核心—边缘理论是关于城市空间相互作用及扩散的理论，其反映的是在一个区域中核心区与边缘区之间"依赖和被依赖"的关系。克里斯塔勒（Christaller，1964）最早将核心边缘理论运用到旅游研究中，核心指的是主要的客源地，核心外部就是其边缘区。弗里德曼根据增长极理论和经济增长传递理论，在1996年提出了核心—边缘的理论模式。边缘区是相对于核心地带来说的，是经济发展相对落后的地带，对于核心区和边缘区的界限是相对而言的。核心区和边缘区的地位并不平等，核心区居于主导地位，而在经济发展的过程中，核心区和边缘区的边界在不断发生变化，区域经济结构和空间布局在不断调整，并最终会实现区域的一体化发展。

核心边缘理论与角色分析模型用来反映节点在网络中所处的位置，揭示在一个网络中哪些节点处于核心区，哪些节点处于边缘区，并找到核心区与边缘区之间的内在联系。角色分析目的在于划分出具有若干相似结构与职能的节点群体，以明确每一组群体所具有的共同属性。因此通过核心边缘理论和角色分析可以判断在旅游流网络结构中节点是处于核心地位还是边缘地位，以及得到对他们的量化的认识。

4. 结构洞

伯特用结构洞来表示非冗余的联系，他认为，非冗余的联系人被结构洞所连接，一个结构洞就是两个行动者之间的非冗余的联系。在旅游流网络中，结构洞指的是旅游流网络中节点之间无直接联系、关系间断的地方。结构洞的存在令连接两点的第三者承担中间人的角色，一个节点拥有的结构洞位置越多，就越能中介其他节点对的旅游流动。

本章选取有效规模（effective size）、效率（efficiency）、限制度（con-straint）来衡量结构洞。旅游流网络中一个节点的有效规模等于该节点的个体网规模减去网络中的冗余度，即有效规模等于网络中的非冗余因素。网络中一个节点的效率等于该点的有效规模与实际规模之比。网络中的限制度指的是此节点在自己的网络中拥有的运用结构洞的能力，以节点对其他节点的依赖性为测量标准。限制度越高，约束性就越强，越容易形成寄生关系，说明该节点越高度依赖其他节点的辐射。

三、京津冀旅游经济网络空间结构

（一）京津冀 14 个地区旅游经济联系度分析

根据引力模型的公式（4-1）和公式（4-2）分别对京津冀 14 个地区的旅游经济连续度进行测算。由表 4-2 可知，2013 年，京津冀旅游经济联系度最大的地区组合是"京—津"，其旅游经济联系度为 3512.31，其次为"京—廊坊"，其旅游经济联系度为 1189.29；京津冀旅游经济联系度最小的地区组合是"秦皇岛—雄安"，其旅游经济联系度为 0.06，其次为"雄安—邢台"，其经济联系度为 0.11。2016 年，京津冀旅游经济联系度最大的地区组合是"天津—北京"，其旅游经济联系度为 4856.0，其次是"北京—廊坊"，其旅游经济联系度为 2886.11，再其次是"北京—保定"，其旅游经济联系度为 1166.66；旅游经济联系度最小的地区组合为"雄安—邢台"，其旅游经济联系度为 0.23，其次为"秦皇岛—雄安"和"雄安—衡水"，其经济联系度均为 0.30。总体上来看，2013 年和 2016 年，京津冀旅游经济联系度排名最高的两个地区没有变化，旅游经济联系度最低的地区发生了变化。与 2013 年相比，2016 年的京津冀 14 个地区之间的旅游经济联系度增加显著。

表 4 - 2　2013 年和 2016 年京津冀地区旅游经济联系度

节点	北京	天津	雄安	石家庄	秦皇岛	唐山	保定	衡水	沧州	邢台	邯郸	张家口	承德	廊坊
北京		4856.00	18.83	649.78	192.16	517.14	1166.66	56.94	127.86	46.27	86.12	544.17	378.79	2886.11
天津	3512.31		12.17	180.85	142.56	640.72	630.25	42.67	229.53	28.46	58.16	123.98	123.29	671.46
雄安	15.73	10.54		1.92	0.30	0.73	29.23	0.30	0.47	0.23	0.42	0.61	0.38	1.57
石家庄	289.42	83.48	1.03		10.29	18.15	305.14	52.89	19.36	102.90	126.30	22.30	13.58	24.74
秦皇岛	32.40	24.91	0.06	1.11		79.10	19.52	2.00	4.28	1.99	4.25	10.30	45.78	23.12
唐山	230.39	295.83	0.39	5.16	8.51		41.58	3.62	11.32	3.09	6.34	16.80	59.46	37.55
保定	394.43	220.83	11.83	65.84	1.59	8.97		36.39	41.70	24.72	45.23	52.30	25.16	84.71
衡水	22.01	17.09	0.14	13.05	0.19	0.89	6.81		7.09	7.99	12.89	3.03	2.29	4.79
沧州	70.90	131.90	0.31	6.85	0.57	4.01	11.20	2.18		2.75	5.32	4.18	3.90	12.85
邢台	17.84	11.37	0.11	25.33	0.19	0.76	4.62	1.71	0.84		261.90	3.36	2.39	2.32
邯郸	33.02	23.11	0.19	30.90	0.39	1.55	8.40	2.74	1.62	55.47		7.19	5.20	6.83
张家口	190.22	44.91	0.25	4.98	0.87	3.75	8.86	0.59	1.16	0.65	1.38		17.43	22.82
承德	146.64	49.47	0.17	3.35	4.28	14.70	4.72	0.49	1.20	0.51	1.11	3.38		16.98
廊坊	1189.29	286.76	0.77	6.51	6.08	9.88	16.91	1.09	4.21	0.76	1.55	4.71	3.88	

注：左下部分为 2013 年数据，右上部分为 2016 年数据。

从表 4-3 可知，2013 年和 2016 年，京津冀 14 个地区的旅游经济联系量排名，除北京第 1，保定第 4，张家口第 7，衡水第 13，雄安第 14 没有变化外，其他排名前后都有变化，秦皇岛、天津、石家庄、邯郸、承德旅游经济联系量都提升了，尤其是秦皇岛最明显；而廊坊、沧州、唐山则明显下降，尤其沧州最明显。北京、天津、廊坊、保定的旅游经济联系量处于领先地位；邢台、衡水、雄安都处于最低水平。其中，北京位居京津冀首位，这与其特殊区位有显著关系。廊坊旅游总收入和旅游人次均低于保定等其他地区，但因为地处京津走廊，具有明显的地缘优势，其旅游经济联系总量高于河北省其他城市。2016 年各地区的旅游经济联系量比 2013 年增加非常显著，提升最小的是北京，比例为 87.59%，提升最大的是秦皇岛，比例为 560.09%，其他均有 100%~300% 的提升。究其原因，一方面与河北省自 2014 年以来的旅游发展政策与旅游产业大会背景和平台驱动的旅游大发展背景密不可分，河北省京西百渡旅游度假区、金山岭—大燕山环京津休闲度假旅游区、秦皇岛海滨康养度假区、邢台太行山康养度假区等旅游产品升级换代，旅游服务品质提升，旅游公共服务体系不断完善，旅游品牌逐步塑造，使其旅游吸引力不断增强；另一方面是因为京津冀旅游协同发展的政策和区域产品和市场协同不断推动，为整个区域的旅游业发展带来了极大的发展动力。

表 4-3　　　　　　2013 年和 2016 年京津冀城市旅游经济联系量

节点	2013 年			2016 年			增加比例（%）
	排序	旅游经济联系量	所占比例（%）	排序	旅游经济联系量	所占比例（%）	
北京	1	6144.58	51.32	1	11526.84	41.74	87.59
天津	3	1200.20	10.02	2	2884.09	10.44	140.30
雄安	14	41.52	0.35	14	67.15	0.24	61.73
石家庄	6	537.00	4.48	5	1528.23	5.53	184.59
秦皇岛	12	81.15	0.68	10	535.66	1.94	560.09
唐山	5	584.79	4.88	6	1435.61	5.20	145.49
保定	4	765.01	6.39	4	2502.59	9.06	227.13
衡水	13	68.97	0.58	13	232.89	0.84	237.67
沧州	8	236.95	1.98	12	470.60	1.70	98.61

节点	2013 年			2016 年			增加比例（%）
	排序	旅游经济联系量	所占比例（%）	排序	旅游经济联系量	所占比例（%）	
邢台	11	120.15	1.00	11	488.43	1.77	306.52
邯郸	10	161.44	1.35	9	626.12	2.27	287.83
张家口	7	265.70	2.22	7	828.46	3.00	211.80
承德	9	233.90	1.95	8	694.61	2.52	196.97
廊坊	2	1532.39	12.80	3	3795.85	13.74	147.71

（二）京津冀旅游经济联系网络空间结构

1. 网络空间结构分析

对区域网络节点的中心度进行分析，并根据分析结果，得出 2013 年和 2016 年京津冀旅游经济联系网络空间结构图。如图 4-1 所示，2013 年和 2016 年，区域网络空间结构呈现出中东部相对密集，北部、东部和南部相对

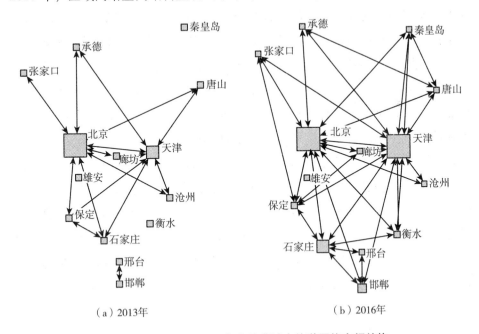

（a）2013年　　　　　　　　（b）2016年

图 4-1　2013 年和 2016 年京津冀城市旅游网络空间结构

稀疏的格局。相比 2013 年，2016 年整体较为密集，北部和南部地区之间的网络由松散向密集转变。2013 年形成三个旅游经济孤岛：邢台—邯郸、雄安和秦皇岛，与其他地区的关系弱，原因有二：一方面是因为河北省特殊的地理位置使各个地区的空间距离较大，造成空间旅游经济空间联系量小；另一方面是因为 2013 年河北省旅游基础设施、服务设施、公共服务、旅游品牌以及产品结构都处在缓慢发展之中。但 2016 年，随着国家战略的提出，河北省政府出台各种政策，大力推动旅游产业发展，旅游业发展进入了加速期，各个城市之间的联系逐渐增强，尤其石家庄和邯郸成为除京津之外的区域网络结构中心。整体呈现从"两核独大"网络格局向"两核带动，多点发展"的转变，北部、东部和南部旅游发展进入了新时期，区域整体网络化初步形成。

（1）点度中心度分析。从表 4 - 4 可见，2016 年与 2013 年相比，除沧州外，其他 13 个节点的旅游经济联系点度中心度都在增加，这表明，京津冀几乎所有的地区之间旅游经济联系不断增加，旅游吸引力不断扩大。这与太行旅游高速建设，以及河北省旅游发展大会平台推动以及"京畿福地，乐享河北"旅游品牌的影响力不断提升有着明显关系。太行山高速串联京津 19 个县，辐射西部太行 30 个县，4A 级及以上景区近 60 个，包括白石山、西柏坡、天河山、九龙峡、东太行等景区，不仅推动了京津冀交通一体化，也大大拉近了太行山区域京津的时空距离，使河北省太行山区成为京津旅游休闲地，增强京津辐射外溢能力，推动京津冀旅游协同发展。"京畿福地，乐享河北"的旅游品牌效应持续升温，衍生出"京西百渡""山海康养""太行康养""峰峰矿区休闲""坝上草原休闲度假"等旅游品牌，吸引了大量省内外游客，提升了旅游的经济效益，从而增强地区间的旅游经济连续。河北省旅游发展大会，每年举办一次省旅游发展大会，每个市每年举办一次市级旅游发展大会，旅游发展大会成为各地区旅游发展的平台，在完善交通等基础设施的同时，优化产品结构，突出旅游特色，对塑造旅游品牌都起到了推动作用。

表 4 - 4 京津冀城市旅游经济联系网络中心度

节点	2013 年						2016 年					
	点度中心度	接近中心度	中间中心度	结构洞			点度中心度	接近中心度	中间中心度	结构洞		
				有效规模	限制度	效率性				有效规模	限制度	效率性
北京	61.538	16.667	17.949	6.25	0.279	0.78	84.615	48.148	42.900	7.91	0.250	0.72
天津	53.846	16.456	8.974	5.00	0.470	0.71	84.615	48.148	37.067	7.81	0.329	0.71
雄安	0		0	0			0		15.267	0		
石家庄	23.077	15.663	0	1.00	0.926	0.33	46.154	40.625	7.400	3.50	0.494	0.58
秦皇岛	0		0	0			30.769	37.143	2.800	1.75	0.722	0.44
唐山	15.385	15.476	0	1.00	1.125	0.50	30.769	37.143	1.167	1.43	0.785	0.36
保定	23.077	15.663	0	1.00	0.926	0.33	38.462	39.394	1.067	2.20	0.622	0.44
衡水	0		0	0			30.769	38.235	0.333	1.57	0.748	0.39
沧州	15.385	15.476	0	1.00	1.125	0.50	15.385	35.135	0	1.00	1.125	0.50
邢台	7.692	7.692	0	1.00	1.000	1.00	15.385	30.952	0	1.00	1.125	0.50
邯郸	7.692	7.692	0	1.00	1.000	1.00	30.769	38.235	0	2.00	0.704	0.50
张家口	7.692	15.294	0	1.00	1.000	1.00	23.077	36.111	0	1.00	0.926	0.33
承德	15.385	15.476	0	1.00	1.125	0.50	23.077	36.111	0	1.00	0.970	0.33
廊坊	15.385	15.476	0	1.00	1.125	0.50	23.077	36.111	0	1.00	0.926	0.33

　　同时，2013 年和 2016 年京津冀 14 个地区旅游经济联系网络中，北京、天津、石家庄的点度中心度较大，位居前三；雄安、沧州、衡水的点度中心度较小，排名后三。可见，北京、天津和石家庄是京津冀旅游经济发展的重要枢纽区域；同时，北京、天津和廊坊之间的距离最为接近，城市产业关联度和旅游经济关联度较大，而雄安新区因为刚刚开始提出，各项政策、规划正在进行，点度中心度为 0，与其他地区的旅游经济联系度暂时很弱，但未来会成为河北省旅游发展的新高地。

　　（2）接近中心度分析。由表 4 - 4 可见，区域旅游经济接近中心度呈上升趋势，说明该区域的旅游经济发展有均质化的态势。其中京、津、石的旅游经济联系接近中心度较大，说明三地处于区域的中心位置，在整个旅游经济联系网络总的辐射和带动作用明显。京、津是直辖市，石家庄是河北省省会，这三个地区经济实力强、基础设施完善、交通网络完善，与其他地区的连接度高，旅游经济发展有相对独立性。

（3）中间中心度分析。由表4-4可见，北京、天津、雄安、石家庄、秦皇岛、唐山、保定和衡水的中间中心度呈上升趋势，沧州、邢台、邯郸、张家口、承德和廊坊等地区旅游经济的发展依赖于以上8个地区来进行，雄安新区的点度中心度为0，但其中间中心度为15.267，居于第三位，一是因为其是国家战略新区，二是因为白洋淀和雄县温泉城使其在京津冀地区的旅游经济发展中具有战略地位。

（4）结构洞分析。由表4-4可知，区域旅游经济网络空间的结构洞整体呈现上升趋势。北京、天津、石家庄的有效规模较大，而限制度较低且效率较高，说明这3个城市在京津冀旅游经济网络空间结构中处于较为核心的位置，占据较多的结构洞，可以控制其他地区之间的交流，属于旅游经济发展较活跃的地区。

2. 网络空间结构分析

（1）网络密度分析。2013年区域旅游网络空间的网络密度为0.1758。14个节点构成的网络最大的联结数应182，而实际联结数仅为32，联结密度低；2016年京津冀14个地区旅游网络空间的网络密度为0.3297，联结数增加至60，联结密度较之前增强，但密度仍偏低。可见，京津冀旅游经济网络密度不断增强，各个地区之间的旅游经济联系日益密切。虽然在一定程度上，区域内的网络联结密度得到了提高，但目前来看，仍处于较低水平的联结度，说明整个系统内部各个节点之间的联系并不紧密，处于比较松散的状态和阶段。

（2）核心—边缘模型与角色分析。如表4-5所示，2013年和2016年均将区域节点分为4个类型，其中3个类型都有不同程度密度值。2013年密度矩阵显示，类型1与类型2的联结密度为0.929，说明类型1和类型2的关联非常密切；类型3类型内密度以及与其他类型的联结密度为0，说明类型3处于网络结构的边缘区。2013年密度值相差较大，其中类型1北京、天津的仍处在核心地位，密度值为1.000，密度值较高，说明京、津两个城市之间的联系极为密切；类型2中唐山、石家庄、张家口、沧州、保定、廊坊、承德的密度值为0.048，类型内部联系较为松散；类型3雄安、衡水、秦皇岛密度为

0，这三个城市基本处于孤岛状态，与其他城市也并未发生直接的联系；类型
4 中邢台、邯郸密度为 1.000，两个城市之间联系紧密。2016 年相较 2013 年，
除类型 1，仍为北京、天津，密度值为 1.000，未发生变化外，其他均发生了
较大的变化，其中类型 2 为雄安、邢台，两个区域的密度为 0，雄安新区尚未
建立，今后可对区域结构产生较大变化，邢台在发展过程中产生了较大变化，
与其他城市的联系较少；类型 3 为石家庄、张家口、邯郸、保定、廊坊，这 5
个城市发生较快，且彼此之间的联系逐渐增强，密度为 0.4；类型 4 唐山、沧
州、秦皇岛、承德，多为河北北部城市，密度为 0.25，沧州在高铁建立之后
和其他城市的联系逐渐增长。2016 年密度矩阵较 2013 年有很大变化，除类型
2 与其他类型联结度低之外，其他类型间的联结度都有所增加，类型 1 与类型
3 的联结度为 1.000，与类型 4 的联结密度为 0.9，类型 1 与类型 3 和类型 4 有
密切联系，说明京津对河北省的带动逐渐加强，协同效应开始显现。

表 4 – 5　　　　　　　　京津冀旅游经济联系网络核心—边缘结构

结构	2013 分析结果	密度	2016 分析结果	密度
核心区	北京、天津		北京、天津	
中间区	唐山、石家庄、张家口、沧州、保定、廊坊、承德、雄安、衡水、秦皇岛		石家庄、张家口、邯郸、保定、廊坊、衡水、唐山、沧州、秦皇岛、承德	
边缘区	邢台、邯郸		雄安、邢台	
类型 1	北京、天津	1.000	北京、天津	1.000
类型 2	唐山、石家庄、张家口、沧州、保定、廊坊、承德	0.048	雄安、邢台	0.000
类型 3	雄安、衡水、秦皇岛	0.000	石家庄、张家口、邯郸、保定、廊坊	0.400
类型 4	邢台、邯郸	1.000	唐山、沧州、秦皇岛、承德	0.250

　　如表 4 – 5 所示，京津为核心区具有绝对优势，一直处于区域的核心位
置，为旅游发达地区；2013 年的中间区为唐山、石家庄、张家口、沧州、保
定、廊坊、承德、雄安、衡水、秦皇岛，这些城市要么旅游资源品质高、要
么地理位置优越；邢台和邯郸处于边缘区，虽然邯郸的旅游资源较为丰富，

但距离核心城市的位置较远，影响其发展。2016年的中间区为石家庄、张家口、邯郸、保定、廊坊、衡水、唐山、沧州、秦皇岛、承德，雄安和邢台成为边缘区，主要原因是邯郸市近年加大了对旅游业的营销与推广，推出了一系列的精品旅游线路和精品景区，而邢台处在石家庄和邯郸之间，区位优势并不明显，且旅游资源的同质性较高，因此仍处于边缘地区。

因此可见，京津为核心区具有绝对优势，为旅游发达地区；邢台和雄安为边缘地区，为旅游待发展区；其他区域作为中间区域，包括石家庄、张家口、保定、廊坊、邯郸、廊坊表现良好，承接核心区北京和天津的辐射和带动，为旅游发展区。

四、结论与讨论

（一）结论

通过京津冀旅游空间的结构研究及其对比分析，有针对性地进行旅游经济空间结构调控，有利于促进京津冀旅游协同发展，社会网络方法研究为京津冀旅游空间结构的研究提供了新的视野和新的思路。研究结果表明：

（1）2013年和2016年京津冀旅游经济联系度和联系量明显提高，旅游经济联系日益紧密。网络中的北京、天津和石家庄所占旅游经济联系量比例下降，沧州、衡水等城市所占比重有明显增加，旅游经济联系有均质化趋势。

（2）京津冀网络结构呈现北部和南部相对稀疏，中东部相对密集的非均质格局。相比2013年，2016年该区域的网络密度、点度中心度、接近中心度、中间中心度和结构洞逐渐增长。网络空间结构存在一定的核心—边缘区结构，北京和天津具有绝对优势作为整个区域的核心，为旅游发达地区；邢台和雄安为边缘地区，为旅游待发展区；其他区域作为中间区域，为旅游发展区。

（3）京津冀旅游经济网络中，雄安新区的点度中心度为0，但其中间中心度为15.267，居于第三位，雄安新区为战略中心，在京津冀地区的旅游经济发展中具有战略地位，也是未来京津冀旅游发展的中间节点，也是旅游经济联系的桥梁和纽带。

（4）2016 年，随着京津冀协同和雄安新区等国家战略的提出，河北省政府出台各种政策，大力推动旅游产业发展，旅游业发展进入了加速期，石家庄和邯郸成为除北京和天津之外的京津冀的旅游经济网络结构中心，逐步从"两核独大"网络格局向"两核带动，多点发展"转变，冀北、冀东和冀南旅游发展进入了新时期，区域整体网络化初步形成。

（二）讨论

借鉴相关研究成果发现，京津冀相对长三角和珠三角来说，其旅游空间结构呈现不一样的特征，北京处于京津冀区域的绝对核心地位，无论是国内旅游人数还是国际旅游人数始终处于首位；京津冀区域内部各城市旅游发展不平衡显著，旅游者仅游览各景区，甚至较少使用景区所在城市的接待设施，城市结构较松散，联系不紧密，区域旅游网络体系尚未完善。无论是远程客源市场还是近程客源市场多以北京为中心采取营地模式，在区域内部，客流流向以北京为中心向低级别城市流动为主，低级别城市则向高级别城市流动为主，而低级别城市之间的流动较少，如邢台、邯郸的游客多向北京、天津和石家庄流动，而彼此之间的流动较少。因此来说，加强低级别城市之间的联动是非常必要的。

1. 区域旅游空间结构的重构

区域整体旅游的发展，必须发挥并强化核心旅游地对次级旅游地的辐射效应，引导旅游流在区内的合理流动，实现不同层次旅游地之间的差异化合作以及区域内各城市旅游业的均衡化发展。打破传统的旅游空间结构，实现对现有结构的改造和重构。随着 2017 年 4 月 1 日雄安新区的设立，在京津冀区域内部增加了一个新的旅游增长点，势必对现有旅游结构进行调整和重构，更有利于促进区域旅游空间结构的优化。三地政府应着力打破北京大首都旅游圈的发展格局，分流北京的客流，提高都市圈低级别城市旅游地的知名度，加强宣传营销。

2. 加强区域内部的合作

从京津冀旅游流网络结构来看，区域内部低级别城市之间的联系较弱，因此加强各级别城市之间的联结，尤其是低级别城市之间的联系和互动。低等级旅游地与高等级旅游地区位邻近、交通相连或处于核心城市之间的重要交通线上，应充分利用地理位置相近和文化习惯相似的优势，强化在旅游线路布局方面的合作，分流高级别旅游地的客流；处于边缘地化的低等级旅游城市，则需提高与核心城市的交通通达性，在核心城市加大对自身旅游产品的宣传营销。

3. 资源差异化开发，整合营销

深挖各地旅游潜力，开发具有地方特色的旅游产品，进行产品的有效互补，增大联合营销力度，逐渐形成区域整体旅游形象，各城市分工协作、互补互利。北京、天津、承德、秦皇岛等核心与次级城市因充分发挥自身历史文化与自然旅游资源吸引力，以中远程客源定位目标市场，大力发展观光、度假旅游；三级和四级旅游地应以短途京津冀内部市场为主要客源对象，利用自身优质的自然风光和历史遗存资源，提供观光旅游产品，实现都市圈客源市场互补、旅游产品互补。在线路设计上突破各级行政界线的制约，按照有利于充分展现游线上各旅游地的景色风貌和有利于充分发挥游线上各旅游地的功能的原则来设计和组织旅游线路，树立都市圈整体旅游形象与品牌，给旅游者带来高质量的旅游体验。

第五章　京津冀旅游产业
关联度对比研究

基于投入—产出分析，对产业间的关联度、产业影响力及产业感受度进行深入分析，可以很好地掌握国民经济的整体运行状况，更有助于制定相关产业政策，促进产业健康、稳定和可持续发展。京津冀区域由于人均地区生产总值的持续上升，居民收入、消费水平提升，刺激了旅游需求（出游率）及旅游消费（产品、内容等）升级，近年来旅游业取得了长足进步与发展。

一、背景分析

据北京市统计局官方网站统计显示，2016 年北京市旅游业总体保持稳定健康发展态势，接待旅游总人数 2.85 亿人次，增长 4.6%，增速同比提高 0.3 个百分点；实现旅游总收入 5020.6 亿元，增长 9%，增速提高 1.4 个百分点。全年旅游餐饮和购物总额 2659 亿元，增长 14.7%，同比提高 6.5 个百分点，占全市社会消费品零售额的比重为 24.2%，占比提高 1.7 个百分点。天津统计局网站数据显示，2016 年，天津全年接待旅游总人数 1.91 亿人次，同比增长 10%；旅游总收入 3129 亿元，同比增长 12%。其中，接待入境游客 335 万人次，同比增长 2.8%；外汇收入 34 亿美元，同比增长 3%。2016 年河北省接待海内外游客 4.67 亿人次，实现旅游业总收入 4654.5 亿元，分别比 2015 年增长 25.5% 和 35.6%，实现了"十三五"旅游业发展的良好开局。

同时京津冀旅游协同发展成绩突出。三地联合编制实施旅游协同发展三年行动计划，共建京东、京南、滨海等休闲旅游示范区，实施旅游畅游工程，开通了 40 余条旅游直通车班线和多条旅游专列，联合举办了京津冀红色旅游房车巡游等 10 余项大型活动，推出了 56 条京津冀旅游线路。其中京冀进入天津市的游客量明显增加，占天津市游客总量 43% 以上。邮轮旅游客源中，70% 来自京津冀，近一半来自北京。因此可见近年来京津冀三地旅游业得到了快速高效发展，特别是随着京津冀协同发展政策的提出，三地在旅游协同方面做出了实质性的工作，并取得了一定的成效。旅游业是实现京津冀协同发展的重要产业和先行产业，旅游业在扩大消费、拉动内需和促进就业方面发挥了积极的作用。旅游业发展已经成为国家的战略体系，要把旅游业培育成为国民经济的战略性支柱产业和人民群众更加满意的现代服务业，因此如何促进京津冀旅游业快速、高效、和谐发展，成为实现区域协同发展的重要方面。同时，旅游业是一个综合性很强的产业，如何厘清京津冀旅游业与其他相关产业的关联及影响，是促进旅游业协同发展的重要前提。截至目前，国内学者对旅游业与其他产业的关联都做了定性和定量分析，形成了比较丰富的研究成果。这些研究主要集中在判别旅游业与前向、后向产业的关联程度，多采用省域的分析数据，多采用投入产出分析，针对京津冀最近期的旅游业的产业关联分析几乎没有。

基于此，笔者基于投入产出模型，利用现有的也是最新的 2012 年的北京市投入产出表、天津市投入产出表和河北省投入产出表对三地的旅游业的产业关联进行定量分析，并提出相应的对策和建议。需要指出的是，在 2012 年的投入产出表中剔除了"旅游业"这个部门，因此，笔者选择和旅游业关联强度最强的住宿和餐饮业的数据来代替旅游业的数据，在下文中提到的"住宿和餐饮业"就是"旅游业"，虽然住宿和餐饮业不能完全代替旅游业，但其在一定程度上能够代表旅游业的相关特征。

二、京津冀旅游业的产业关联分析

产业关联是指国民经济各产业在社会再生产过程中所形成的直接和间接的相互依存、相互制约的经济联系。产业关联分为前向关联和后向关联，前向关联是指某产业对那些将本产业的产品直接或间接作为投入品的产业的影响，后向关联是指一个产业对那些向其直接影响或间接供应产品的产业的影响。

（一）旅游业直接后向关联与完全后向关联产业分析

采用直接消耗系数对产业的直接后向关联进行分析，直接消耗系数，即投入系数，它是在生产经营过程中第 j 产品（或）产业的直接单位总产出所直接消耗的第 i 产品产业货物或服务的价值量。直接消耗系数反映了生产过程中产出与直接消耗之间共同消长的线性比例关系。直接消耗系数的值越大，就表明两个产业之间的技术经济联系越密切，计算公式为：

$$a_{ij} = \frac{x_{ij}}{x_j} \quad (i,j = 1,2,3,\cdots,n) \tag{5-1}$$

将各产业的直接消耗系数用表的形式表示出来，即直接消耗系数表或直接消耗系数矩阵，一般用字母 A 表示。使用完全消耗系数对某产业的完全后向关联产业进行分析，若完全消耗系数的值越大，就表明两个产业之间直接和间接的技术经济联系越密切，反之亦然。完全消耗系数矩阵可以在直接消耗系数矩阵的基础上计算得到的，利用直接消耗系数矩阵计算完全消耗系数矩阵的公式为：

$$B = (I - A)^{-1} - I \tag{5-2}$$

式中：A 为直接消耗系数矩阵，I 为单位矩阵，B 为完全消耗系数矩阵。用式（5-1）和式（5-2）对京津冀三地旅游业与后向关联产业的直接消耗系数和完全消耗系数进行分析，得到表 5-1。

表 5-1　　　　　京津冀三地旅游业与各相关产业的后向关联度

相关产业	直接消耗系数			完全消耗系数		
	北京	天津	河北	北京	天津	河北
第一产业	0.0889	0.1919	0.1391	0.2214	0.2587	0.3229
第二产业	0.3709	0.3236	0.3022	1.4238	1.2364	1.1966
批发和零售	0.0328	0.0459	0.0199	0.1308	0.0118	0.0977

相关产业	直接消耗系数			完全消耗系数		
	北京	天津	河北	北京	天津	河北
交通运输、仓储和邮政	0.0131	0.0175	0.0106	0.1194	0.0168	0.0944
住宿和餐饮	0.0019	0.0030	0.0027	0.0252	0.0063	0.0112
信息传输、软件和信息技术服务	0.0013	0.0029	0.0016	0.0168	0.0144	0.0044
金融	0.0226	0.0232	0.0206	0.0970	0.0391	0.0665
房地产	0.0237	0.0475	0.0106	0.0669	0.0243	0.0349
租赁和商务服务	0.0460	0.0732	0.0138	0.1480	0.0468	0.0828
科学研究和技术服务	0.0000	0.0035	1.98×10^{-5}	0.0257	0.0386	0.0018
水利、环境和公共设施管理	0.0000	0.0000	5.85×10^{-5}	0.0061	0.0091	0.0001
居民服务、修理和其他服务	0.0071	0.0064	0.0044	0.0147	0.0182	0.0144
教育	0.0005	0.0010	0.0009	0.0032	0.0181	0.0017
卫生和社会工作	0.0000	0.0000	0.0025	0.0001	0.0025	0.0001
文化、体育和娱乐	0.0004	0.0031	0.0013	0.0090	0.0335	0.0011
公共管理、社会保障和社会组织	0.0002	0.0003	0.0014	0.0022	0.0497	0.0005

根据表5-1的测算结果可知，从与旅游业后向关联的具体产业来看：北京旅游业直接消耗最多的产业为第二产业（0.3709），接下来是第一产业（0.0889）、租赁和商务服务（0.0460）、批发和零售（0.0328）、房地产（0.0237）、金融（0.0226）、交通运输、仓储和邮政（0.0131），即旅游业每产出1万元产品或服务直接消耗第二产业3709元，第一产业889元，租赁和商务服务业460元，批发和零售业328元，房地产业237元，金融业226元，交通运输、仓储和邮政131元；天津旅游业直接消耗最多的产业为第二产业（0.3236），接下来是第一产业（0.1919）、租赁和商务服务（0.0732）、房地产（0.0475）、批发和零售（0.0459）、金融（0.0232）、交通运输、仓储和邮政（0.0175），旅游业每产出1万元产品或服务直接消耗第二产业3236元，第一产业1919元，租赁和商务服务业732元，房地产

业 475 元，批发和零售业 459 元，金融业 232 元，交通运输、仓储和邮政 175 元；河北省旅游业直接消耗最多的产业为第二产业（0.3022），接下来是第一产业（0.1391）、金融业（0.0206）、批发和零售业（0.0199）、租赁和商务服务业（0.0138）、房地产（0.0106）、交通运输、仓储和邮政业（0.0106），旅游业每产出 1 万元产品或服务直接消耗第二产业 3022 元，第一产业 1391 元，金融业 206 元，批发和零售业 199 元，租赁和商务服务业 138 元，房地产业 106 元，交通运输、仓储和邮政 106 元。

（二）旅游业直接前向关联与完全前向关联产业分析

对某产业的直接前向关联产业的分析，一般使用直接分配系数。直接分配系数作为从产出角度分析产业之间直接技术经济联系的指标，是指某产业或产业产品分配给另一产业或产业作为中间产品直接使用的价值占该产品总产值的比例。计算公式为：

$$r_{ij} = \frac{x_{ij}}{(X_i + M_i)} \quad (i = 1, 2, \cdots, n; j = 1, 2, \cdots, n, n+1, \cdots, n+q)$$

$$(5-3)$$

式中：当 $j = 1, 2, \cdots, n$ 时，x_{ij} 为第 i 产业提供给第 j 产业中间使用的货物或服务的价值量；当 $j = n+1, \cdots, n+q$ 时，x_{ij} 为第 i 产业提供给第 j 产业最终使用的货物或服务的价值量；q 为最终使用的项目数；M 为进口；$X_i + M_i$ 为 i 产业货物或服务的总供给量（国内生产 + 进口）。将各产品（或产业）的直接分配系数用表的形式表现就是直接分配系数表或直接分配系数矩阵，通常用字母 R 表示。对某产业的完全前向关联产业的分析，一般使用完全分配系数。完全分配系数越大，产业之间的前向完全关联程度越大，说明某产业对其他产业的完全供给推动作用越明显。完全分配系数用矩阵形式表示为：

$$D = (I - R)^{-1} - I \qquad (5-4)$$

式中：D 为完全分配系数矩阵，R 为直接分配系数矩阵，I 为单位矩阵。根据式（5-3）和式（5-4），测算了京津冀区域旅游业的直接前向关联产业和完全前向关联产业情况，得出表5－2。

表 5－2 中国旅游业与各产业的前向关联度

相关产业	直接分配系数			完全分配系数		
	北京	天津	河北	北京	天津	河北
第一产业	0.0006	0.0000	0.0091	0.0015	0.0011	0.0010
第二产业	0.1054	0.0709	0.1907	0.1258	0.0783	0.2105
批发和零售	0.0404	0.0185	0.0199	0.0163	0.0107	0.0069
交通运输、仓储和邮政	0.0202	0.0236	0.0106	0.0141	0.0033	0.0027
住宿和餐饮	0.0030	0.0019	0.0027	0.0096	0.0041	0.0049
信息传输、软件和信息技术服务	0.0218	0.0040	0.0016	0.0030	0.0007	0.0038
金融	0.1085	0.0684	0.0206	0.0150	0.0037	0.0132
房地产	0.0275	0.0144	0.0106	0.0320	0.0059	0.0086
租赁和商务服务	0.0525	0.0516	0.0138	0.0481	0.0067	0.0327
科学研究和技术服务	0.1015	0.0377	1.98×10^{-5}	0.0023	0.0015	0.0042
水利、环境和公共设施管理	0.0027	0.0013	5.85×10^{-5}	0.0005	0.0003	0.0015
居民服务、修理和其他服务	0.0029	0.0088	0.0044	0.0343	0.0219	0.0061
教育	0.0246	0.0098	0.0009	0.0018	0.0010	0.0014
卫生和社会工作	0.0025	0.0007	0.0025	0.0001	7.89×10^{-5}	0.0032
文化、体育和娱乐	0.0204	0.0056	0.0013	0.0069	0.0036	0.0096
公共管理、社会保障和社会组织	0.0810	0.0303	0.0014	0.0005	0.0001	0.0015

从表5－2的测算结果可知：

（1）北京市旅游业与金融业、第二产业、科学研究和技术服务、公共管理、社会保障和社会组织、租赁和商务服务业、批发和零售、房地产、教育、信息传输、软件和信息技术服务、文化、体育和娱乐、交通运输、仓储和邮政业等产业的直接前向关联程度较高，数值都在0.02以上，也即旅游业产出的1万元产品或服务直接作为中间投入品投入这些产业的生产都在200元以上。

（2）天津市旅游业与第二产业、金融、租赁和商务服务、科学研究和技术服务、公共管理、社会保障和社会组织、交通运输、仓储和邮政业的直接前向关联程度较高，其中与第二产业的前向关联度达 0.07，金融业达 0.06 以上，租赁和商务服务达 0.05 以上。

（3）河北省旅游业与第二产业、金融业、批发和零售业、租赁和商务服务业、房地产业、交通运输、仓储和邮政业的直接前向关联程度较高，均在 0.01 以上，说明河北省旅游业产出的 1 万元产品或服务直接作为中间投入品投入这些产业的生产都在 100 元以上。

因此可见，这些与旅游业直接前向联系度高的产业的生产需求直接影响到旅游业产品的销路，它们的发展对旅游业的直接拉动作用较大，或者说明旅游业发展对这些产业发展的直接供给推动作用较明显，尤其是北京市与大多产业的直接前向关联度更高，且产业数量较多，说明北京市旅游业的发展对国民经济其他产业的直接带动作用强。除此之外，旅游业还对部分产业存在较为明显的间接需求拉动作用。

三、京津冀旅游影响力与感应度

通过前面的分析发现，旅游业与国民经济各产业存在密切的前后联系：一方面，与旅游业存在前向关联产业的发展将通过需求拉动效应促进旅游业的发展；另一方面，旅游业发展将通过需求拉动效应促进后向关联产业的发展，旅游业的发展离不开前向关联产业的产品和服务的投入，同时，也大大带动了后向关联产业的相关发展。即便如此，仍无法全面判断旅游业的发展对整个国民经济总产出的影响程度是怎样的，以及旅游业对国民经济发展的感应程度又是如何，因此，十分有必要对旅游业的影响力和感性度进行深入分析。

（一）旅游业影响力分析

产业影响力反映了某产业的最终产品的变动对整个国民经济的总产出的变动的影响能力，产业影响力的相对水平可以用影响力系数来表示，它是某产业的影响力与国民经济各产业影响力的平均水平之比。如影响力系数大于

1，说明该产业的影响力在全部产业中超过了平均水平；如影响力系数小于1，说明该产业的影响力水平在全部产业中居平均水平以下。

对于某产业的影响力系数，可以通过以下公式计算得到：

$$e_j = \frac{\frac{1}{n}\sum_{i=1}^{n}C_{ij}}{\frac{1}{n}\sum_{i=1}^{n}\left(\sum_{j=1}^{n}C_{ij}\right)} = \frac{\sum_{i=1}^{n}C_{ij}}{\frac{1}{n}\sum_{i=1}^{n}\sum_{j=1}^{n}C_{ij}} \quad (i,j=1,2,\cdots,n) \quad (5-5)$$

式中，e_j 表示第 j 产业的影响力系数，n 为产业数目，C_{ij} 为列昂惕夫逆矩阵 $(I-A)^{-1}$ 中的元素，$\sum_{i=1}^{n}C_{ij}$ 为 j 产业的影响力。

按照式（5-5）测算京津冀区域第三产业的影响力及影响力系数（见表5-3）。从表5-3数据可知，住宿和餐饮业的影响力均低于1，即旅游业每增加1元的最终产品生产，将拉动京、津、冀三地国民经济总产出分别增加0.954元、0.691元和0.448元。可见目前相当于其他产业来说，旅游业的拉动力仍较弱，从三地的差异来看，河北省的影响力最小，仅为0.448，只达到了北京影响力的一半水平，仍有很大的提高空间。从北京来看，影响力水平高的产业依次是金融业（3.202），批发和零售业（3.159），科学研究和技术服务业（2.892），交通运输、仓储和邮政业（2.545），信息传输、软件和信息技术服务业（2.533），租赁和商务服务业（1.932），房地产业（1.675），公共管理、社会保障和社会组织业（1.183），这些产业的影响力均超过了1，说明这些产业的每增加1元的最终产品生产，将拉动国民经济总产出增加超过1元。从天津市来看，其产业影响力要比北京市弱，无论是影响力大小还是影响力超过1的产业数量都要低于北京市。天津市的影响力较大的产业为交通运输、仓储和邮政业（2.935）、批发和零售业（2.276）、金融业（1.404）。而河北省的产业影响力指数超过1的仅为两个，分别为交通运输、仓储和邮政业（2.605）以及批发和零售业（1.341）。因此从区域差异来看，北京市的第三产业影响力和影响力系数要高于天津市和河北省，天津和河北的区域产业结构仍存在不合理之处，亟须进一步促进产业结构调整，提高第三产业尤其是旅游业在整个国民经济产业结构中的比重。

表5-3　　　　　　　　　第三产业各产业的影响力和影响力系数

相关产业	影响力			影响力系数		
	北京	天津	河北	北京	天津	河北
批发和零售	3.159	2.276	1.341	1.905	2.525	2.104
交通运输、仓储和邮政	2.545	2.935	2.605	1.535	3.255	4.088
住宿和餐饮	0.954	0.691	0.448	0.755	0.766	0.703
信息传输、软件和信息技术服务	2.533	0.390	0.359	1.528	0.433	0.563
金融	3.202	1.404	0.929	1.932	1.557	1.457
房地产	1.675	0.740	0.677	1.010	0.821	1.062
租赁和商务服务	1.932	0.941	0.266	1.166	1.044	0.418
科学研究和技术服务	2.892	0.873	0.358	1.745	0.969	0.562
水利、环境和公共设施管理	0.242	0.216	0.046	0.146	0.240	0.072
居民服务、修理和其他服务	0.233	0.596	0.435	0.141	0.661	0.683
教育	0.920	0.561	0.388	0.555	0.623	0.609
卫生和社会工作	0.866	0.389	0.367	0.522	0.432	0.576
文化、体育和娱乐	0.871	0.146	0.073	0.525	0.162	0.114
公共管理、社会保障和社会组织	1.183	0.464	0.630	0.714	0.514	0.989

（二）旅游业感应度分析

产业感应度是指某产业受其他产业影响的能力或程度。感应度的相对水平用感应度系数表示，它是某产业的感应度与国民经济各产业的感应度之比。感应度系数大于1，说明该产业的感应度在全部产业中居于平均水平之上；若小于1，说明该产业的感应度在全部产业中居平均水平以下。对于某产业的感应度系数，可以通过以下公式计算得到：

$$f_i = \frac{\frac{1}{n}\sum_{j=1}^{n} C_{ij}}{\frac{1}{n}\sum_{i=1}^{n}\sum_{j=1}^{n}\left(\sum_{j=1}^{n} C_{ij}\right)} = \frac{\sum_{j=1}^{n} C_{ij}}{\frac{1}{n}\sum_{i=1}^{n}\sum_{j=1}^{n} C_{ij}} \quad (i,j = 1,2,\cdots,n) \quad (5-6)$$

式中，f_i 为第 i 产业的感应度系数，n 为产业数目，C_{ij} 为列昂惕夫逆矩阵 $(I-A)^{-1}$ 中的元素，$\sum\limits_{i=1}^{n} C_{ij}$ 为 i 产业的感应度。

根据式（5-5）测算京津冀三地 2012 年的地产业感应度及感应度系数（见表 5-4）。从表 5-4 可知，代表旅游业的住宿和餐饮业的京、津、冀三地感应度分别为 0.576、0.630 和 0.379，说明国民经济各产业最终产品每增加 1 元，旅游业的最终产品将分别增加 0.576 元、0.630 元和 0.379 元。三地最高的感应度为天津市的 0.630，但仍低于 1。从产业的感性度系数来看，三地的感应度系数分别为 0.706、0.711 和 0.512，均低于平均水平，感应度系数低，说明三地旅游业的发展相对国民经济其他产业而言，受国民经济发展的拉动作用较弱。

表 5-4 　　　　　　　　　　第三产业各产业的感应度和感应系数

相关产业	感应度			感应度系数		
	北京	天津	河北	北京	天津	河北
批发和零售	1.672	1.475	1.583	2.050	1.665	2.141
交通运输、仓储和邮政	1.672	1.922	2.470	2.050	2.169	3.340
住宿和餐饮	0.576	0.630	0.379	0.706	0.711	0.512
信息传输、软件和信息技术服务	1.184	0.423	0.490	1.451	0.477	0.663
金融	1.015	0.691	1.090	1.244	0.780	1.474
房地产	0.733	1.827	1.026	0.899	2.062	1.388
租赁和商务服务	0.392	0.774	0.056	0.480	0.873	0.076
科学研究和技术服务	1.782	1.273	0.349	2.184	1.436	0.472
水利、环境和公共设施管理	0.140	0.294	0.231	0.172	0.331	0.312
居民服务、修理和其他服务	0.046	0.466	0.244	0.056	0.525	0.329
教育	0.550	0.746	0.633	0.675	0.842	0.856
卫生和社会工作	0.498	1.028	0.648	0.610	1.160	0.877
文化、体育和娱乐	0.455	0.225	0.157	0.558	0.254	0.212

相关产业	感应度			感应度系数		
	北京	天津	河北	北京	天津	河北
公共管理、社会保障和社会组织	0.706	0.634	0.997	0.866	0.715	1.349

同时综合对比影响力和感应度发现，三地的产业影响力要高于感应度，说明旅游业对于国民经济的拉动作用明显大于受国民经济的拉动作用；同时再对三地旅游业的影响力系数和感应度系数进行比较，发现影响力系数要高于感应度系数。

四、结论及建议

根据2012年京津冀三地的投入—产出表数据，测算了京津冀三地的旅游业的产业关联、产业影响力及产业感应度，分析结果表明：

第一，京津冀三地的旅游业在与后向关联产业的分析中显示旅游业的发展仍较多的依靠第一和第二产业，与第三产业中其他产业的关联度要低于第一、第二产业，这说明旅游业与第三产业中其他行业的后项关联度仍较低，三地在旅游业发展过程中在第一、第二产业方面的消耗程度仍然较高，因此，促进相关产业的发展，有效供给旅游业发展所需要的产品和服务，对京津冀三地旅游业的发展仍具有重要意义。同时，这也表明当前京津冀旅游消费结构中用于餐饮（第一产业的直接产品）、交通业、住宿等基本旅游消费支出的比重仍比较大，而用于非基本旅游消费的比重比较低，旅游消费结构仍有待优化。

第二，从对京津冀三地旅游业与前向关联产业的分析中发现，金融业、租赁和商务服务、房地产业等产业的前向关联程度较高，说明三地旅游业的发展对这些产业的发展带来了较好较快的发展，即旅游业的发展对这些产业的发展起到了较为直接的推动作用。同时笔者发现，三地各自前项关联程度较高的产业既有相同之处，也有不同之点。如金融业、租赁和商务服务、科学研究和技术服务等行业和的联系度较高，说明旅游业的发展对这些产业拉动作用是比较明显的，这些与旅游业直接前向联系度高的产业的生产需求直接影响到旅游业产品的销路，它们的发展对旅游业的直接拉动作用较大。同时发现，旅游业对其他产业不仅有直接拉动作用，同时还有间接的拉动作用。

但存在空间差异性，研究表明北京市的旅游产业在国民经济中的比重及拉动作用要强于河北和天津，说明北京市的产业结构要优于其他两市。因此针对不同地市要根据自身的特点进行区别对待。

第三，从对京津冀区域旅游业的影响力和感应度分析发现，影响力数值要高于感应度数值，表明区域旅游业对国民经济发展的拉动作用明显大于受国民经济发展的拉动作用，尤其北京市表现最为明显。但在各地市的影响力和感应的表现来说，具有空间差异性。北京市旅游业的影响力数值高，影响力数值高的企业数量也较其他两地多。在感应度分析中发现，三地的感应度数值要明显低于影响力，说明三地旅游业的发展受其他产业影响的拉动作用一般。

因此，必须进一步明确旅游业在国民经济发展中的地位和作用，通过采取更加积极主动的发展战略，才能更大程度地发挥旅游业对国民经济的关联、辐射、拉动作用；同时，必须加大旅游产品和服务的创新力度，实现旅游需求伴随国民经济增长而实现较快增长，以促进旅游业快速发展。

第四，需要特别指出的是，尽管本章对京津冀区域旅游业的产业关联进行了实证分析，但由于数据限制，只选取了2012年的数据，同时由于2012年投入产出表中，没有单独列出旅游业的相关数值，因此本章只能选取和旅游业关系最密切的住宿和餐饮业的数据作为参考数据，这从另外一个方面说明，国家应重视旅游业在国民经济中的重要作用，在数据统计方面，将可能地对旅游业发展的所需数据进行统计。如需要尽快建立国家层面的旅游卫星账户，以便能利用旅游卫星账户全面定量测度旅游业对全国经济发展的影响。

第六章 京津冀旅游产业集聚区创新研究——以河北省为例

国内学者在一般的产业集聚的基础上将旅游产业集聚定义为，旅游核心吸引物、旅游企业及旅游相关的支持企业和部门，彼此存在密切的经济联系，在一定地域空间内集中并协同发展，旅游产业之间的集聚联系可以是垂直和水平方向的，还可以跨越地理和行政区域，依赖于旅游产业链的所有参与者，形成单一或综合的旅游产品。旅游产业集群在区域旅游协作中发挥着重要作用，尤其是在地理空间上相连区域会成为区域协作的首发区。

一、旅游产业集聚区的特征

旅游产业集聚区特征包括在产业要素上空间集聚性、产业链条上的完整性和经济联系上的网络性。

1. 产业要素的空间集聚性

该特征是旅游集群的核心特征，也是判断旅游集群的首要条件。空间集聚性是指依托相应资源，以旅游产业要素聚集为主体，在一定空间上集聚，形成集聚规模与集聚效益，提高区域综合竞争力。

2. 产业链条的完整性

各个旅游产业要素依托旅游集聚区核心吸引物，将旅游业直接和间接相关企业、供应商、关联产业和专业协会等机构在一定的空间上协同发展，形成产业链、产业群和产业面。

3. 经济联系网络性

强调旅游相关企业之间的经济联系。旅游产业集聚区的核心是产业要素，是集聚在一定地域空间的核心吸引物、休闲旅游供应商和服务商以及相关企业和部门，为了共同的目标，建立起紧密的联系，协同协作，提高综合竞争力。旅游产业之间的集聚联系可以是垂直和水平方向的，也可以跨越地理和行政区域，依赖于旅游产业链的所有参与者，形成单一或综合的旅游产品。

二、基于点轴理论的旅游产业集聚演化

旅游业集聚大多数是基于旅游资源富集或特色产业发达地区的旅游企业集中现象，旅游业集聚主要关注地理空间的集中现象，是一种更为宏观角度的考察。按照点轴理论产业集聚演化过程为节点—轴线—网络。

（一）节点形成

旅游产业集聚区内的主体包括旅游企业、政府、中介服务机构、研究所等，这些主体形成了产业集聚区的各个结点。不同主体在集群构成中起着不同的作用。企业是最直接的主体，是最主要的参与主体，是集聚区经济活动投入和收益的主体，是网络中最重要的结点。政府是产业集聚区重要的推动者，其作用在于政策上的支持和保障。中介旅游服务机构如旅游协会是沟通企业与其他组织间知识流动的一个关键环节，可以有效协调和规范企业的市场行为，促进资源的合理配置，增强整个集聚区的活力，有利于整个网络的构建和发展。在众多节点中，资源禀赋高，基础设施完善，区域经济良好的节点会吸纳周边区域的人、财、物、信息等生产要素，本身日益壮大，最终成长为增长极。增长极到一定程度后会向周边扩散，将生产要素扩散到周边区域，从而带动周边区域的旅游发展。但是如果极化作用一直在持续，扩散作用不明显，增长极作用就不能发挥其效应。

（二）轴线形成

按照轴线的形态，可以划分为依托自然环境和人文资源的资源型轴线和依托产业链条的产业链型轴线。资源型轴线往往是依托自然地理的河谷、交通线路或线性文化遗产而形成的，首先表现为区域空间的资源集聚。产业链型轴线是指产业要素集聚，产业链条形成，集聚轴线主要表现为产业间价值

的流动。这两类轴线是增长极扩散作用的路径。

（三）网络形成

依托节点和网络，在极化作用和扩散作用过程中，各主体在主动或被动地参与经济活动的过程中，通过人、财、物、信息等生产要素的流动，形成了彼此之间正式或非正式的合作关系。产业集聚区的各结点互相联结，使得各种要素在各个节点之间扩散、传递，最终形成一个有序的有机体。

三、河北省旅游产业集聚区分析

（一）河北省旅游产业格局

《河北省旅游业"十三五"发展规划》中明确提出，以满足休闲度假需求为主导，构建"一圈两带两区多点"的旅游空间布局，形成"山海相连、城乡交融、全域覆盖、区域协同"的旅游发展大格局。

依托"一圈两带两区"旅游产业发展布局，河北省旅游可划分为五大区，环首都休闲旅游集聚片区，燕山—太行山山地休闲度假旅游带，沿渤海海滨休闲度假旅游集聚片区，坝上森林草原休闲旅游片区、现代乡村休闲旅游片区具体范围如表6-1所示。

表6-1   "一圈两带两区"名称及其包含范围

序号	旅游大区名称	包含范围
1	环首都休闲度假旅游圈	张家口、承德坝下地区、保定北部以及廊坊为主体
2	燕山—太行山山地休闲度假旅游带	涉及秦皇岛、唐山、承德、张家口、保定、石家庄、邢台、邯郸市
3	沿渤海滨海休闲度假旅游带	秦皇岛、唐山、沧州滨海地区
4	坝上森林草原休闲旅游片区	张家口、承德坝上地区
5	现代乡村休闲旅游片区	保定、石家庄、沧州、衡水、邢台、邯郸市的平原地区

（二）河北省16个旅游产业集聚区

河北省着眼于差异竞争和错位发展，以大聚集催化大产业，构建16个集中度大、关联性强、集约化水平高的旅游产业聚集区。集中力量率先把资源品质优、区位条件好、基础设施比较完善的旅游产业聚集区打造成国内外知名旅游目的地,形成布局合理、各具特色、分工合作,具有强大吸引力的旅游目的地体系。

在河北省旅游发展新格局下,从内在发育和外在影响两个层面,提出河北省16个旅游产业集群依托空间、类型及其特色,如表6-2所示。

表6-2　　　　　　　　　　河北省旅游集聚区概况

序号	集聚区名称	位置	依托空间	类型	特色
1	石家庄大西柏坡红色旅游集聚区	环省会	依托大西柏坡核心景区,连接天桂山、驼梁山、沕沕水、温塘以及周边灵寿、井陉等太行山旅游景区	依托龙头景区型	打造集爱国主义教育、红色文化体验、生态旅游、温泉休闲、避暑度假、历史文化观光、乡村旅游等为一体集聚区
2	正定古城旅游产业集群	环省会	依托正定古城、正定隆兴寺等景区	依托龙头景区型	打造古城休闲度假、文化体验于一体的集聚区
3	广府—涉县古文化旅游集聚区	环省会	依托广府古城、娲皇宫、一二九师等	依托龙头景区型	建设成太极文化、女娲文化、红色文化为一体集聚区
4	环衡水湖生态文化旅游集聚区	环省会	依托衡水湖国家级自然保护区、周窝音乐小镇等	依托龙头景区和文化产业型	构建以特色产业为支撑的滨湖休闲、民俗文化旅游产业聚集区
5	吴桥杂技文化旅游集聚区	环省会	依托吴桥杂技大世界	依托龙头景区型	构建集杂技表演、杂技文化交流、教育培训、道具研发生产等为一体的旅游集聚区
6	邢台百里太行旅游集聚区	沿太行	依托邢台县的天河山、英谈、前南峪、九龙峡以及内丘的云梦山、富岗、寒山、扁鹊庙等景区	依托龙头景区型	构建集山岳休闲、生态养生、乡村旅游于一体游集聚区
7	涞涞易旅游产业集聚区	沿太行	依托野三坡、白石山、清西陵、狼牙山等龙头景区	依托龙头景区和农业产业型	构建地质旅游观光体验、乡村旅游休闲于一体的旅游集聚区

续表

序号	集聚区名称	位置	依托空间	类型	特色
8	阜平—曲阳旅游产业集聚区	沿太行	依托阜平天生桥国家地质公园、曲阳石雕等为龙头景区	依托龙头景区	构建地质旅游观光体验、乡村旅游休闲于一体的旅游集聚区
9	秦皇岛—唐山湾旅游集聚区	沿渤海	依托南北戴河、山海关、乐亭三岛等唐山湾等旅游景区	依托城市型	形成集滨海观光、休闲度假、会议会展为一体海滨度假旅游集聚区
10	桑洋河谷—昌黎葡萄酒文化休闲聚集区	沿渤海	依托张家口的桑洋河谷（怀来县、涿鹿县、宣化县相关区域）、秦皇岛的昌黎县	依托特色产业型	打造国内一流的葡萄酒庄园聚集区和葡萄酒文化体验地
11	环白洋淀温泉休闲聚集区	沿渤海	依托白洋淀为核心吸引物	依托龙头景区和农业产业型	建设集湿地生态、温泉休闲、商贸购物、文化体验为一体的复合型旅游集聚区
12	张承草原生态度假集聚区	环京津	依托张家口的张北县、沽源县、尚义县，承德的丰宁满族自治县、围场满族蒙古族自治县和隆化县	依托龙头景区和农业产业型	形成草原风情与皇家文化相融合的生态度假集群
13	廊坊商务休闲聚集区	环京津	依托"飞地三县"（三河、香河、大厂）的商务休闲功能	依托城市型	依托商务资源，打造专业会展中心，建设京津第一休闲运动集聚区
14	崇礼—赤城冰雪温泉度假聚集区	环京津	依托张家口的崇礼县、赤城县	特色产业和政策推动	构建华北冬季旅游胜地，打造以滑雪休闲运动为主的国内热点旅游集群
15	承德皇家文化休闲体验旅游聚集区	环京津	依托承德市区及周边	依托城市型	构建皇家文化休闲体验旅游集聚区
16	保定文化休闲聚集区	环京津	依托保定市区及周边	依托城市型	建设集湿地生态、温泉休闲、商贸购物、文化体验为一体的复合型旅游集聚区

(三) 基于推动因素的河北省旅游产业集聚区类型

河北省旅游产业集群是依托于城市和龙头景区两种空间形态而发展起来的。目前按照推动集聚的因素来进行分类，河北省旅游产业集群可分为龙头景区推动型、旅游城市推动型、特色产业推动型、行政推动型四种类型。

1. 龙头景区推动型——基于要素的旅游产业集聚区

目前，河北省的旅游产业集群处于初级阶段。产业要素在地理空间上有一定的集聚，但产业链条发展不够均衡，经济联系性较好。龙头景区依托型和旅游城市依托型比重较大，特色产业依托型和旅游产业园区型比重较小。按照片区化的形式来看，环省会和环京津的产业集聚程度要高于沿太行和滨海产业旅游集群，尤其是太行旅游产业集群发展程度最低。

河北省旅游产业集聚区主要是龙头景区依托型的集聚，围绕核心旅游景区，为满足旅游者的需求，需要在景区周围提供各种配套服务，形成餐饮、娱乐、购物、演艺等相关旅游产业，随着旅游规模的不断壮大，相配套的旅游产业也不断完善，便形成了旅游产业集聚区。

在龙头景区的带动下，特色餐饮、住宿体验、休闲娱乐、旅游购物等产业要素逐渐集聚，相互交融，为旅游者提供满意的综合配套的旅游体验与服务。

2. 旅游城市推动型——基于市场需求的旅游产业集聚区

这种类型的旅游产业集聚区是指以某城市为核心，依托其强大的旅游市场需求而形成的集聚区。在河北省的城市依托型的旅游集聚区，都是依托龙头景区发展起来的。

例如，承德、秦皇岛等各城市及其周边可供游客和市民旅游而形成旅游集聚区，或依托于城市中的核心步行街、文化商业区、历史文化街区，集中了景观、饮食、娱乐、购物一条龙服务，便形成了旅游产业集聚区。这类集聚区的规模以城市为依托，有强大的市场支撑，有显著的集聚效益，可依据当地市场需求、围绕旅游业发展出多层次的相关产业集聚，共享资源，市场空间不断拓展，以实现市场共赢。河北省城市旅游产业集聚程度最高的为承德、秦皇岛和保定。

3. 特色产业推动型——基于产业融合的旅游产业集聚区

该种类型的旅游产业集聚区是依托于其他产业而发展起来的旅游产业集聚区。如吴桥杂技文化旅游集聚区，桑洋河谷、昌黎葡萄酒文化休闲聚集区，正定文化集聚区等，如表6-3所示。

表6-3 产业融合集聚区类型

类型	亚型	典型案例
传统产业与旅游产业融合型	农业和乡村主导型	环白洋淀温泉休闲聚集区 涞涞易旅游产业集聚区
	工业主导型	桑洋河谷、昌黎葡萄酒文化休闲聚集区
新兴产业与旅游产业融合型	文化产业主导型	吴桥杂技文化旅游集聚区
	体育产业依托型	崇礼—赤城冰雪温泉度假聚集区
	商务产业依托型	廊坊商务休闲聚集区

4. 行政推动型——基于政策导向的旅游产业集聚区

这种类型的集聚区是由政府主导的、以行政区域为范围的旅游产业集聚区，体现国家对旅游产业的最新政策动向和战略指导，政府通过有序的规划和建设，重点引进旅游企业，激活区域经济，辐射和带动旅游产业的升级。如河北省的阜平—曲阳旅游产业集聚区和崇礼—赤城冰雪温泉度假聚集区，尤其是崇礼—赤城冰雪温泉度假聚集区因为冬奥会的契机，形成政策洼地，迎来发展的春天。

（四）基于形成机制和管理主体的旅游产业集聚区分类

自主集聚型的旅游产业集聚区是基于良好的旅游资源禀赋或者良好的市场需求条件，旅游景区或者特色产业经历了由点到面到网络的历程。自发集聚的旅游产业集聚区是主流，主要依托良好的旅游资源集聚形成并发展起来的，依据集聚动因的不同，可分为企业主导的集聚区和政府主导的集聚区。

企业主导的集聚区主要是以旅游产业园区为代表的模式，此类旅游产业集聚区的形成主要借助当地的经济与技术条件的发展背景。

政府主导的集聚区一般是出现在政策导向、产业大力扶持的区域，以县、市、省等行政区划为区域范围，如阜平旅游扶贫旅游区。

（五）按照空间形态的旅游产业集聚区分类

区域旅游产业集聚的演化过程，从空间组织过程上来看，一般要经历点状集聚、点轴集聚、圈层集聚、网络集聚的过程，产业集聚发展到一定程度实质上就是产业集群，而在较大的空间尺度里，实质上是产业集群网络。本部分着重从空间演化视角，说明区域旅游产业集聚的三种空间模式。

1. 点—轴状的旅游产业集聚模式

旅游资源沿着发展轴（交通干道、河流等）呈串状分布并向两侧辐射，旅游企业围绕着这些旅游资源集聚。在集聚过程中凸显了轴线的作用，轴线既是游客的游览线，也是旅游集聚的动力线。在轴线及轴线上各点，各类旅游企业大量集聚，因而形成了内容丰富、层次多元的点—轴状空间形态。如阜平—曲阳旅游产业集聚区、涞涞易旅游产业集聚区，分别沿 S52（保阜高速）和 S010（张石高速），构成点—轴状的区域旅游产业集聚模式。

2. 圈层结构旅游产业集聚模式

区域旅游资源与市场分布不均衡，但区域内存在承载力大的城市或区位优越的交通枢纽城市或具有大尺度吸引向性的旅游资源密集区，在这个极点周围分布着类型多样的旅游城市或旅游资源。针对这样的旅游资源分布形态，旅游产业集聚过程中一要注意对增长极点的培育并发挥其辐射作用，二要注意辐射路径（旅游交通与节事互动等）的设计以加强旅游经济联系，形成核心辐射状的圈层结构旅游产业集聚模式。这种模式又分为两种情况：单级辐射、双核互动。

单极辐射是指在区域旅游产业集聚过程中，以旅游资源价值、旅游交通条件、综合经济实力较为突出的地域为中心点，通过交通线为连接形成的旅游产业集聚模式。如承德旅游集聚区，以承德为中心形成圈层式旅游集聚区。

双核互动是指在大区域空间范围内存在两个具有互补性的区域中心点，二者都对周边地区具有较强辐射力，通过双核空间互动集聚，既兼顾了各自的区域中心作用，又实现了旅游产业区位、类型、功能互补的空间模式。如张承双核互动旅游产业集聚区、崇礼—赤城旅游产业集聚区。

石家庄作为政治、经济、文化三位一体的区域中心城市，对其所在区域的其他城市和地区具有带动、辐射作用。秦皇岛和唐山则行使着区域中心城市的港城门户的功能，形成双核互动，把环渤海城市联系起来，构成一个整体，形成合力，提升了旅游产业集聚的吸引力和竞争力。

3. 梯度网络旅游产业集聚模式

梯度网络空间模式是指在大尺度空间中，首先存在一个核心，它对整个区域具有统领的作用；同时还存在多个次中心，它们能对周边区域起到一定的辐射作用；多个重要旅游节点，由上向下成金字塔形排列，形成中心突出、多极联动、点圈互连的梯度网络旅游产业集聚模式。

目前，在河北省还没有这种模式，较为接近的模式主要集中在秦皇岛、承德等旅游城市周边。梯度网络旅游产业集聚模式是旅游产业集聚的高级形态，是一种理想化的旅游产业集聚状态。

四、河北省旅游产业集聚区的影响因素

影响旅游产业空间集聚和集群发展的因素很多，主要包括资源禀赋、客源市场、区位条件、产业链与价值链、政策及公众态度、经济发展水平等方面。受这些因素的影响，旅游集聚过程有规模上的不同，也有层次上的差异，还有主体上的区别。从规模上看，有由政府或大公司主导的集聚区，也有由中小规模的旅游企业和协会所组成的集聚区。从层次上看，有国家旅游集聚区、地方旅游集聚区、主题旅游集聚区之分。基于地理空间特征的集聚区及专项旅游产品链而形成的集聚区是目前旅游集聚区的两大主要类型。

（一）基于内外驱动的主要影响因素分析

河北省 16 个旅游产业集聚区的主要影响因素为：内生自然力——旅游资源禀赋，它是最初诱因，是旅游产业集聚区形成的原始动力；外生牵引力——旅游市场需求和经济环境；内生牵引力——旅游基础设施；外生驱动力——旅游政策环境和公众态度；内生助动力——旅游人力资源；外生保障

动力——旅游公共服务；内在驱动力——产业集聚效益。

1. 旅游资源禀赋

旅游产业集聚区具有明确的资源依赖性。传统的旅游资源有不可移动性，大体量、优质旅游资源容易形成龙头景区，易于聚集饭店业、交通运输业、娱乐业、零售业、餐饮业等旅游相关行业。

2. 旅游市场需求和经济环境

由于旅游需求的广泛性和综合性，在传统旅游资源禀赋欠佳，但经济较为发达，客流量很大的地方，通过挖掘新兴旅游资源，大力建设人工旅游景区（点），发展旅游新业态，也可以催生旅游产业集聚区。

同时，旅游者更加倾向于在企业集聚区寻求大量的具有较大差异或互补的服务。旅游者的旅游成本中比较重要的是时间成本和资金成本，旅游产业集聚区在特定区域中集中消费时间和地点为旅游者提供旅游产品，可以降低旅游者的旅游成本，提高旅游产品的效用。

3. 旅游基础设施

旅游基础设施，尤其是交通，对于旅游产业集聚的空间格局和市场发展有基础的支撑作用。自驾游和自助游的蓬勃发展，对当地基础设施的便利化和自主化有很高的要求。

4. 旅游政策环境和公众态度

制度和环境因素影响资源配置的效率，也是影响旅游产业集聚的重要因素。对旅游产业集聚的影响既包括直接促进旅游集聚区产生的旅游产品整合及规模效应，也有间接驱动旅游集聚区形成的税收减免政策、信贷优惠政策等行为。综合交通、资源保护、产业协调等方面因素，选择适宜旅游企业集聚的地方进行布局推动旅游产业的集聚；同时，给予基础设施、交通等方面的优先发展。同时，旅游产业集聚区是政府为实现规模经济，促进经济发展的主要调控手段，往往在发展方向和重点上给予引导，在公共平台、政策支持和招商引资等方面予以倾斜，同时在管理上也有专门或兼管的机构。良好的信息环境有利于打破信息不对称，加快信息流通，促进技术共享和知识外溢，提供旅游产业集聚整体竞争力。同时，良好的公众态度会营造良好的旅游消费环境，会形成良好的社会认知。

5. 旅游人力资源

当旅游产业集聚区的发展进入成长期之后，人才的作用日益凸显。尤其是目前旅游产业人才短缺现象严重，高效的经营管理和高水平的服务提供成为集聚区可持续发展的关键。

6. 旅游公共服务

旅游公共服务与公共服务是包涵所属关系，旅游公共服务是公共服务在旅游领域的特殊体现，而公共服务是旅游公共服务有效供给的重要基础和支撑。有效推进政府职能转变，构成完善的旅游公共服务体系，提供更多更好的旅游公共服务产品。

7. 产业集聚效益

产业集聚效益是旅游产业集聚区发展的根本原因，也是集聚区前几个影响因素的合力表现。旅游产业是一个关联性强的综合性产业，涉及的部门行业多，有围绕核心旅游吸引物而形成的旅游饭店、旅游交通、旅行社、娱乐、旅游纪念品零售等为旅游者提供服务，并与旅游产业直接相关的服务性企业。集聚区外有通信、银行、卫生保健、邮电、保险等为直接旅游企业提供支持的机构或相关企业，它们协同向旅游者提供服务。集聚效益一直是旅游集聚区追求的目标。马歇尔指出外部经济有三种形式：市场规模扩大的外部性、劳动力供给市场和信息交流与技术扩散。旅游产业集聚区使各企业得到了外部经济效益，并减少了不确定性因素。首先，旅游产业集聚区为各企业提供了合作的便利性和互补性，获取信息的成本、合作成本和交易成本降低；其次，丰富了劳动力市场和客源市场；最后，产生外在规模效应，资源整合降低了营销成本，共享企业旅游基础设施，进而缩减专项投资成本。

（二）基于生命周期阶段的影响因素及其强度分析

结合旅游产业集聚的环境因素和本身因素等情况，将区域旅游产业集聚的演化过程分为萌芽期、成长期、成熟期、创新期/衰退期四个阶段。

河北省旅游产业集聚区的影响因素及其各个周期的影响力大小如表6－4所示。

表6-4　　　　旅游产业集聚区发展阶段及各个因素影响力分析

	因素	萌芽期	成长期	成熟期	创新期/衰退期
环境因素	旅游区位	较大	大	大	大
	经济发展水平	较大	非常大	大	较大
	基础设施	较大	大	大	大
	政策法规	小	非常大	大	较大
	公众态度	小	非常大	大	较大
	市场需求	小	较大	大	非常大
本身因素	资源禀赋	大	较大	一般	小
	产品结构及产业链	小	大	非常大	非常大
	服务水平	小	大	非常大	较大
	资金投入	少	较多	多	非常多
	技术运用	含量低	专门化技术	技术创新	集群创新
	人力资源	少	多	专业化人才	高级能人才
	创新能力	差	一般	强	很强

(三) 河北省旅游产业集聚外在表现分析

从品牌形象、空间形态、企业数量、产业结构、竞争方式、竞合关系、集聚效应、协作关系、服务质量、产品独特、管理理念和市场需求等方面分析河北省旅游产业集聚区的外在表现，如表6-5所示。

表6-5　　　　旅游产业集聚区发展阶段的外在表现分析

外在表现	萌芽期	成长期	成熟期	衰退期/创新期
品牌形象	无	弱	强	独特
空间形态	散点	组团	网络化	空间整合
企业数量	少	较多	多	很多（过度）
产业结构	单一化	差异化	一体化	网络化
竞争方式	价格	产品	人才	品牌

外在表现	萌芽期	成长期	成熟期	衰退期/创新期
竞合关系	差	竞争	合作	协同
集聚效应	无	有	适度	适度/过度
协作关系	无	初级	紧密	强化
服务质量	差	一般	好	需加强
产品独特	无	有	明显	需加强
管理理念	无	初级	成型	先进
市场需求	较少	开始增加	供求基本平衡	新需求出现

五、河北省旅游产业集聚区发育程度评价

（一）河北省16个旅游产业集聚区的生命周期定性评价

河北省旅游产业集聚一般发生于旅游资源富集地区或特色产业较为发达的地区，抑或二者兼而有之，河北省旅游产业集聚区走过了萌芽期，处在成长期、成熟期或创新期/衰退期，如表6-6所示。

表6-6　　　　　　　　河北省旅游产业集聚区的生命周期特征分析

序号	集聚区名称	所处阶段	特征
1	石家庄大西柏坡红色旅游集聚区	成长向成熟期过度	集聚规模大；企业间依赖度较高；产品结构较合理；品牌知名度较高；资源丰富、特点突出；基础设施较完善；旅游市场较大；有一定集聚效应
2	正定古城旅游产业集群	第二个生命周期的发展初期	集聚规模较小；产业结构同质；知名老牌、品牌形象老旧；资源丰富；基础设施完善；旅游市场衰退；集聚效应减弱
3	广府—涉县古文化旅游集聚区	成长期	集聚规模较大；产业结构差异化不明显；知名度一般；资源开发力度大；旅游市场不够成熟；集聚效应有待提高
4	环衡水湖生态文化旅游集聚区	成长期	集聚规模一般；产业结构差异化较差；有一定知名度；资源优质但开发粗放；集聚效应较差

序号	集聚区名称	所处阶段	特征
5	吴桥杂技文化旅游集聚区	成熟期	集聚规模大，资源优势明显，设施较完善，企业间互补性强，品牌形象较突出，集聚效应强
6	邢台百里太行旅游集聚区	成长期	集聚规模大；空间组团现象明显；品牌知名度高；产业结构差异化较差；资源优质；企业间合作方式较为单一；集聚效应不断增强
7	涞涞易旅游产业集聚区	成长期向成熟期转变	集聚规模大；产业机构网络化；企业间合作紧密；品牌知名度高；资源突出；基础设施完善；旅游市场成熟；集聚效应显著
8	阜平—曲阳旅游产业集聚区	成长期	集聚规模较大；产业结构差异化不明显；知名度一般；资源开发形式单一；旅游市场不够成熟；集聚效应有待提高
9	秦皇岛—唐山湾旅游集聚区	成熟期向创新期过度	集聚规模大；产业结构差异化明显；企业合作稳定多样；资源丰富优质；区域品牌知名度高，但新元素加入不够，集聚效应未充分发挥，可挖掘新内涵，提高集聚优势
10	桑洋河谷—昌黎葡萄酒文化休闲集聚区	成长期	集聚规模较大；规划管理先进合理；市场规模不断扩大；产业结构迈向一体化；集聚效应逐渐显现
11	环白洋淀温泉休闲集聚区	创新期/衰退期	集聚规模一般；资源突出、设施完善；企业间依赖度较高；产业结构具有一定差异化；知名度高，但品牌内涵陈旧；市场竞争力降低；集聚效应不强，近年成长缓慢
12	张承草原生态度假集聚区	成熟期	集聚规模大；资源突出、设施完善；企业间差异化不明显；市场规模较大；集聚优势明显
13	廊坊商务休闲集聚区	成长期	集聚规模较大；规划管理先进合理；市场规模不断扩大；产业结构迈向一体化；集聚效应逐渐显现
14	崇礼—赤城冰雪温泉度假集聚区	快速成长期	集聚规模发展迅速；形象主题鲜明新颖；企业数量较多；企业产业结构不短完善；集聚效应不断显现，政策推动效应明显
15	承德皇家文化休闲体验旅游集聚区	创新期/衰退期	集聚规模一般；知名度高，但形象固定缺乏新度；产业结构同质化较高；市场不断缩水；集聚效应逐渐下降
16	保定文化休闲集聚区	成长期（停滞期）	集聚规模适当；产业结构合理；企业间合作增多且方式多样；资源丰富、开发得当；市场不断增大；集聚效应不断显现

1. 萌芽期

河北省旅游集聚区都已走过了萌芽期,处在萌芽期的特征有:企业同构性强,规模较小,游客量较小,产业要素以旅游资源为核心,资本密集型和技术含量都很低,企业进出门槛低,旅游服务意识差,空间上呈散点状态,竞争以价格竞争为主。能否成长为旅游产业集聚区,要看基础设施、市场成长情况、政策推动程度等方面的情况,以判断其成长可行性。

2. 成长期

处在成长期的集聚区有广府—涉县古文化旅游集聚区、环衡水湖生态文化旅游集聚区、邢台百里太行旅游集聚区、阜平—曲阳旅游产业集聚区、桑洋河谷—昌黎葡萄酒文化休闲集聚区、廊坊商务休闲聚集区、崇礼—赤城冰雪温泉度假聚集区和保定文化休闲聚集区。该时期旅游产业集聚区的特点是集聚效应初步显现,旅游企业的专业化分工增强,产业链条延伸,附加值增加,并开始出现协作,空间上开始凸现轴线作用和结网效应,同时规模经济效应和范围经济效应显现,企业大量涌入,竞争过度出现,但缺乏约束机制与技术创新动力不足。

3. 成熟期

处在成熟期的集聚区有石家庄大西柏坡红色旅游集聚区、吴桥杂技文化旅游集聚区、涞涞易旅游产业集聚区和张承草原生态度假集聚区。该时期的旅游产业集群的特点是经过成长期的发展,区内的旅游企业数量、规模和产量产出基本保持稳态,可控制在合理的生态容量范围之内。各个企业开始相互学习,共享技术,错位发展,加强合作,在旅游价值链条上寻找自己的位置。旅游企业间在增强行业协作的同时,开始整合资源,兼并重组,形成了"若干家有实力大型旅游企业主导产业发展,大量小型专业化旅游企业支撑大型旅游企业"的总体产业格局。空间形态上,形成多个增长极,中心地带的辐射作用显现,整个集聚区通过产业链和空间轴相连,逐步形成梯度网络结构,经济外部性凸显,有明显的品牌效应。成熟期的旅游产业集聚区由于良好的规模经济效应,有可能会吸引更多的外来资本注入,但有可能会产生投资过度,从而使产业绩效下降,这是需要引以为戒的主要问题。

4. 创新期/衰退期

处在创新期/衰退期的旅游产业集聚区有正定古城旅游产业集群、秦皇岛—唐山湾旅游集聚区、环白洋淀温泉休闲聚集区、承德皇家文化休闲体验旅游聚集区。该时期的旅游产业集聚区面临人们旅游消费观念的变化、邻近地区新兴旅游产业集聚区的替换等因素的冲击，需要创新。因此，维持一段成熟期后，可能面临旅游产品陈旧、服务设施老化、旅游人才流失、管理理念落后等诸多问题。

（二）河北省16个旅游产业集聚区的定量评价

1. 理论依据

旅游产业集聚区的产业结构应该包含两方面内容。一是旅游产业各要素在规模上的比例关系；二是旅游产业各要素之间投入—产出的关联关系。

考虑到指标数据的客观性、典型性和可得性。本部分主要针对旅游产业中的餐饮住宿业、景区进行测量。

旅游产业要素在规模上的比例关系，通过区域内各要素所占旅游生产总值的比重（A）表示，总体上反映各要素在区域旅游产业中的地位和作用。

旅游产业各要素之间投入—产出的关联关系，通过采用偏离—份额分析法（SSM）测算聚集区域旅游产业的总偏离变量 PD_j 来表示。

偏离—份额分析法（shift – share method，缩写成 SSM）是由克雷默（1942）首先提出的，此后，邓恩等人对该方法做了进一步的拓展。SSM 在分析产业空间布局和经济增长的地区差异中得到了广泛应用。与以往其他方法相比，该方法能比较准确地确定区域内各产业部门的发展状况与全局相关产业部门相比竞争力的大小，具有较强的综合性和动态性，是揭示区域部门结构变化原因，确定未来发展主导方向的有效方法。

2. 模型构建

假设区域 i 和全国在经历了时间 $[0, t]$ 之后，经济总量和结构均已发生变化。设基期区域 i 经济总规模为 b_{i0}，末期经济总规模为 b_{it}。同时，依照一定的规则，把区域经济划分为 n 个产业部门，分别以 b_{ij0}，b_{ijt}，（$j=1$, 2, …, n）表示区域 i 第 j 个产业部门在基期与末期的规模。并以 B_0，B_t 表示全国在相应时期基期与末期经济总规模，以 B_{j0}，B_{jt} 表示全国基期与末期第 j 个产业部门的规模。

区域 i 第 j 个产业部门在 $[0，t]$ 时间段的变化率为：

$$r_{ij} = \frac{b_{ijt} - b_{ij0}}{b_{ij0}}(j = 1，2，\cdots，n) \tag{6-1}$$

全国第 j 个产业部门在 $[0，t]$ 内的变化率为：

$$R_j = \frac{B_{jt} - B_{j0}}{B_{j0}}(j = 1，2，\cdots，n) \tag{6-2}$$

以全国各产业部门所占的份额将区域 i 各产业部门规模标准化得到：

$$B_{ij} = \frac{b_{i0} \cdot B_{j0}}{B_0}(j = 1，2，\cdots，n) \tag{6-3}$$

在 $[0，t]$ 时段内，旅游产业第 j 个部门在区域 i 总的偏离变量 PD_{ij} 等于区域 i 第 j 个部门总的结构偏离分量 P_{ij} 和区域 i 第 j 个部门总的竞争力偏离分量 D_{ij} 之和。

P_{ij} 为结构偏离分量（或产业结构效应），它排除了区域增长速度与全国的平均速度差异，单独分析部门结构对增长的影响和贡献。此值越大，说明部门结构对经济总量增长的贡献越大。

D_{ij} 为竞争力偏离分量（或区域份额效果），包括产业构成以外的一切因素，主要有生产率水平、经营管理水平和企业规模结构等。它指区域 i 第 j 个部门增长速度与全国相应部门增长速度的差别引起的偏差，反映区域 j 部门相对竞争能力。此值越大，说明区域 i 第 j 个部门竞争力对经济增长的作用越大。

PD_{ij} 称为总偏离分量，反映区域 i 第 j 个部门总的增长优势。

本章以 2009 年为基期，以 2014 年为末期。根据《中国旅游统计年鉴》《河北省旅游业数据统计》的数据，进行测算。

$$PD_{ij} = P_{ij} + D_{ij}$$
$$P_{ij} = (b_{ij0} - b_{ij}) \cdot R_j$$
$$D_{ij} = b_{ij0} \cdot (r_{ij} - R_j) \tag{6-4}$$

其中：

i 为聚集区序号，$i = 1, 2, 3, \cdots, 16$；

j 为产业代表，$j = 1, 2$；1 为景区，2 为餐饮住宿业。

3. 结果评价

河北省 16 个旅游产业集聚区定量分析结果如表 6 - 7 所示。

表 6 - 7 　　　　　　　2012 ~ 2014 年河北省旅游产业集聚区产业份额

区域序号	聚集区名称	P_{ij}	D_{ij}	N_{ij}
1	石家庄大西柏坡红色旅游集聚区	5959.69	− 617.5793	3.10
2	正定古城旅游产业集群	779.71	0	0.51
3	广府—涉县古文化旅游集聚区	3346.07	3009.4475	1.70
4	环衡水湖生态文化旅游集聚区	186.71	1183.0240	− 0.14
5	吴桥杂技文化旅游集聚区	903.10	− 578.8200	0.58
6	邢台百里太行旅游集聚区	2465.09	− 1512.1470	1.38
7	涞涞易旅游产业集聚区	3250.75	8853.2538	2.05
8	阜平—曲阳旅游产业集聚区	444.83	− 611.1519	0.29
9	秦皇岛—唐山湾旅游集聚区	5959.80	1602.9779	3.76
10	桑洋河谷—昌黎葡萄酒文化休闲聚集区	228.49	− 37.9607	0.15
11	环白洋淀温泉休闲聚集区	2772.08	1943.0040	0.88
12	张承草原生态度假聚集区	4337.69	35242.7433	1.64
13	廊坊商务休闲聚集区	1035.37	1996.2082	0.28
14	崇礼—赤城冰雪温泉度假聚集区	506.00	166.5120	1.00
15	承德皇家文化休闲体验旅游聚集区	11157.57	0	7.36
16	保定文化休闲聚集区	574.55	− 476.1636	0.38
河北省	均值	2712.10	3135.2100	1.49

（1）整体评价。如表 6 - 7 所示，相对于全国旅游业发展水平，河北省 16 个集聚区的产业结构较为合理，P_{ij} 值大多都为正值。但从竞争力分量 D_{ij} 来看，集聚区间的差距较大，6 个集聚区为负值，竞争力明显不足。从份额分量来看，均值为 1.49，说明河北的旅游产业发展水平高于全国平均水平。

为了能更好地说明全省各集聚区的结构合理性，在此，结合河北省 16 个集聚区的现实条件，以 P_{ij}（结构偏离分量）数值为划分根据，设定如下标准，共分为四个类别：第一类为 P_{ij} 高于 5000；第二类为 P_{ij} 高于 2712（结构偏离分量的均值），低于 5000；第三类为 P_{ij} 低于 3000（结构偏离分量的均值）；第四类是 P_{ij} 低于 500（结构偏离分量的均值）。按照此标准可将 16 个集聚区划分为四类：

第一类：石家庄大西柏坡红色旅游集聚区、秦皇岛—唐山湾旅游集聚区、承德皇家文化休闲体验旅游聚集区。该类聚集区具有如下特征：集聚规模大，处于成熟期向衰退期/创新期转变的阶段；产业结构一体化、特点突出；旅游及相关企业集中化程度高、企业间依赖度高；品牌知名度高、整体效益显著；旅游与城市融合度高、吸纳就业充分。

第二类：广府—涉县古文化旅游集聚区、涞涞易旅游产业集聚区、环白洋淀温泉休闲聚集区、张承草原生态度假集聚区。该类聚集区具有如下特征：集聚规模较大、处于较为成长期向成熟期转变的阶段；产业结构较好、有较明显的特点；旅游及相关企业集中化程度较高、企业间有较高依赖度；品牌有较高的知名度、整体效益较好；旅游发展与城市融合度一般、吸纳就业不足。

第三类：正定古城旅游产业集群、吴桥杂技文化旅游集聚区、邢台百里太行旅游集聚区、廊坊商务休闲聚集区、保定文化休闲聚集区、崇礼—赤城冰雪温泉度假聚集区。在这类集聚区中，崇礼—赤城冰雪温泉度假聚集区发展刚刚起步，处在快速发展时期。该类聚集区具有如下特征：集聚规模较小、处于发展初期阶段；产业结构不合理、产业特征不突出；旅游及相关企业集中化程度一般、企业间缺乏交流；品牌知名度较高，但美誉度低、整体效益一般；旅游发展与城市融合不足、吸纳就业不足。

第四类：环衡水湖生态文化旅游集聚区，阜平—曲阳旅游产业集聚区，桑洋河谷、昌黎葡萄酒文化休闲聚集区。

该类聚集区具有如下特征：集聚规模小、旅游企业发展时间不短，但处于初级发展阶段；产业结构不合理、产业特征不突出；尤其是旅游及相关企业集中化程度低、企业间缺乏交流；品牌知名度低、整体效益低；当地经济发展水平一般，对旅游发展的支撑力不足、吸纳就业明显不足。

（2）具体评价。综合表 6-7、表 6-8 中数据，可以看出：

石家庄大西柏坡红色旅游集聚区的景区的产业结构高于全国水平，但竞争力不强，为负值。还有很大的发展空间。其中，景区的竞争作用力很低，餐饮住宿业结构不够合理，份额也有待提升。所以该集聚区属于低水平上的结构合理，集聚区水平相对较低。

表 6 - 8　　　河北省旅游集聚区结构分量、竞争力分量和份额分量

区域序号	聚集区名称	景区			餐饮住宿业		
		P_{i1}	D_{i1}	N_{i1}	P_{i2}	D_{i2}	N_{i2}
1	石家庄大西柏坡红色旅游集聚区	6186.18	−2363.19	4.08	−226.48	1745.61	−0.99
2	正定古城旅游产业集群	779.71	865.94	0.51	0.00	0	0.00
3	广府—涉县古文化旅游集聚区	3482.73	1102.94	2.30	−136.66	1906.50	−0.59
4	环衡水湖生态文化旅游集聚区	256.79	−22.36	0.17	−70.07	1205.38	−0.31
5	吴桥杂技文化旅游集聚区	906.88	−597.12	0.60	−3.78	18.30	−0.02
6	邢台百里太行旅游集聚区	2531.82	−587.46	1.67	−66.74	−924.69	−0.29
7	涞涞易旅游产业集聚区	3276.74	11215.41	2.16	−25.99	−2362.16	−0.11
8	阜平—曲阳旅游产业集聚区	445.55	−595.16	0.29	−0.72	−16.00	0.00
9	秦皇岛—唐山湾旅游集聚区	6005.78	5332.10	3.96	−45.98	−3729.13	−0.20
10	桑洋河谷、昌黎葡萄酒文化休闲聚集区	229.44	−77.83	0.15	−0.94	39.87	0.00
11	环白洋淀温泉休闲聚集区	3028.16	−914.16	2.00	−256.09	2857.20	−1.11
12	张承草原生态度假集聚区	4669.24	−3035.69	3.08	−331.56	38278.43	−1.44
13	廊坊商务休闲聚集区	1144.24	−1872.85	0.76	−108.87	3869.06	−0.47
14	崇礼—赤城冰雪温泉度假聚集区	8.32	−25.33	0.01	−16.27	191.84	−0.07
15	承德皇家文化休闲体验旅游聚集区	11157.57	−11730.97	7.36	0.00	0	0.00
16	保定文化休闲聚集区	574.70	−472.41	0.38	−0.15	−3.75	0.00

　　正定古城旅游产业集聚区的产业结构合理性高于全国水平，在河北集聚区中处于中低等水平。具体从表 6 - 8 中看，是餐饮住宿业的发展水平严重拉了后腿。

　　广府—涉县古文化旅游集聚区各个分量均表现优秀，结构合理，竞争力强，份额分量高。但具体到餐饮住宿业的产业结构，是低于全国的平均水平的，有很大的进步空间。

　　环衡水湖生态文化旅游集聚区的产业结构合理性高于全国水平但在全省处于中低水平，整体竞争力较强。其中景区的竞争力为负值，低于全国平均水平，餐饮住宿业的结构不合理，低于全国平均水平。

　　吴桥杂技文化旅游集聚区和保定文化休闲聚集区的产业结构合理，但整体竞争力低于全国平均水平，这主要是受了景区低竞争力的影响。

　　邢台百里太行旅游集聚区的产业结构合理，但整体竞争力贡献度远远低于全国平均水平，餐饮住宿业三分量均为负值，亟须进行改变。

　　涞涞易旅游产业集聚区和秦皇岛—唐山湾旅游集聚区三分量均表现优秀，结构合理，竞争力强，在全省处于领先水平。其中两集聚区的餐饮住宿业发展水平一般，均低于全国平均水平，有很大的提升空间。

　　阜平—曲阳旅游产业集聚区和桑洋河谷、昌黎葡萄酒文化休闲聚集区产业结构分量均为正值，在河北省处于中低水平，但竞争力为负值。具体来说，景区部分更为薄弱一些。

　　环白洋淀温泉休闲聚集区、张承草原生态度假集聚区和廊坊商务休闲聚集区三分量均为正值，在全省处于领先水平，尤其是张承草原生态度假集聚区的竞争力分量为全省最高。但三个集聚区的餐饮住宿业的结构分量均低于全国平均水平，景区的竞争力分量为负值，低于全国平均水平。

　　崇礼—赤城冰雪温泉度假聚集区的整体结构分量不高。其中，餐饮住宿业和景区的结构贡献度均不高，严重影响了该集聚区的发展，不过集聚区发展迅速，竞争力日益显现。

　　承德皇家文化休闲体验旅游聚集区的整体结构分量值很高。具体到景区上，表现为结构合理，但竞争力不足。

（三）总体问题分析

在 16 个旅游集聚区中，18.75% 的处在发展阶段向成熟阶段过渡，21.25% 的处在发展阶段，60% 的处在发展阶段初期。河北省的旅游产业集聚区在产业结构上的得分高，但效益不佳，原因是基本上是旅游产业集聚区的产业结构是在低水平上的平衡，处在螺旋式上升时期。

集聚区存在的问题：集群规模大，网络协同度低，效益不明显。河北省旅游产业集聚区早期发展中，规模虽然日益扩大，但旅游产业同构现象较严重，尤其是沿太行山，旅游产品十分相似，山岳观光、乡村休闲、农家乐等都大同小异，网络化程度低，协同发展不够。

六、河北省旅游产业集聚区原因

（一）政府层面

1. 政府管理政出多门，行政区划突破较难

区域旅游业的发展服从于地方政府的利益，但旅游业的特点决定了要跨越行政区划的藩篱，协作共赢。但实际过程中，资源利用、环境保护、项目监管等诸多问题上，各个行政主体容易产生分歧，以致旅游集聚过程中发生"公地悲剧"，或者旅游产业集聚水平低下，难以产生集聚效益。

2. 政府对旅游集聚区投入少，竞争力不足

（1）用地规模受到限制。旅游产业在河北省来说是战略性产业，在地方安排用地的过程中，旅游产业被其他产业所挤压，旅游产业集聚区用地面临着前所未有的压力。

（2）旅游公共服务和基础设施缺乏，资金投入不足。旅游产业集聚区投资渠道较为单一，缺乏多元化的投融资体制，筹措建设资金的渠道较为单一，而地方财政投资较为有限，且使用程序多、运转慢，市场化机制尚未形成，在一定程度上影响和制约了旅游集聚区基础设施建设的进度和项目引资的能力。

（3）整合营销少，统一区域旅游形象没有形成。河北省旅游产业集聚区的目的地营销整合少，没有形成统一的区域旅游形象，在旅游者心目中没有形成明确的个人认知和社会认知，涞涞易旅游产业集聚区的宣传口号征集是集聚区走出的第一步，值得其他集聚区学习。

3. 资源保护与旅游开发之间关系协调不到位

旅游产业集聚区的优良环境是发展基础，但区域经济的发展中有工矿企业的生产活动或者社区居民的生活对环境造成污染。这与旅游产业发展需求有冲突和矛盾。

4. 智慧旅游信息平台缺失

互联网＋时代已经到来，系统化、专业化、整形的旅游产业信息发布和智慧旅游平台缺失，导致信息不对称，信息的不能畅通交流阻碍了旅游产业集聚区的协作意愿和信任度，协同速度和程度受到影响。各个集聚区除了涞涞易旅游产业集聚区外，其他集聚区的信息都散落在各个主体平台上。

（二）经济环境层面

大多数集聚区处在社会经济不发达的地区，尤其是整体分值低的集聚区，部分集聚区周边地区经济发展缓慢，导致市场需求不足，旅游公共服务和基础设施投入不足。

1. 旅游市场需求不足

休闲度假时代的到来，旅游产业集聚区80%的市场集聚在方圆三个小时车程之内，如果该范围内的区域经济发展落后，就不能提供有效市场需求。

2. 旅游公共服务和基础设施投入不足

集聚区的旅游公共服务和基础设施投入不足，导致旅游者体验质量低，市场认知难以形成，制约了旅游发展。

3. 社区居民素质和社区服务水平有待提高

经济发展落后，社区居民受教育水平较低，服务提供水平有限，在短时间内无法形成有效的旅游服务供给，不能满足越来越挑剔的游客需求。

（三）企业方面

1. 管理体制不能适应市场化需求

河北省景区依托型的旅游产业集聚区较多，高级别景区的集聚效应高，但因为各个景区的管理体制与市场不符，造成资源开发不足，产品结构不平衡，不能有效对接市场，整体发展竞争力弱。

2. 旅游企业投入要素不足

首先，旅游管理人员和从业人员整体素质有待提高，有效培训不足；其次，旅游投资不足，且较为零散，整合力度差；再其次，旅游用地较为紧张，制约旅游规模发展；最后，旅游管理和营销的智慧化水平不高，与自助游市场蓬勃发展严重不符。

3. 旅游产品结构仍需调整，竞争力偏弱

旅游企业的产业要素布局比较平衡，但市场有效需求不足，旅游者贡献不足，效益不好。原因在于旅游产品多以观光为主，休闲度假产品和设施提供不足，购物、娱乐等参与性项目开发有待加强开发，新兴业态和新兴产品开发弱，导致竞争力不强。

4. 旅游创新能力不足

旅游集聚区的建设需要品牌引领和项目创新，而项目创新能力是实现旅游产业集聚区经营效益的提高和可持续发展的重要方面。

项目创新总体上表现为硬件和软件两个方面。第一，新技术在硬件设施方面的应用较少，硬件设施较为落后。第二，在创新能力和创新机制方面较为缺乏，创新能力有限，品牌效应较弱，应对市场需求有一定的难度。

5. 龙头企业的溢出效应不明显

旅游集聚的形成是企业在空间上的集聚，是一个企业生态系统，各自有自己的生态位龙头企业做框架布局，形成整个区域发展的龙骨，中小企业补缺发展，共同形成价值链网络，共享、共赢、共发展。河北省旅游产业集聚区的网络化产业链还没有形成，龙头企业的带动作用弱。

6. 企业互动协同弱

河北省旅游企业的"散小弱差"的情况依然存在，旅游产业集聚区中各个企业的联动情况仍然不尽如人意，导致旅游产业集聚"集而不强"。

七、河北省旅游产业集群协同创新策略

（一）成立一定行政管理权限的管理机构

由于旅游产业对第一、第二、第三产业的融合性较强，旅游产业集聚区的科学合理边界可能会不像制造业产业集聚区的那么清晰，建议对旅游产业集聚区范围的界定应以主体区为主要边界，以此区域为依托设立一个具有一定行政管理权限的管理机构，以实现集聚区内部各种资源和要素的高效、统一管理，并对各个地域允许建设的项目进行严格的约定和科学的引导。鼓励有条件的地方探索旅游资源一体化管理，可设立旅游产业集聚区管理委员会，作为集聚区所属地方政府的派出机构，赋予其副厅级或县级行政待遇，将集聚区所属的乡镇划归管委会管理。

（二）加大政府投入，构建旅游公共服务体系

加大各级政府在旅游信息安全保障、旅游者权益、旅游交通等十大体系的土地、资金、技术等各个方面的投入，构建公共服务体系。

（三）错位经营，培育品牌旅游产业集聚区

河北省对 16 个旅游产业集聚区进行错位经营，优化旅游企业和产品，推进以特色和质量为核心的良性竞争，真正走良性发展的道路。建议尝试建设省级旅游经济特区，每年重点资助几个，3～5 年为一个建设周期，整合各部门的优势，集中打造品牌旅游产业集聚区。

（四）建设旅游产业集聚网络，提高创新能力

通过产业链条和空间经济廊道的延伸，加强"点—轴—网络"的进化过

程。要加快集聚区结构升级，积极引导优势旅游要素集聚，就必须有便捷的交通、互通共享的旅游智慧平台，共同基于的旅游资源和文化将集聚区的各个主体连接在一起。作为龙头企业或者龙头集群要发挥示范作用和引导作用，进行扩散，带动整个区域的整体发展。挖掘自身特色，共同构成旅游产业动态网络，促进各个主体之间的交流和沟通，促进其创新。

第七章　京津冀旅游协同下太行山长城旅游开发研究

　　1987年，长城首批入选《世界遗产名录》，2000年美国《全国地理旅游者》通过两年多调查和广泛征求意见，2000年向公众推出人一生必游的"世界50个景区"，万里长城是中国入选的唯一项目。凡来中国的旅游者，大多选长城作为必游项目，长城成为中国旅游的形象和精神文化的象征。据《中国长城保护报告》认定，河北省长城占到18.89%，在16个有长城资源省中居全国第二，是长城资源大省。河北省已开发的长城旅游区，基本上是处在燕山山脉的明长城，有山海关、老龙头、角山、喜峰口、潘家口、白羊峪、金山岭和大境门，是全国长城开放数量最多的省份，而太行山山脉的内长城旅游开发少，保护薄弱。

　　目前太行山河北段主要有滏口陉、井陉、飞狐陉、蒲阴陉和军都陉，长城资源2057处（座/段），周边区域是旅游资源富集区，现代由于交通等因素制约，导致经济相对落后，成为河北省扶贫攻坚重点区域。太行山旅游资源丰富，但旅游经济发展迟缓，没有一个品牌统领，没有一脉文化贯穿，成为太行山旅游发展之碍。在京津冀协同发展和雄安新区建设的国家战略背景下，尤其全域旅游发展的背景下，河北省作为国家全域旅游示范省之一，河北省"两山两沿"区域的整体集群性开发迫在眉睫，太行山长城旅游带的开发则显得更为重要。

一、研究背景

在中国知网上输入"长城旅游""太行山长城""太行山旅游"等关键字，在 2003～2016 年共搜索 1025 篇文章，其中长城旅游占到 928 篇。如图 7－1 所示，近年来呈上升趋势。研究主要集中在长城旅游资源的评价和开发、长城旅游资源的可持续开发、长城旅游产品的开发模式、长城的保护性旅游开发等方面。关于太行长城遗迹的研究和开发少，主要集中在长城文化遗址开发与保护的知识介绍、长城旅游资源的"修旧如旧"的修复，以及极少量的产业聚集化发展探讨。关于太行长城文献较少，主要是从军事、交通、建筑等角度对太行长城知识介绍。

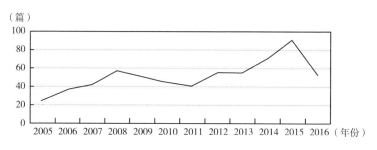

图 7－1　研究文献年度

综上所述，很少有学者从旅游开发以及产业聚集角度进行研究分析，系统分析太行长城旅游开发研究更少。本章选择太行河北段五陉长城旅游开发为主要研究范围。

二、太行山河北段长城旅游资源特征

太行山河北段长城段呈线状分布，主要分布在太行山区贫困带上：怀来、赤城、涿鹿、蔚县、涞源、涞水、易县、鹿泉、平山、井陉、赞皇、邢台、内丘、武安、涉县及磁县等地，其中有代表性的长城分布如表 7－1 所示。它记录了河北省地区古代军事、政治、经济、社会、时空环境的演变发展，具有很高的历史文化、科学考察和旅游价值。长城河北太行段的现存长城遗址大约270千米，时断时续，顺太行山东侧而行，是山岳长城的典型区段。从空间、历史、载体、景观、区位等角度进行综合分析，可知具有以下五种特征。

表7-1　　　　　　　太行五陉代表性长城及所在区域表

遗存情况	长城名称	所在区域
遗存较好	峻极关长城、黄背岩口长城	武安县
	鹤度岭（锦绣堂）	内丘县
	马岭关长城	邢台县
	黄背岩长城	沙河市
	秦皇古道	井陉县
	乌龙沟长城	涞源县
	紫荆关（蒲阴陉）	易县
	龙门天关	涞水县
	鸡鸣驿古城	怀来县
	宋辽地下古战道	永清县
有一定遗存但破坏严重	大嵌口等四段长城	武安县
	北羊城城址	磁县
	黑虎关长城、茅岭地长城、神头长城	涉县
	地都长城、井陉关、井陉长城杨庄段	井陉县
	土门关长城	鹿泉区
	后沟口长城、虎寨口长城 黄庄长城、棋盘山长城	赞皇县
	石窝长城、插箭岭长城、白石口长城	涞源县
	蔡树庵长城	涞水县
	大南山长城段	蔚县
	马水口长城	涿鹿县
	样边长城、大营盘长城	涞水县
	独石口长城、万水泉长城和清泉堡长城	赤城县
	飞狐陉	涞源县北和蔚县之南
没有遗存	嵩都岭、烧梁关	内丘县
	风门岭等	邢台县

资料来源：（1）长城志；（2）http://www.greatwallheritage.cn/（中国长城遗产网）。

（一）空间上的线状连续性

太行山河北段长城从张家口地区一直延伸到邯郸地区，突破了行政区域界线，大都因山险制宜，修建于崇山峻岭之间，绝大部分地段利用悬崖绝壁和沟堑代墙，而在山势较缓的交通要道筑墙设关，在附近山顶修筑烽火台。基本上属于"关隘"＋"山"的关隘障卡式长城，即太行关隘与太行山天险共同构成强大的军事防御设施。带状分布特征与太行山高速共同构成长城旅游廊道基底。

（二）历史上的悠久性

太行山河北段长城修建历史悠久，从公元前4世纪至清代中期维修古北口段长城，前后2300多年。相关历史可以追溯到春秋战国时期，以鲜虞人所建立的中山国筑长城最早。筑长城的还有燕国（有南北长城）、赵国（分赵北长城和赵南长城）、秦、汉、西晋、北魏、北齐、北周、隋、辽、宋、金、明、清等先后在河北境内修筑过长城。其历经朝代之多，居各省区市之冠。中原地区的朝代更替和大小战役几乎都和五陉密不可分，作为重要的军事设施的它们发挥重要的作用。五陉关隘是古代沟通中原、出入山西、联系蒙古、契丹、女真等地的必经之路，故而有丰厚的历史文化底蕴。

（三）载体上的缺失性

燕山长城的山海关、居庸关、八达岭长城，遗存较为丰富和完整，且在20世纪80年代"爱我中华，修我长城"活动下进行保护性修复和旅游开发。太行山22.45%的燕、赵、中山长城及紫荆关、乌龙沟明长城有一些重要关隘与军事设施保存较好，77%以上的长城因长时间处于无人保护与修葺，或者蚕食性破坏，已经坍塌或是荒弃，成为野长城，就失去体现长城文化的载体，也失去万里长城的雄伟壮观和震撼力。

（四）景观上的多样性

太行山长城不仅有烽燧、城墙、关隘、城堡、亭障、障塞等形制，城墙上设有马面、敌楼、战台、铺房等，墙外有壕沟、烽燧、障城等；建筑方法也多式多样，最早为生土夹板夯筑，后有土坯发展至砖砌，形成完善的防御体系，除地上长城外，还有宋辽古战道的地下长城，成为长城系列最有风采的组成部分。同时太行山独特的地形与地貌，形成了山岳、森林、湖泊等自然景观，与长城遗址、民俗风情、红色文化、宗教文化等互动交融，形成了多样性旅游资源赋存。

（五）区位上的可达性

通过测量每处长城到主干道路（高速或省道）的直线距离，可以测定其与交通的空间关系。根据测量结果（图），约27%的长城处在500米以内，80%的长城处在5000米以内。太行山河北段长城距离核心客源城市，尤其是京津在4小时车程范围内，具有较好的客源市场。《"十三五"旅游业发展规划》中明确提出要建设太行山风景道（河北石家庄、邢台、邯郸—河南安阳、新乡、焦作—山西晋城、长治）。尤其是2018年太行山高速的全线开通，可达性将大大提高。

三、太行山河北段长城旅游发展现状

通过调研，太行山河北段五陉是目前旅游景区富集区域。如表7-2所示，通过对五陉区域旅游发展及长城开发情况进行现状分析。按照"点轴"理论，太行山河北段旅游发展可分为三个阶段：第一阶段为极化阶段，形成极点阶段；第二阶段为发展轴阶段，形成旅游廊道阶段；第三阶段是网络化阶段，点轴连接互动，交织成网络，整个区域旅游经济发展趋于均衡。目前处在极化阶段。

表7-2　　　2016年太行山河北段五陉聚集区年旅游发展情况

序号	区域	临近聚集区	接待游客人数（万人）	旅游收入（亿元）	长城旅游开发情况
1	滏口陉	武安—涉县—磁县旅游休闲集聚区	1367.2	84.7	受自然破坏严重，人工建筑遗存遗迹较少，基本处于未开发阶段

序号	区域	临近聚集区	接待游客人数 （万人）	旅游收入 （亿元）	长城旅游开发情况
2	井陉	井陉—赞皇—鹿泉地质旅游聚集区	885.0	9.2	长城墙体遗存少 关隘主要井陉旧城、秦皇古道适度开发
3	蒲阴陉	京西百度旅游度假集聚区	3182.7	84.3	长城墙体、敌楼、烽火台有一定遗存，整体处于未开发状态 关隘紫荆关、龙门天关进行旅游开发
4	飞狐陉	小五台旅游聚集区	510.8	46.8	长城遗存少 尚处于未开发状态
5	军都陉	怀来—赤城—涿鹿旅游文化聚集区	999.8	91.7	长城遗存少 鸡鸣驿驿站等有适度开发

注：根据2016年国民经济统计年报、政府工作报告以及旅游统计相关数据整理。

（一）极点"源"逐步形成，发展不均衡

太行山河北段沿线有80多处景区（点），成为旅游产业的极点"源"，正在极化过程中，并逐步形成四大极化区域——旅游产业集聚区。

1. 长城旅游独立开发较少，极化作用不明显

迄今为止，太行山河北段长城资源进行独立开发的比例为16.33%，多为遗存较为丰富，品级较高的长城，如乌龙沟、紫荆关、秦皇古道、鸡鸣驿、龙泉关、倒马关等。14.3%的长城资源处在已开发的景区内部，马岭关长城、棋盘山长城、白石山长城、抱犊寨长城、峻极关长城，但开发程度低。70%以上的长城处于未开发状态，保护情况堪忧。通过测量每处长城到最近A级景区直线距离，可知约27%的长城处在1000米以内，80%的长城处在10000米以内。长城自身保护和开发不足，难以产生极化作用。

2. 非长城旅游资源优势明显，旅游产业集聚正在形成

受传统旅游业态以及新业态等刺激，在政策和市场双重推动下，太行五陉长城旅游开发不突出，旅游产品特色不明显，但是非长城旅游资源优势明显，整个太行山河北段4A级和5A级景区占河北省的半壁江山，开发效果较

显著，如表 7 - 2 所示，平均每个集聚区旅游人次在 1115 万人次，平均旅游收入 46.4 亿元，人均消费在 564.3 元，极化区域逐步形成。长城周边的山岳型景区逐步形成太行山旅游产业集聚带主体。

3. 旅游产业集聚区"集而不强"，产品结构不合理

按照发展轨迹和主要特点，滏口陉、蒲阴陉区域属于轮轴式产业集群，其他三个属于意大利式产业集群。如表 7 - 2 所示，五个旅游聚集区是依托龙头景区与政策推动形成的旅游产业聚集区。其中，蒲阴陉京西百渡旅游度假集聚区是由野三坡、易水湖和白石山三个龙头景区带动，因河北省第一届旅游发展大会的促进，交通可达性强，产业结构较为合理，产业链条有所延伸，集聚区特征较为明显。但其他三个集聚区，因资源上的一脉相传而在空间上富集，并没有形成产业链条上的互动和产业要素的均衡发展。旅游企业的"散小弱差"的情况依然存在，旅游产业集聚区中各个企业的联动情况仍然不足，导致旅游产业集聚"集而不强"。长城旅游在集聚区中的表现不突出，只能依附于已有的旅游景区进行开发保护和宣传推广。

尤其是长城资源的开发，旅游产品多以观光为主，休闲度假产品和设施提供不足，长城文化活化不足，购物、娱乐等参与性项目开发有待加强开发，新兴业态和新兴产品开发弱，导致竞争力不强。

（二）太行山交通网络格局形成，旅游廊道逐步形成

发展轴决定了旅游产业的发展方向和游客的体验路径。随着 S202、S213、S222、S314 等省道、县道交通系统的形成，尤其是太行山高速的全线通车，太行山旅游产业发展轴线逐步形成。太行山高速作为主干轴线，省道、县道和乡村交通线作为支线轴线，连接成网，目前实现了交通功能的便捷性，而旅游的景观性和产业集聚性表现还不明显。《"十三五"旅游业发展规划》中明确提出要建设太行山风景道（河北石家庄、邢台、邯郸—河南安阳、新乡、焦作—山西晋城、长治）。在政府的强势引导下，具有产业属性的旅游廊道将逐步形成。

（三）长城旅游开发缺乏整体包装，综合性开发不足

从网络化发展的角度来看，极点"源"和"廊道"的发展形成是网络化的必要条件。太行山河北段长城资源多，建筑较雄伟，险关要隘多，开发潜力大，近市条件优，本应联手开发，整体推出，显示河北独特优势。然而点轴化进程没有完成，各自为战，自相竞争，以邻为壑者的现象层出不穷。以长城为核心，以太行山为基地的整体包装和综合性开发不足。借势燕山长城旅游，整合形成长城旅游品牌。

（四）长城统一品牌没有形成，对接燕山长城旅游不足

北京提出长城文化带的开发和建设，河北长城无论从赋存规模还是品质上，都具有自身的优势，秦皇岛的山海关、承德的金山岭开发早，力度大。但河北省的太行山长城对接燕山长城不足，点状开发不能支撑线状遗产的优势发挥，不能形成京津冀旅游产品的精品。

四、太行山河北段长城旅游发展路径

长城文化的载体包括三部分：长城物质文化，即长城城墙、关隘、城堡、亭障、障塞、烽火台等物理实体文化；长城精神文化，即与长城有关的历史故事和民俗活动；长城延伸文化，即长城促进社会、经济、文化交流的通道文化。对于长城旅游的开发本质上是长城文化的活化，基本路径是"极化'源'点优化 + 旅游廊道构建 + 长城旅游产业集聚带培育"。

（一）优化长城旅游极点"源"，积极融入已极化区域

针对长城旅游资源的赋存情况和开发条件，极点"源"优化的基本路径为"本体修复 + 文化活化 + 产业联动"的开发路径。

按照长城遗迹的类别和级别不同，长城文物保护单位对体现古长城传统风貌有积极意义的相关建筑物以及长城的代表性地段进行分类保护和控制，保护提倡静态保护和动态保护相结合。

积极修复或保护遗存较为完整且具有代表性的燕、赵、中山长城、明内长城以及宋辽古战道，形成极点"源"，如怀来的鸡鸣驿古城、涞源的乌龙沟长城、易县的紫荆关、井陉的秦皇古道、永清古战道等，对它们进行保护性修复，真正形成高品质的旅游支撑节点。并通过旅游线路或者企业化运作与周边极化区域形成联动带动整个区域旅游产业。

长城的本体保护和文化挖掘同样重要。把长城从目前的经营物转变为支撑物，深度挖掘长城文化，多层次开发长城深度体验产品是关键。针对物质载体少，但精神文化丰富，区域经济文化活动活跃的点，如武安—涉县—磁县文化旅游聚集从长城历史故事角度进行长城旅游资源开发，设置长城文化体验园等体验项目，形成长城体验产品，融入已有极化区域。最终形成"长城本体游览＋长城文化体验＋长城休闲度假"的长城龙头产品。

（二）构建以太行山资源为基，以长城文化为魂的太行山旅游廊道

在实现交通可达性的基础上，建设具有旅游景观性、公共服务性和产业连接性于一体的太行山长城旅游廊道。第一，依托现有公共交通，构建旅游交通与公共交通的连接线，打通各个极点之间的旅游专线、环线和断头路，形成网状交通，实现各个极点源的可达性。第二，提升交通的景观性。建设旅游风景廊道和绿道，整合沿线长城旅游资源和太行山旅游资源，串点成线，形成具有代表性和品牌影响力的太行山全域旅游品牌线路。第三，提升交通的旅游公共服务性，建设太行山主题和长城主题的旅游解说系统、咨询服务、卫生服务体系，构建公交、车辆租赁、自驾车等交通服务体系和漫游系统。

（三）整合资源，培育太行山长城文化品牌旅游产业集聚带

整合太行山旅游资源和长城旅游资源，突破行政区界线，通过旅游廊道连接极点，尤其要开发太行中北段的燕、赵、中山、战国长城、明内长城中段景区和永清的宋辽地下古战道，明确各自特点和开发重点，形成优势互补，构筑完整的长城体系，构筑全国多时代、最具风采的太行山长城旅游产业集聚带，整体而隆重向世人推出太行山河北段长城系列。

（四）对接燕山区域长城旅游资源，形成京津冀区域旅游品牌

在太行山沿线长城旅游资源赋存程度和开发力度上，燕山区域的长城旅游不可同日而语。基于遗产廊道的开发，北京八达岭长城已经开始了先行先试，秦皇岛长城旅游廊道化开发亦进入了快速发展阶段。太行山段长城对接燕山段长城，进行整合开发，塑造长城文化品牌，是京津冀旅游协同发展的廊道化发展示范区。

五、结论与展望

太行山河北段自然旅游资源和人文旅游资源丰富，但缺乏资源整合之魂，依托太行山长城，挖掘长城文化，塑造长城品牌，成为太行山旅游发展的重中之重。借助点轴理论，建立集观光体验、休闲度假、审美启智于一体的旅游产业集聚带，对于太行山河北段旅游整体开发具有重要意义。在调研的基础上，本章对太行山长城旅游资源特征进行分析，从点—轴—网络的演变路线，分析极化点、旅游廊道以及整体开发现状，并提出"极化'源'点+构建廊道+培育长城旅游产业集聚带"的发展路径。采用这一路径构建起来的长城品牌旅游产业集聚带，能够高效地保护长城文化遗产，维护长城文化体验过程的连续性和完整性，对于京津冀旅游协同发展具有重要意义。

第八章 京津冀旅游景区协同发展研究

　　旅游景区是旅游产品的核心，也是区域旅游合作的最终落脚点，在京津冀一体化背景下，三地旅游合作也正在探索中逐步展开，而旅游景区的管理目前"各自为政"的现象严重，势必会成为京津冀区域旅游一体化的阻碍。三地旅游资源存在严重的空间差异，景区作为已进入市场的旅游资源需要在空间上进行统一规划才能使空间差异成为共赢动力；旅游景区作为旅游产品的核心，需要通过科学的线路设计、依托发达的交通来实现协同发展；京津冀三地一方面拥有丰富的旅游资源，另一方面又都是彼此的重要的客源市场，旅游景区的协同管理只有为市场一体化服务才能享得协同硕果；另外，旅游景区作为旅游经济体系的基本要素，只有通过资源、产品、市场的有效整合达到景区的协同发展，才能保障京津冀区域旅游的协调一体化发展。

一、旅游景区特殊性

　　旅游景区可以看作是特殊的企业，其特殊性从三个层次表现出来。第一，从旅游景区自身来看，具有旅游资源依存度高、所有权归属不明确等特点；第二，从所属行业来看，旅游行业具有高度关联性和带动性的特点，导致了旅游景区的经营管理的不可独立性；第三，从区域旅游合作的发展趋势来看，区域旅游合作的必然趋势导致跨区域旅游景区协同管理成为必然趋势，而想要使这种协同管理产生更多价值，要看如何运用创新这一生产要素。旅游景区的协同管理是旅游产业协同发展的重要组成部分，其合作的方式、格局都具有各自景区所特有的部分。旅游景区管理与其他经济组织的管理类似，都是指在一定环境下，合理调动各种投入要素，对景区内的各项资源进行有效整合开发，充分挖掘其旅游价值，发挥旅游功能，实现收益最大化，但旅游景区管理与一般经济组织的管理的区别在于，我国多数景区属于自然和文化遗产，因此，对于这类景区需要在保护自然、文化遗产的基础上追求收益最大化。

随着京津冀区域协同发展的持续推进，旅游业是京津冀协同发展重要推动力与战略性支柱产业的重要组成部分。在全国大力推行全域旅游的背景下，京津冀旅游景区已成为"全域旅游"创新和实践的重要阵地。围绕建设京津冀旅游强区，扩大区域品牌优势，全力推进全域旅游和产业融合发展，促进京津冀全域旅游协同发展是当前京津冀旅游景区的重要任务。

二、京津冀三地旅游景区发展现状

京津冀三地不仅在旅游资源吸引力上存在差异，在旅游景区管理上也存在较大差异，我国旅游景区管理模式本来就混杂多样，服务质量参差不齐，京津冀三地的旅游景区种类繁多，由于行政区划的分割，各地政府对景区的监管制度也存在一定差异，为旅游景区跨区域协同管理造成了一定阻力，也成为京津冀区域旅游一体化进程的一大阻碍。旅游景区的管理质量大致可体现在管理体制、服务设施、服务人员素质以及营销能力四个方面，京津冀三地的旅游景区在这四方面都存在不同程度差异。本章的资料数据未加特殊说明的，均来自北京、天津、河北三地统计局的官方网站。

（一）旅游景区基本情况分析

北京在京津冀三地拥有景区数量排名第二，景区种类以历史遗迹类居多，这类景区一般是由政府设立的景区管理机构或者国有企业负责经营管理，具有较高的规范性和公益性，也存在一部分民营性景区，但在相对严格的政府监管环境下，北京的民营景区的管理体制质量也比较规范。虽然北京旅游景点众多且较为分散，但因为发达的交通网络和完善的接待设施，尤其是在

2008 北京奥运会之后,北京旅游景区在"吃、住、行、游、购、娱"六要素上均能较好满足游客需求。作为国际性大城市,北京旅游行业的接待人员具有较高的素质,管理人才也较多,具有很强的接待国内外游客的能力。在景区营销能力上,本身北京就是北京旅游景区的品牌,仅依靠品牌效应北京景区就可以获得超越其他地区景区的营销能力。

天津市人文旅游资源丰富,自然旅游资源相对匮乏,景区管理工作相对比较简单,天津交通发达,已形成陆海空相配套的交通系统,在北京发达的交通网络的辐射下,北京旅游对天津的辐射作用较强,旅游服务质量也比较高,但是天津没有形成鲜明的城市旅游形象,导致某些资源条件好的景区知名度不高,如滨海类旅游、特色人文类景区。

河北省无论是历史人文还是自然景观质量都不低,数量在京津冀区域排名第一,但是分散程度高,河北省本身所辖面积大,省内旅游景区的管理就存在较大差异,景区管理条块分割、多头管理问题突出;由于河北省经济明显落后于北京和天津,旅游基础设施方面不够完善,可达性差,避暑山庄、野三坡等 5A 级景区的交通制约了景区的发展,也在一定程度上影响了河北省的旅游形象。由于北京的"空吸"作用,河北省旅游业服务管理高层次人才匮乏,直接制约了景区的开发、运营水平;同时,由于管理体制不完善、工资水平偏低等因素,旅游景区从业人员流动性强、培训不到位等问题也是造成河北景区服务管理质量不佳的因素。河北省在旅游营销方面的力度也有不足,虽然已经打造了河北省旅游品牌形象,但是这一形象没有深入人心,省内各大景区没有形成对外促销联盟,也没有龙头景区带动周边市场,比如西柏坡、避暑山庄等,属于全国知名的旅游景区,没有与周围景区整合规划,联合营销也没有弱,限制其龙头作用的发挥。

(二) 景区发展情况分析

2012～2016 年,京津冀旅游景区分布、接待人数、景区营业收入以及门票收入方面差异比较明显,具体情况如图 8-1～图 8-5 所示,其数据来自由 EPS DATA 整理的中国国家旅游局数据库。

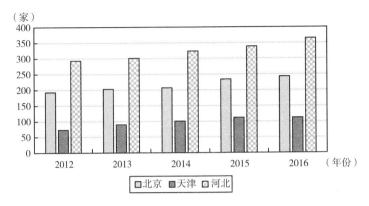

图 8 – 1   2012～2016 年京津冀旅游景区分布情况

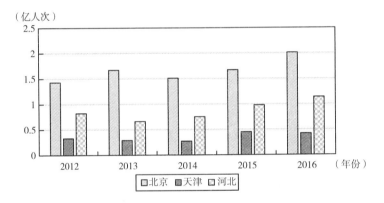

图 8 – 2   2012～2016 年京津冀旅游景区接待人数情况

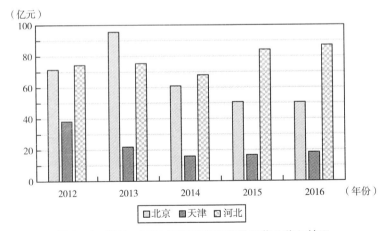

图 8 – 3   2012～2016 年京津冀旅游景区营业收入情况

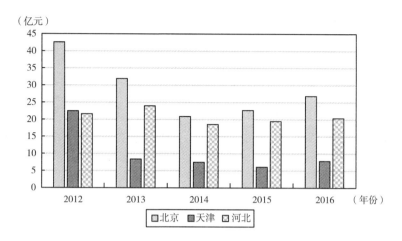

图 8 - 4 2012 ~ 2016 年京津冀旅游门票收入情况

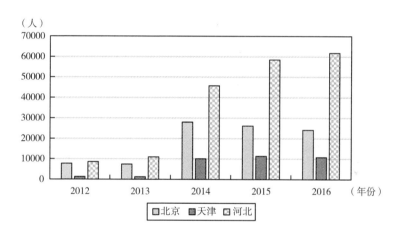

图 8 - 5 2012 ~ 2016 年京津冀旅游景区员工数量

河北地域范围大景区种类齐全，在景区数量方面超过京津景区数量之和，处于领先地位。旅游景区接待人数方面，北京处于遥遥领先地位，2016 年接待人数突破 2 亿人次，超过河北与天津之和；河北处于第二，且近几年增长幅度较大；天津接待人数整体看没有突破 0.45 亿人次。景区营业收入方面，北京在 2013 年达到高峰突破 95 亿元，天津则在 2012 年达到高峰接近 40 亿元，2013 年之后北京与天津 2013 年景区营业收入出现明显下滑，尤其是天津 2016 年的景区营业收入不及 2012 年的一半，河北省在 2014 年出现下滑之后强劲增长，到 2016 年收入超过北京与天津之和。门票收入方面，2012 年是三地旅游门票收入高峰期，后面出现不同程度波动，北京与天津下滑明显，天津维持在较低水平，河北逐步接近 2012 年水平。京津冀三地旅游景区员工人数方面，河北超过北京与天津员工人数之和处于领先地位，员工数由 2012 年的 8500 人左右 2016 年迅速增长到 62000 人左右，主要受益于河北景区数量多，发展迅速；北京旅游景区员工数则由 2012 年的 7700 人左右，到 2014 年达到高峰 28000 人左右，后降到 2016 年的 24000 人左右；天津旅游景区的员工数 2012 年的 1300 人左右迅速增长到 2013 年的 11000 人左右，2015 年和 2016 年有小幅波动。

（三）景区发展效率分析

旅游景区的人均消费情况以及门票收入占比情况在一定程度上可以反映出当地旅游景区管理水平。京津冀旅游景区管理水平见图 8 - 6 ~ 图 8 - 9。

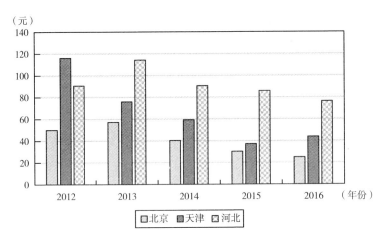

图 8 - 6　2012 ~ 2016 年京津冀旅游景区人均消费情况

旅游景区作为旅游业发展的基础，是将旅游者旅游动机转化为旅游收益的直接影响力。从旅游景区接待量、人均消费以及门票占比以及平均营业收入等指标可以看出，京津冀旅游景区水平存在差异。河北、天津接待游客的人均消费额要高于北京景区接待游客的人均消费额，2012 年是天津高峰达到 116 元，河北与北京在 2013 年达到高峰分别是 114 元和 57 元；北京市与天津市门票占比

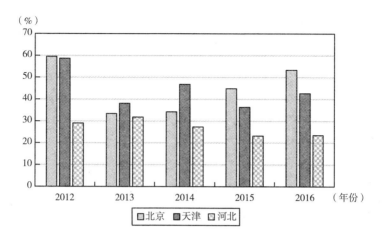

图 8 − 7　2012 ～ 2016 年京津冀旅游门票收入占比情况

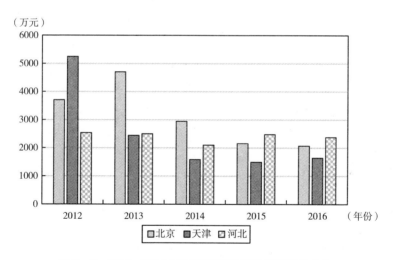

图 8 − 8　2012 ～ 2016 年京津冀旅游景区平均营业收入

要高于河北省，北京与天津旅游门票收入占比在 33% ～ 60% 区间波动，河北则在 23% ～ 30% 区间波动；在旅游景区平均营业收入方面整体看，2012 年与 2013 年是京津冀的高峰期，之后明显下滑，尤其是天津下滑严重，2016 年的景区平均营业收入不到 2012 年高峰期的三分之一；京津冀旅游景区员工人均创收方面整体看，从 2013 ～ 2016 年呈现大幅下滑趋势，2012 ～ 2014 年天津数据变化明显主要是由于 2014 年天津旅游景区员工人数大幅增加所致。

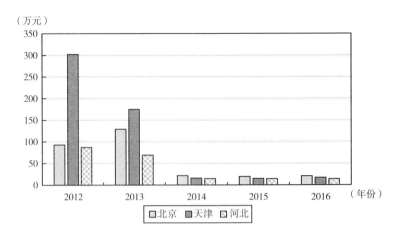

（万元）

图 8 - 9　2012 ~ 2016 年京津冀旅游景区员工人均创收

综上分析：随着消费观念的变化，旅游景区不再是旅游者集中消费的场所，自驾游、休闲度假等开始受到旅游者追捧；单纯旅游景区为了眼前的利益，专注于发展当前火热的旅游项目现象会受到影响；"门票经济"现象严重，严重依赖门票收入，旅游景区经营创新的动力不足，旅游产品多样性差、档次不高，导致旅游景区人均创收能力不足；旅游景区相关服务落后，尤其是服务质量和相关基础设施不健全，游客观赏的情致与消费意愿不高，导致旅游景区收入波动较大。以上分析进一步说明京津冀三地旅游景区加强协作，实施协同管理的必要性与重要性。

三、京津冀旅游景区发展水平评价——以野三坡为例

（一）旅游景区发展水平评价指标体系构建

本节在全域旅游的视角下，借鉴前人研究成果的基础上，考虑数据的可获得性，指标的科学性，客观性与可比性，同时为了使指标体系更具有实用性，本节初步构建的全域旅游视角下野三坡旅游发展水平评价指标体系只适用于 4A 级以及 4A 级以上自然与人文旅游景区。如本书附表 2 所示。

（二）指标数据的获得

根据《保定经济统计年鉴2016》《石家庄经济统计年鉴2016》《邯郸经济统计年鉴2016》《唐山经济统计年鉴2016》等年鉴、涉及的各个城市的《国民经济与社会发展统计公报》、涉及的各个城市旅游局网站和统计局网站发布的官方数据以及各有关城市的旅游部门取得的内部资料，得到以下指标的部分相应数据。其余的不能直接获得的数据采用专家赋值的方法来获得。

本节所用调查问卷发放对象为：保定市旅发委相关人员2位、邯郸市旅游发委相关人员2位、唐山市旅发委相关人员2位、石家庄市旅发委相关人员2位、承德市旅发委相关人员2位、各个景区管理人员各2位、各景区当地经营者2位（十年以上酒店或商店经营者）共计发放调查问卷42份，问卷回收率100%。将问卷数据进行分类统计，各指标取平均值。即假设有 n 个专家，X_{ij} 为第 i 个调查对象对第 j 个指标的评分，A_j 为第 j 个指标的算术平均值，即：

$$A_j = \frac{\sum_{i=1}^{n} X_{ij}}{n} \tag{8-1}$$

（三）评价方法及模型构建

因子分析的思想始于1904年英国心理学家查尔斯·斯皮尔曼对学生考试成绩的研究。因子分析法要根据变量之间相关性高低将观测变量进行分类，相关性高的分为一类即表示变量之间联系比较紧密，相关性较低的表示为不同种类的变量，经过分类后每一类变量代表了一个公共因子。因此在研究具体问题时原始观测变量就等于选出的各公因子的线性函数与特殊因子之和。

进行因子分析应包括如下几个步骤：

（1）根据研究问题选取原始变量。这一步是运用因子分析法进行评价分析的大前提，好的指标变量应具有便于数据的收集、处理，对分析结果进行合理解释等特点。

（2）对原始变量进行标准化并求其相关矩阵，分析变量之间的相关性。

指标变量的相关系数阵 R 是因子分析的出发点。其计算公式为：

$$r_{ij} = \frac{1}{n-1} \sum_{i=1}^{n} \frac{(x_{ij} - \overline{x_j})(x_{ip} - \overline{x_p})}{s_j s_p} \text{ 或 } r_{ij} = \frac{1}{n-1} \sum_{i=1}^{n} Z_{ij} Z_{jp} \quad (8-2)$$

其中，$i = 1, 2, \cdots, n$，n 为样本点数；$j = 1, 2, \cdots, p$，p 为样本原变量数目。且有 $R_{ij} = 1$，$r_{ip} = r_{pi}$

（3）求解初始公因子及因子载荷矩阵。求 R 的特征值 λ_i 和特征向量 e_i（$i = 1, 2, \cdots, n$）（$j = 1, 2, \cdots, p$）确定因子个数（即特征根大于 1 的因子数量），因子载荷即 $a_i = \sqrt{\lambda_i} \lambda_i$，用式（8-3）计算因子载荷矩阵：

$$(A_{ij}) = (\frac{U_{ij}}{|U_{ij}|} \sqrt{\lambda_i}) \quad (8-3)$$

并选取 R 的前 m 个特征值大于 1 的因子作为公因子。

（4）因子旋转。对因子进行旋转处理是为了解决初始因子载荷矩阵难以对公因子的性质作出适当说明的问题。进行因子旋转后，易于说明某个公因子集中代表了哪些变量的变差信息，从而以便了解公因子的性质。旋转后，根据因子在若干变量上载荷值的高低正负以及这些变量的共性来说明因子的社会经济含义。

（5）计算因子得分。由于公因子与原始变量之间不存在可逆关系，所以不能把因子精确地表示为变量的线性组合，即因子得分在理论上是不可测的。然而在实际问题的应用中，我们可以通过 SPSS 软件得到保存的各个因子得分变量，并以各公因子的方差贡献率为权重，加权得到综合因子的得分。即：

$$F_j = (\beta_{j1} x_1 + \beta_{j2} x_2 + \cdots + \beta_{jp} x_p)(j = 1, 2, \cdots, m) \quad (8-4)$$

F_j 为第 j 个公因子得分。则综合得分为：

$$F = \frac{W_1 F_1 + W_2 F_2 + \cdots + W_m F_m}{W_1 + W_2 + \cdots + W_m} \quad (8-5)$$

式中，W_i 为第 i 个公因子的贡献率（$i = 1, 2, \cdots, m$）。

（四）野三坡旅游发展水平评价建模

本节所选取的指标值部分来自于各地市统计年鉴、官网，部分来自于调查问卷的调查结果。

1. 相关性分析

首先对原始数据进行标准化处理，以消除量纲不同的影响。借助 SPSS 软件中的因子分析法，得到 KMO 检验 0.571，大于 0.5；得到 Bartlett 检验 Sig.（显著性）等于 0.005，小于 0.05，因此拒绝各变量之间相互独立的原假设，说明变量间存在显著的相关性，符合因子分析法的前提设，有进一步进行因子分析的必要（见表 8-1）。

表 8-1　　　　　　　　　　KMO 和 Bartlett 检验

KMO 取样适切性量数		0.571
Bartlett 的球形度检验	上次读取的卡方	215.373
	自由度	110.000
	显著性	0.005

2. 提取主因子

方差分析表中列出了所有的主成分，并按照特征根值从小到大的顺序进行了排列，计算出累计的方差贡献率，按照特征根大于 1 的标准，提取公因子。根据表 8-2 可知，"初始特征值"一栏下的"累计%"列，前七个公因子的累计方差已经达到了 100%。达标了绝大部分信息，因此这七个公因子能很好地解释所分析的问题。

表 8-2　　　　　　　　　　因子分析总方差解释

组件	初始特征值			提取载荷平方和			旋转载荷平方和		
	总计	方差（%）	累积（%）	总计	方差（%）	累积（%）	总计	方差（%）	累积（%）
1	19.382	39.555	39.555	19.382	39.555	39.555	12.415	25.337	25.337
2	8.822	18.003	57.558	8.822	18.003	57.558	8.826	18.013	43.350
3	6.688	13.648	71.206	6.688	13.648	71.206	7.189	14.672	58.021

续表

组件	初始特征值			提取载荷平方和			旋转载荷平方和		
	总计	方差（%）	累积（%）	总计	方差（%）	累积（%）	总计	方差（%）	累积（%）
4	5.027	10.259	81.465	5.027	10.259	81.465	6.917	14.116	72.137
5	4.453	9.088	90.554	4.453	9.088	90.554	6.125	12.500	84.637
6	2.784	5.681	96.235	2.784	5.681	96.235	4.037	8.239	92.876
7	1.845	3.765	100.000	1.845	3.765	100.000	3.491	7.124	100.000
8	1.776×10^{-5}	3.624×10^{-5}	100.000						

表 8-2 为旋转后的因子载荷矩阵，旋转后因子载荷矩阵中的元素更倾向于 0 或者 -1。根据旋转后的因子载荷矩阵可以分析出主要有哪些原始指标与提取出的公因子关系紧密。

第一个公因子（F_1）主要反映了年接待人数、年旅游收入、旅游收入占地区 GDP、旅游咨询中心完善程度、停车场完善程度、旅游标识完善程度的信息，可以解释为主景区业绩发展水平。

第二个公因子（F_2）主要集中反映了植被覆盖率，垃圾无害化处理率，空气质量良好天数占全年比重，地表水质量，路边、河边、湖边达到美化、绿化、洁化程度，景区周边和主要旅游线路沿途环境美化程度，环境保护力度与环境安全，旅游资源品味度，旅游资源知名度，旅游资源珍稀奇特度，旅游资源规模与丰度，适游期或适用范围的信息；可以解释为生态环境和旅游资源水平。

第三个公因子（F_3）主要集中反映了管理机构级别、管理职能的完善程度、旅游执法机构完善程度、相应政策支持力度、招商引资力度、旅游专项资金审批力度、宣传资料丰富程度、旅游宣传渠道及平台、促销活动举办频率、宣传推广资金支持力度的信息，可以解释为旅游营销与政府支撑水平。

第四个公因子（F_4）主要反映了旅游产品多样性与丰富性、产品与新业态融合度、产品全年度组合度的信息，可以解释为旅游产品发展水平。

第五个公因子（F_5）主要反映了连接景区、度假区、主要乡村旅游点的公路沿线设施完善程度、到主要景区的旅游交通专线或城市公交、拥有住宿床位数、住宿设施类型、饭店数量、特色旅游商品丰富性与多样性、文娱活动和民俗节庆活动举办频率、房车露营地、房车露营地配套设施完善程度的信息，可以解释为旅游基础要素水平。

第六个公因子（F_6）主要反映社区参与旅游发展程度、社区居民对旅游业满意度、旅游从业人员占比、惠民政策实施力度的信息，可以解释为旅游共建共享水平。

第七个公因子（F_7）主要反映旅游大数据中心完善程度、涉旅场所监控、通信网络完善程度、智慧旅游公共服务体系完善程度、电子商务系统完善程度的信息，可以解释为智慧旅游发展水平。

3. 因子得分及综合因子得分

（1）因子得分。各公因子得分公式为：

$$F_j = (\beta_{j1}x_1 + \beta_{j2}x_2 + \cdots + \beta_{jp}x_p)(j = 1,2,\cdots,m) \qquad (8-6)$$

F_j 为第 j 个公因子得分。通过计算得出各地区在各公因子上的得分。如表 8-3。

表 8-3　　　　　　　　　各因子得分及综合得分

景区	F	F_1	F_2	F_3	F_4	F_5	F_6	F_7
西柏坡	0.3840	1.0607	-1.3099	0.0915	0.7138	0.5905	0.5841	0.0344
白洋淀	0.6907	1.3358	-0.5097	0.1133	0.7258	1.1223	0.7472	0.1228
白石山	0.4443	0.2779	0.6179	0.1399	0.5396	0.7512	0.9435	0.9133
野三坡	0.6454	0.5169	0.9015	0.1516	0.5646	0.7778	1.1530	1.6950
避暑山庄及外八庙	-0.0283	-0.5315	0.9222	0.1315	0.6107	-0.4510	-0.5497	0.2001
清东陵	0.0861	-0.0915	0.8876	-0.0922	0.3927	-0.5013	-0.1181	-0.3447
娲皇宫	-0.5982	-1.0037	-1.2149	-0.0058	0.2583	-0.1068	0.2029	-0.2646
广府古城	-0.7931	-1.5645	-0.7948	-0.0772	0.3093	0.0646	-1.1384	0.1703

（2）综合得分。以旋转后个公因子解释方差的比例为加权系数，将各公因子得分乘以加权系数即为综合得分，具体公式为：

$$F = 39.555F_1 + 18.003F_2 + 13.648F_3 + 10.259F_4 + 9.088F_5 + 5.681F_6 + 3.765F_7$$

$$(8-7)$$

（五）野三坡旅游发展水平评价分析

根据表8-3得分可以看出野三坡的综合得分排行第二，白洋淀最高，说明在全域旅游视角下野三坡旅游综合发展水平在河北省内较高，旅游整体的发展趋势符合全域旅游建设工作的要求。但是各项公因子得分，也说明了野三坡旅游发展在某些具体方面的还有所欠缺，仍有提升空间。

1. 主景区业绩和公共服务发展水平

根据表8-3得出的结果排序后，可以看出在主景区业绩发展水平上白洋淀景区得分最高，野三坡得分较白洋淀，西柏坡景区低，排第三位。野三坡景区较其他两个景区适游期较短，野三坡旅游资源和产品受季节性影响较大，进而影响了每个季节的旅游人数和旅游收入。野三坡旅游季节为3~11月，其中暑期7~9月为旅游旺季，人数暴增会给景区接待带来一定压力，随着近年自驾游的蓬勃发展，景区停车场车位与暴增的游客量会出现不匹配的现象。

2. 自然环境和旅游资源发展水平

如图8-10所显示，在生态环境和旅游资源发展水平方面野三坡得分排第二位。野三坡和白石山同属于中国房山地质公园的一部分，野三坡旅游资源的品位度、珍惜奇特度和规模丰度都有一定的代表性，奠定了野三坡较好的旅游资源水平，但很多资源没有得到更好的开发和利用。且近几年因环境污染的影响，野三坡地表水质、空气质量较之前有所下降，环境问题在某些程度上制约了当地旅游业的发展。

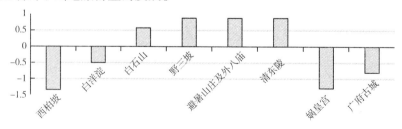

图8-10　自然资源和旅游资源水平得分

3. 野三坡旅游营销与政府支撑水平

根据表 8 – 3 的分值可以看出，野三坡旅游的营销与政府支撑水平（F3）得分较高，排第二。野三坡、白石山均由景区成立的管理委员会直接管理，管委会的职能也相对成熟，但管委会与相关部门之间合作还相对不完善。野三坡也作为河北首届旅游发展大会开幕式的演出场地面向全国亮相。野三坡宣传营销渠道有官网、微博、微信、APP，宣传平台较多但是部分还是存在不足。

野三坡官网后台所设置的搜索关键词仅有五个（野三坡、百里峡、河北野三坡、野三坡官网），网站后台提供的关键词字符容量为 100 个，官网显示的仅有 26 个，可供搜索的关键词数太少，不利于需求者搜索并了解关于野三坡的官方信息。网站标题字符容量为 80 个，但野三坡标题字符仅有 20 个；关于网站内容的描述字符容量为 200 个，野三坡官网描述仅有 36 个字符，从以上数据可以看出，野三坡官网没有合理地利用网络可用空间来宣传介绍野三坡景区，野三坡官网相应的单元链接存在问题。比如，在旅游服务板块中吃、住、行、游、购、娱，其中只有吃能点开链接，其余的点击后会再度回到主页面，在线预定板块也是同样问题，该现象不利于潜在客户更方便地获得想要的消息。在网页低端有两个微信二维码，其中名为野三坡订阅号的公众号无法添加。官网底部相关链接有关于野三坡景区门票、食宿、特色产预定购买的链接。

野三坡官方微信公众号 2015 年 3 月开放，截止到 2017 年 9 月 30 日其发表文章篇数情况详见表 8 – 4。经笔者查阅野三坡官方微信统计得出，2015 年的文章于 2015 年 3 月 27 ~ 2015 年 10 月 8 日发表；2016 年文章于 2016 年 3 月 8 日 ~ 2016 年 12 月 31 日发表；2017 年文章数暂时取 2017 年 1 月 9 日 ~ 2017 年 9 月 30 日发表数量。由表 8 – 4 可以看出，关于景区景点介绍的文章数量在逐年上升，关于景区优惠政策的文章数量相对较少。据笔者统计官方微信发布文章的时间间隔不固定，2017 年发表文章最短时间间隔 2 天，最长时间间隔 11 天，大部分文章间隔时间为 5 天左右。在信息技术高速发展的时代，文章，信息间隔时间较长的话不利于游客及时获取景区相关信息。而且从发表文章的类型来看，关于景区实时信息、景区交通道路情况、景区配套设施的文章少之又少。白洋淀公众号中提供的服务共三大类：旅游指南（交通指南、景区介绍、景点介绍、美食特产、娱乐节目）、旅游文化（自然生态、民俗风情、烽火雁翎、历史传说、荷花淀旅）、景区概况（诗画白洋、红色记忆、票务中心、手机官网、温馨提示）。野三坡微信公众号提供的服务有景区天气、交通信息、一键导航、门票预定四项，其中"一键导航"点开后没有导航信息。相较于白洋淀，野三坡微信公众提供的服务过于简单，没有能合理利用社交软件的便捷程度来全面宣传和推广野三坡景区相关产品。

表 8 – 4 　　　　　　　　　　　　**野三坡官方微信发布文章篇数表**

年份	景点介绍	景区优惠政策	景区举办活动	景区景点攻略	其他
2015	24	8	24	3	15
2016	29	7	11	9	23
2017	34	5	21	9	10

野三坡官方微博2015年6月开通至今粉丝数为47368人，全部微博条数为2267，据笔者查阅后总结，其中关于景点介绍微博占比为24.2%，于微博粉丝互动微博占比24%，景区景点活动微博占比17.6%，其余占比34.2%。关于景区优惠政策的微博几乎没有。最后一条微博发布时间为2016年4月19日。可知，野三坡景区在新浪微博认证账号微博更新频率极其不规律，甚至出现断更的现象。且微博提供的信息相对片面化。

野三坡每年节庆活动举办频率相对较高，积极利用节庆活动完成对外宣传与营销活动，但部分活动缺少个性化，与周边同质化景区区别不大。野三坡作为河北的龙头景区之一，政府对其扶持及政策支撑要高于其他景区，但应注意部分旅游发展专项资金的分配以及相应具体政策的支撑与实施。

4. 野三坡旅游产品发展水平

将各景区在该方面的得分按比例做成饼状图，如图 8 – 11 所示可以直观地看出，得分最高者为白洋淀景区，其次是西柏坡和避暑山庄及外八庙景区，野三坡排第四位。

野三坡景区主要由百里峡、拒马河景区、龙门天关、白草畔森林游览区、

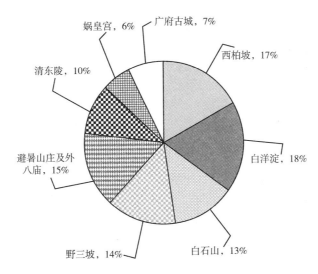

图 8-11　各景区旅游发展水平得分比例

鱼谷洞、火秀六个景区组成。百里峡、龙门天关、白草畔三个景区均为山体旅游资源，其主要旅游产品也是以自然风光为主的休闲观光游；鱼谷洞景区是依托于天然溶洞的休闲观光游；拒马河景区旅游产品主要是参与型娱乐产品，如漂流、竹筏等水上娱乐项目。野三坡百里峡景区 2016 年将原有的"印象野三坡"的演出提升为火秀表演，被称为最成功的旅游文化演出剧目之一。由于地理环境的影响，野三坡旅游产品的多样性和丰富性要低于白洋淀景区。由于每年 11 月至次年 2 月为野三坡某些景区的封山时间，其次由于气候的影响，基于自然资源为主体的野三坡旅游冬季为旅游淡季，导致野三坡旅游产品全年组合度要低于以皇家历史文化和建筑文化为主体的避暑山庄及外八庙和以红色旅游文化为主的西柏坡。由于野三坡自然环境条件优越以及交通区位的影响，野三坡近年来成为自驾游、会展游、公司拓展游、休闲度假游等的宠儿，但野三坡在旅游产品与新业态的融合方面还是有待提高，应规划开发更加适合多样化旅游的旅游产品。

5. 旅游基础要素发展水平

各景区的旅游基础要素发展水平得分可以从图 8-12 直观看出，白洋淀得分最高，野三坡得分排第二位，高于白石山。

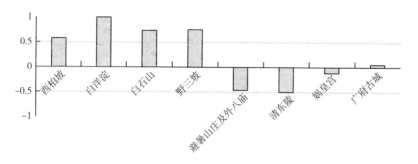

图 8 – 12 旅游基础要素发展水平得分

旅游基础六要素为食、住、行、游、购、娱。野三坡景区依托的行政区域为保定市涞水县野三坡镇，该镇的主体支柱产业为旅游业，几乎家家都有自己的食宿设施，家庭旅馆也是野三坡当地主要的住宿设施类型。

2013 年 12 月 31 日建设周期历时 3 年的张涿高速公路保定段正式通车。张涿高速在野三坡景区共设有三个收费站一个服务区。三个收费站分别是野三坡、百里峡、白草畔。服务区为野三坡服务区，野三坡服务区为全国第一个以旅游为主题的服务区，整个服务区到处都是关于野三坡以及周边旅游景点的介绍。张涿高速贯穿整个野三坡链接廊涿高速。张涿高速的成功通车解决了进出野三坡的交通瓶颈问题，并且形成了以野三坡为中心的四通八达的高速公路网，因其把丹拉高速、京昆高速、京港澳高速、京开高速、京沈高速、京沪高速与野三坡景区紧密地链接在一起。张涿高速的成功通车将北京、天津、河北、山东、内蒙古等游客至野三坡的车程至少缩短了 1 个小时，提升了景区的可进入性，同时为自驾游提供了更加便捷的出行方式。各高速出口至各景区的公路级别均达到了国家二级标准，且野三坡将连接五个主景区的公路打造成旅游专线公路，但是由于地理因素的限制，该条旅游公路依据山脚线路走向而建，沿线设施还有待完善。全省各地市旅行社均开通有野三坡旅游专线。

野三坡每年都会根据当年的热点信息举办相应的旅游活动，如每年的野三坡开山节、每年 5 月 19 日国家旅游日等活动，节庆活动的举办能在很大程度上刺激旅游者的消费欲望和提升旅游目的地知名度，但是节庆活动的影响也是有时效性的，节庆活动后的旅游热潮消退也是目前景区面临的问题之一。

野三坡镇设有专属的夜间活动场地，旅游者可以在场地举行篝火晚会、露天卡拉 OK、燃放烟花等活动，但由于场地集中，接待设施与游客量不匹配且环境嘈杂，致使游客的体验性大打折扣。

靠近野三坡百里峡景区有一处自驾车露营地——保定市涞水县健康谷房车营地，同白石山国际房车露营地一批按照国际 4A 级标准建成的房车露营地。但随着近年来自驾游的蓬勃发展，房车露营地的数量及接待标准还不能满足旅游者的需求。

6. 旅游共建共享水平

野三坡景区贯穿三坡镇松树口、刘家河、苟各庄、上庄 4 个行政村，该区域内几乎家家都有自己的食宿设施。旅游业成为三坡镇的主导产业、支柱产业，从事旅游业的人数近年来持续增长，该产业的收入占到参与家庭总收入的85%以上。三坡镇主要街道环境优越，周边建筑均按照统一特色标准建设，旅游业的发展在很大程度上改善了当地人的生活环境，但当地人与旅游者的冲突还是时有发生。野三坡除了常态化的门票优惠政策，每年还会根据实际情况推出系列联票、免票等优惠政策。在全域旅游视角下，旅游收入不应绝大部分来自于门票收入，应该设计更加多元化的产品，吸引游客停留下来，多样消费。

7. 智慧旅游发展水平

在 2017 年的开山节上，野三坡智慧景区系统正式上线运营，据智慧景区负责人介绍，智慧景区系统包括景区综合管理平台、环境监测与灾害预警平台、游客一站式服务平台和道路与交通管理平台。游客可以在各大 APP 应用商店下载野三坡 APP，方便随时接受并查阅野三坡发布的关于吃、住、行、游、购、娱等方面的信息，并根据信息规划自己的旅游行程，真正实现一部手机玩转野三坡的。

（1）景区综合管理平台。景区综合管理平台承担了整个景区 80% 的日常管理、监控、定位、调度等工作是指挥中心最重要的平台，包括了视频监控系统、地理信息系统、数据分析系统以及景区设备管理系统。

（2）环境监测与灾害预警平台。环境监测与灾害预警平台通过采集环境、水位、人流、车流等数据，并结合历史数据，对景区内可能出现的灾情进行有效的预警。在APP中有交通板块，交通板块主要介绍当日景区天气，景区承载量即每个景区当日客流量与景区容量情况，景区交通指数主要表现为交通路况以及当日车流量，交通信息为抵达各景区公共交通情况。该板块不足之处在于景区客流量不能查询累计数据，不方便后续数据统计。

（3）游客一站式服务平台。游客一站式服务平台为游客提供了智能语音导览、行程规划和语音智能搜索等功能，真正让游客充分享受到智慧野三坡的一站式服务。在APP中游览板块中将野三坡六大景区的游览线路与包含景点根据景区实景进行了绘制，并在每个景点上加注了语音介绍和导览，更加方便游客便捷高效地游玩景区。另外APP中有游记、攻略、行程、美食、特产、酒店、娱乐、线路、门票预订等板块更加方便游客合理设计自己的出游计划，但部分板块对应的服务相对较少，如酒店板块中只有四星级的阿尔卡迪亚酒店。

（4）道路与交通管理平台。道路与交通管理平台在交通疏导、突发事件、应急处理等方面发挥重要作用，能够引导游客迅速进入景区，快速找到最佳停车位。

该APP的推出在很大程度上解决了自由行旅游者的需求，同时对景区的实时监控方便了旅游者及时获取出游信息，以及灾害预警的发布。但由于APP刚刚推出不久，其运营情况还要及时监控调整。

（六）全域旅游视角下野三坡旅游综合发展水平

根据最终计算结果得到图8-13，从图中可以看出野三坡全域旅游视角下各景区旅游发展综合水平得分。其中，白洋淀得分最高，野三坡排第二位，其次是白石山。综合情况来看，野三坡在河北省8个5A级景区里面，综合排

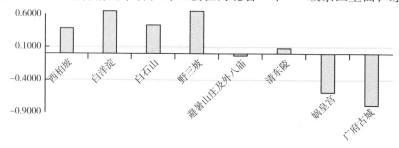

图8-13 全域旅游视角下河北省5A景区旅游发展水平综合得分

名靠前，明显高于平均水平。但是在从不同角度分析时野三坡也有需要加强的方面，如主景区发展业绩和产品发展水平和旅游产品多元化方面。

根据研究结果得出了野三坡旅游系统内部联系，如图8-14所示。第一圈层为核心吸引物系统内部关系，核心吸引物系统由六部分组成，其中百里峡景区为核心景区，同时为野三坡旅游品牌中的核心品牌，百里峡景区知名度要高于其余五个，第一圈层中双向箭头粗的一面表示百里峡景区对于其余景区影响力大，其余景区对于百里峡景区影响力小；其余景区之间相互产生较小的影响。

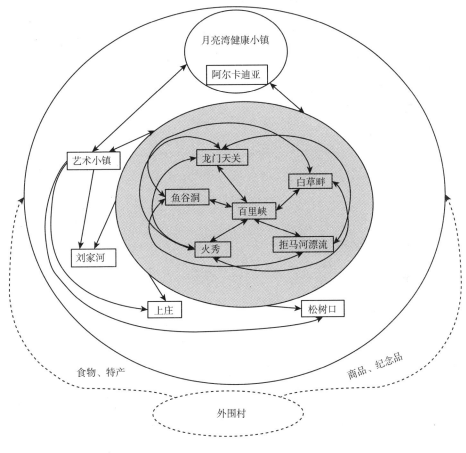

图8-14　野三坡旅游系统内部联系

第二圈层中阿尔卡迪亚、艺术小镇、刘家河、上庄、松树口五个地区主要为游客提供接待设施，该圈层的收入主要靠核心吸引物吸引游客停留下来产生的其余消费。第一圈层中的景区对第二圈层中的刘家河、上庄、松树口产生单方面的影响，即刘家河、上庄、松树口的游客大部分均来自游览野三坡景区的游客；艺术小镇是依托苟各庄村建立起来的新型景区，其独特的外观及功能逐渐吸引部分游客进行参观，但因其在野三坡主景区百里峡的对面，因此来此旅游的游客大部分是也是通过百里峡景区的影响而来的，同时随着当地旅游的发展，艺术小镇也在渐渐影响着其余周边接待设施；阿尔卡迪亚酒店为野三坡当地月亮湾健康城的中心，其目前主要被用来做接待设施和会展场地，因此举行会议期间，与会人员也可能会成为游客，因此阿尔卡迪亚酒店也对野三坡景区有一定的影响，其次月亮湾健康城旨在建成集娱乐、接待、康养等综合性景区，等其建成后会在该区域内行程新的吸引物系统。

外围村因其距离野三坡景区较远，且其耕地面积较集中，因此主要靠农业种植来为第一圈层、第二圈层提供物资支持，其次随着旅游的发展，外围村现在建成了许多大型的手工艺品加工厂、食品加工厂，为第一、第二圈层提供商品和纪念品；近年随着美丽乡村的建设，外围村许多村庄开始发展农家乐，因此，外围村农家乐也会形成新的吸引物。

综上，野三坡景区目前：

（1）服务接待设施规模已具，但是有待于进一步针对性提升。

（2）政府高度重视并创新管理体制，但监管力度有待加强，相关政策有待完善。

（3）有多种旅游业态，但缺少优势旅游业态。

（4）有优势旅游资源，但旅游产品类型有待于丰富。

（5）有相应购物场所，但应发掘多样的旅游商品和纪念品。

（6）整体生态环境优美，但应注意地区生态环境维护，实现地区可持续发展。

（7）营销渠道和方式多样化，但应注意结合时代发展，合理运用营销平台和渠道，选取适当的营销方式，实现精准营销。

（8）地区居民参与景区建设积极性较高，但相关机构对当地参与并从事旅游行业的居民的培训及沟通工作不到位。

（9）已经建成大数据中心，但对数据的分析和运算方面还不够精确化。

四、以京津冀全域旅游视角促进旅游景区协同发展

区域旅游协同发展最根本目的就是提升整个区域的旅游吸引力，形成旅游共同体。将京津冀作为全域旅游发展主体，京津冀旅游景区可以从以下几个角度进行协同发展。

（一）创新完善相关体制机制

政府部门在全域旅游的发展中发挥着主导作用，指导、规范其他利益主体的目标与行为。京津冀要从以下三个方面来推动全域旅游视角下协同发展。

（1）确定全域旅游视角下京津冀旅游发展的目标，制定全域旅游视角下京津冀旅游发展的长、中、短期计划。制定京津冀旅游发展的行动方案，引导京津冀三地旅游企业、当地居民参与三地大旅游圈发展建设。

（2）建立科学有效的利益分配和补偿机制，按照"责权相宜，多劳多得"等原则对京津冀三地部门、各企业居民做出合理的利益分配和补偿，力求实现多方共赢。

（3）创新管理体制机制、投融资机制、执法及监管机制，保障全域创建科学化。完善与健全京津冀三地旅游发展委员会的会谈机制，全面发挥三地旅游委职能；整合景区资源，完善集团或公司投资、开发和经营相统一的管理模式；创新投融资模式，综合运用多种方式筹集资金，鼓励集体、个人参与旅游开发经营；完善与健全京津冀联合执法机制，加强对旅游市场的服务和监管。

（二）提升景区运营与管理水平

1. 重视生态环境建设与保护

京津冀旅游景区应在严格遵守生态文明建设要求的基础上，把生态环境保护融入城镇建设各环节中，有机融入京津冀区域特色，将京津冀集中打造成处处是景观、美景的生态旅游区；加强城镇公共绿地、绿道休闲慢行系统、

公园与市民广场等公共休闲与文化娱乐场所等的建设；重视城镇及景区的洁化绿化美化，增强当地居民及游客清洁卫生意识；完善生态文明乡规民约，加强生态旅游环境保护宣传教育。

2. 完善旅游产品业态

面对京津冀旅游景区门票占比较高，景区经营效率不高的问题，京津冀三地要积极面对，协商解决办法。京津冀三地应积极借鉴杭州西湖的免费模式，设计符合京津冀区域特色景区门票管理模式，吸引更多游客，既能降低对门票的依赖，又能降低游客成本，增加景区商业网点经营价值，丰富景区内游客参与性项目，提高景区整体收入。在提升品质和丰富业态工作中，借鉴成功景区的经验，挖掘旅游文化内涵，展示区域的风土人情、地方特色，提升旅游品质，丰富景区业态。同时以创A与升级为契机，要把握好节奏和进度，做到边建、边创、边完善、边提升。

多措并举完善旅游服务设施，优化旅游产品空间结构，正确定位旅游功能区，实现资源共享、优势互补；扎实开展各项工作，着力完善交通服务设施、游览服务设施、配套服务设施，着力落实旅游安全保障，强化环境卫生管理，加强综合管理。

3. 提升旅游景区管理水平

旅游是对闲暇时间的消费，在于经历，在于体验，在于过程。景区应该深度挖掘和利用自身的资源，寻找比较优势，打造独特的核心竞争力，注重设计的精致化、定位的精确化、管理的精细化、产品的精品化。为进一步提升旅游景区管理水平和服务质量，促进旅游景区建设精致化、经营规范化、服务标准化、管理人性化，各旅游景区要切实加强景区软件建设，进一步强化服务意识。要坚持以游客为本，优化游览线路、完善游览设施、丰富服务内容、提升管理水平，落实景区服务规范。要充分利用社会媒体和景区媒介公开各项服务内容、服务标准和收费项目，自觉接受游客监督。

旅游景区的发展客观上已进入充分竞争市场。面对旅游发展的新形势，旅游景区需要引入现代管理的理念，管理的方式，管理的技术以提高景区的整体素质和水平，如多角化经营、扁平化管理、资源重组、柔性获利模式、学习型组织、核心竞争力、零缺陷管理、目标管理等。以管理求质量，以质量树品牌，以品牌谋发展是景区整体提升管理水平的必然路径。

堅持以人为本，对景区员工进行专业化的培训，有利于提高景区服务质量，有利于培养自己的景区经营管理团队，有利于提高员工整体素质，最终提升景区的盈利水平。

（三）构建全域化京津冀旅游产品品牌

国内外多数区域旅游合作成功的案例一般都具有鲜明的区域旅游形象和特色的品牌产品，长三角地区为了加快旅游一体化进程，共建世界级旅游城市群，在区域合作的基础上，自 2010 年开始推出"长三角城市群主题体验之旅"的品牌项目，旅游产品的研发和推广，多选择、多层次的向海内外展示了长三角世界级城市群丰富的生活元素、优美的自然环境、深厚的文化底蕴和诚信的旅游环境，提供了体现标准化、规范化和品质化的服务，满足了游客个性化消费需求，做得有声有色，在积极拓展市场方面取得了良好的效果。为了将京津冀地区打造成为真正具有国际竞争力的旅游区域，必须挑选最具比较竞争力的旅游景区，整合构建特色品牌旅游线路，作为区域旅游品牌象征，集中资本和人力资源，联合打造具备地方特色、高质量、多样化的京津冀旅游品牌产品体系。

依托京津冀五大旅游示范区规划，京津冀区域旅游品牌产品体系的构建能从以下方面促进旅游景区的协同创新管理。第一，京津冀区域旅游品牌产品体系的构建必然要筛选出三地竞争力强、特色明显、服务水平高的景区，利用这一筛选过程能够提升京津冀三地旅游景区的协同管理水平，在公平公正的筛选机制下，旅游景区会采取各种措施提升自身管理水平和竞争力，力求达到品牌产品的入选要求；第二，京津冀区域旅游品牌产品体系中的不同产品必定侧重不同主题，各产品以其独特性形成核心竞争力既能减少体系内产品的竞争，又能提升整个体系的竞争力，以产品体系的特色性鼓励参选景区的特色建设、特色管理，从而减少京津冀旅游景区的重复性建设以及区域内恶性竞争等问题；第三，京津冀多数质量、规模小的景区存在的盲目跟风模仿、重复性建设现象是因为没有创新意识，没有形成特色经营的理念和环境，京津冀品牌产品体系所体现的品牌、特色等理念，能够为这些中小景区的开发、管理起到示范作用，有助于整个区域内中小景区整体协同创新管理水平的提升。

1. 红色旅游品牌

遵循旅游景区有属地，旅游线路无边界原则，深入挖掘线路西柏坡、白洋淀、狼牙山、邯郸涉县129师司令部旧址、邢台抗大纪念馆、冉庄地道战遗址、周恩来邓颖超纪念馆、北京军事博物馆、卢沟桥、大沽炮台、平津战役纪念馆、抗战纪念馆、人民英雄纪念碑等众多红色旅游资源，积极推动旅游资源整合、市场互动，共同做大京津冀旅游市场，打造京津冀红色旅游大品牌。

2. 冰雪旅游品牌

以2022年京张冬奥会为节点，把握百亿向千亿跨越的冰雪产业经济迅猛发展的机会，京津冀协调推进建设冰雪体育设施，逐步建立覆盖三地的冰雪产业集群育品牌，但是也要注意避免过度竞争导致的资源浪费问题。主要以北京的延庆、密云、张家口崇礼以及承德共建冰雪旅游圈，实施春夏秋生态旅游，冬季以冰雪旅游为主要吸引力，形成区域旅游景区合力。天津则依托冰雪旅游市场主要发展市民冰雪休闲旅游活动。

3. 太行山旅游品牌

依托太行山旅游高速，借鉴保定与北京开发野三坡、房山地质公园、白石山地质公园的协作管理经验，在更广的范围内协作开发太行山与燕山交界的山岳型景区、长城旅游景区以及明清皇陵等旅游景区，并逐步推广到滨海景区、购物景区的协同创新管理。

4. 旅游一卡通品牌

建立与完善京津冀旅游资源交易平台基础上，围绕京津冀旅游景区联盟，进一步拓展京津冀旅游一卡通内涵与范围，带动区域旅游客源互动交流，进而带动京津冀旅游全产业链的发展。

5. 实现旅游品牌共建共享

大力促进景区改造提升及基础设施项目建设；统一整合全部旅游资源，在现有旅游产品基础上，大力发展自驾游、研学旅游等旅游新业态；鼓励丰富全季旅游产品，满足游客在京津冀不同时间游览的路线需求，提高游客旅行品质。在充分整合旅游资源的基础上，统一构筑全域旅游品牌新形象。旅游目的地的形象是一个区域旅游品牌构建的支撑元素，因此，整合京津冀全域特色旅游资源，以一种独特的、综合的旅游形象来衬托京津冀旅游品牌，以旅游品牌提升潜在的知名度，实现品牌共建共享，是京津冀景区协同发展的基础。

京津冀景区联手创建区域旅游合作圈，在资源配置、线路设计、联合营销、日常管理、信息交流等多方面积极合作，并与旅行社、交通等相关部门密切配合。成立旅游景区联盟，成员单位将共建旅游协同发展机制，共同设计旅游产品，联合开展旅游宣传推广，并相互开展专题推介，共同拓展旅游市场，打造京津冀旅游合作新标杆。

由单一景区、景点拓展到旅游线路，再拓展成旅游带、旅游圈，让京津冀旅游示范区作为一个整体的旅游目的地出现；在旅游推广和旅游公共服务上，协作创新，共同开通旅游直通车、设计统一的旅游地图、设置京津冀旅游交通标志牌、投放京津冀自驾车旅游护照和旅游一卡通等；积极创建全域旅游品牌。

（四）进行全域化旅游精准营销

1. "互联网+"营销

全域旅游时代应特别关注"互联网+"营销。随着信息时代的到来，应该充分利用网络平台进行营销。通过分析相关的大数据，获取游客性别、年龄、收入、客源地等相关信息，根据分析结果将客源进行分类，实现旅游目的地的精准营销；利用新媒体，通过各大互联网平台进行合作，通过投放广告、微电影等方式，推广品牌。同时京津冀可以设计或是整合一些火爆的综艺节目来进行宣传，充分利用北京文艺资源组织活动，将相关文艺活动和京津冀特色进行融合。可以参考"爸爸去哪儿""极限挑战""舌尖上个的中国"等娱乐节目，由京津冀旅游景区联盟策划相关活动。

2. 节事活动营销

节事活动的成功举办能带来瞬时游客量的剧增，有利于景区从周边同质景区中脱颖而出。节事活动带来的旅游客流量和对品牌的传播力度都是经久不衰的,但在如今信息时代,节事活动的目的不是再单单指当时的活动带来的经济效益,更注重的应是节事活动过后的旅游热潮退却问题,如何延长节事活动的影响是管理经营者应该深入思考的问题。当然节事活动营销依托的还是节事,对于节事活动的选取不能再单单依靠大型节日,要更加多元化。比如某个国际性的赛事,摄影大赛、马拉松大赛等。成功运用节事活动加速品牌传播、带动区域旅游发展,合理安排京津冀活动活动,依托京津冀特色节庆活动,形成区域性节庆旅游吸引力。充分利用京张冬奥会的影响,开发系列冰雪节庆活动;利用北京政治、文化、国际交流中心的影响力开发节庆活动;充分挖掘河北民俗活动开展节庆策划;利用天津的港口文化优势开发节庆活动。

3. IP 营销

IP 就是知识产权,独特识别物。旅游 IP 对于一个景区来说就是景区的形象认知和具体位置,这个 IP 可以是景区某个点或是某个故事或是与景区有关的某个歌曲等简单鲜明的特色元素或符号。旅游 IP 的经典案例就是迪斯尼乐园,迪斯尼乐园所有的建筑都是根据迪斯尼影视中的场景建设的,人们对迪斯尼乐园的热衷也是由于迪士尼影视的影响;《还珠格格》影视剧的播出也为济南的大明湖带来了经久不衰的客流量;最近两年火爆大街小巷的歌曲《成都》也成为成都的热门旅游 IP;动画《大鱼海棠》中多次出现以福建土楼为原型创作而成的村落,很快吸引了更多的游客去土楼观瞻。由此可见,旅游与 IP 相结合将是未来旅游发展的必然趋势。因此,京津冀景区经营管理者可以相应的投资影视或是其他的能创造出旅游 IP 的项目来宣传景区。

(五) 促进 "旅游 +" 产业融合与市场融合

1. 以 "旅游 +" 推动产业融合

将 "旅游 + 互联网" 作为先决条件,"旅游 + 产业" 作为发展新方式,培育京津冀旅游协同发展新动力。"旅游 + 互联网" 成为传统旅游企业转型和实现 "二次创业" 的重要契机。"旅游 + 产业" 融合发展是指旅游产业与其他产业或旅游产业内的不同行业相互交叉、相互渗透、最终融合为一体,逐渐形成新的综合产能,既能满足游客市场的有效需求,也节约了相关企业与机构的投入成本，获得"1＋1＞2"的协同效应。如"旅游＋农业""旅游＋畜牧业""旅游＋会展""旅游＋商贸""旅游＋体育""旅游＋研学""旅游＋养老"等新型旅游模式，做大关联产业，推动与旅游产品和旅游服务密切相关的金融服务、建筑地产、会议会展等产业发展，完善旅游功能，提升旅游业对其他产业的贡献率。

2. 以市场融合推动景区协同发展

立足京津冀区域，深入分析当前旅游消费特征。在现阶段，主流的大众的度假方式是"小康式"，讲究经济实惠，短期为主，以家庭、朋友、同事等为主，以周边短线为主，以自助、自组、自驾车为主，呈小型化、分散化、多样化、体验化。大多以观光、垂钓、打牌、品茶、尝地方风味等为主要内容，以暂时逃避一下城市化带来的压迫感，释放快节奏生活的紧张压力。旅游景区要把握时机，培育"小康型度假"市场。适时设计提供小康型的度假产品，适应变化的需求捷足先登。当然，度假旅游并不是对观光旅游的否定，而是一种延续完善和提升。

区域旅游市场融合最终将实现区域旅游市场一体化，市场一体化是区域一体化的主要内容，也是伴随区域一体化发展的重要过程，市场一体化主要指生产要素一体化，主要表现是区域内各地区之间生产要素的自由流动，包括劳动力、资本、技术、信息等。在科学的区域市场一体化政策下，京津冀三地的产业转移、投资并购、劳动力流动等都可通过市场调节，影响旅游景区协同管理的劳动力分布不均、信息化水平差异、资本集中流向、技术发展不平衡的问题都能在自由、完善的一体化市场中解决。因此，政府应该为京津冀旅游市场一体化消除制度障碍，营造良好的、健康的市场环境，为京津冀旅游景区的协同创新管理提供有效的市场机制。

第一，主要旅游景区要基于差异化定位旅游目标市场，避免区域内过度竞争。

第二，建立景区联盟的基础上，遵循风险共担、收益共享的原则，完善旅游利益分配与共享机制，进行协同发展。

第三，积极探讨景区管理模式，建立现代化企业管理制度，鼓励景区向网络化、集团化和品牌化方向发展。

第四，建立京津冀景区整合营销系统，以游客体验为核心，围绕游客需求开展营销活动。

第五，完善旅游+互联网系统建设，建立公共信息发布平台，形成联合的实时监控系统，充分利用大数据科学的分析旅游数据、及时地发现旅游市场机会。

第六，建立京津冀景区协同创新发展的共赢指标体系，改变过去单纯的接待人数与门票收入核算模式，逐步建立起经济效益、社会效益和环境效益共赢的指标体系。

（六）旅游教育资源融合推动人才培养

高素质旅游人才是京津冀旅游景区协同创新的重要保障。整合京津冀的优质旅游教育资源，避免盲目抢夺优秀的景区管理人才，培养符合市场需要的旅游景区管理人才；依托北京丰富的旅游规划公司与规划案例，加强京津冀三地旅游规划活动交流，为京津冀培养旅游景区规划人才；建立和完善旅游专家人才库，引入高端的人力资源，引入成熟的旅游运营商与服务商，推动京津冀旅游人才培养与旅游团队建设。

（七）总结

京津冀旅游景区的协同管理问题归根结底是资源的优化配置问题，是优化旅游经济体系运行的问题，需要从资源、产品、市场的角度来实现，制定旅游资源的统一规划、构建区域旅游品牌产品体系、建立旅游市场一体化机制是促进京津冀景区协同管理的三大重要途径。

第九章　基于百度指数的京津冀旅游景区营销分析

百度在国内搜索引擎市场中一直占据着最大的市场份额，从易观智库的季度报告来看，百度的市场份额一直在 70%～90% 之间。因此本章选择百度平台作为搜索引擎的代表进行统计研究。以百度指数为数据源，以 2017 年整年为调查时间段，对京津冀 223 家 4A 级及以上景区进行百度搜索指数年平均量分析、百度搜索指数年最高量分析、需求图谱分析、资讯指数分析、媒体指数分析、人群画像分析及综合分析，并基于此找出京津冀旅游景区在百度营销平台使用中存在的问题及解决策略。

一、京津冀景区百度趋势分析

（一）北京市 4A 级以上景区百度趋势分析

1. 北京市 5A 景区百度指数趋势分析

通过搜索关键词，从百度趋势的角度分析，北京 8 家 5A 级景区中，百度搜索指数年平均量 1000 以下的景区有 3 家，占总数的 37.5%；百度搜索指数年平均量 1000～2000 的景区有 2 家，占总数的 25%；百度搜索指数年平均量 2000～3000 的景区有 2 家，占总数的 25%；百度搜索指数年平均量 3000 以上的景区有 1 家，占总数的 12.5%。百度搜索指数年最高量 2000 以下的景区有 1 家，占总数的 12.5%；百度搜索指数年最高量 2000～4000 的景区有 3 家，占总数的 37.5%；百度搜索指数年最高量 4000～6000 的景区有 3 家，占总数的 37.5%；百度搜索指数年最高量 6000 以上的景区有 1 家，占总数的 12.5%。其中，颐和园百度搜索指数年平均量与最高量都居首位，而北京奥林匹克公园的百度搜索指数年平均量与最高量都居末位，由此可见游客对于颐和园这类经典的人文景观的关注度非常高，对北京奥林匹克公园则不太感兴趣。值得一提的是，各景区百度搜索指数年最高量一般为国庆节、立春时节、暑假期间、清明节前后以及立冬时分。

2. 北京市 4A 景区百度指数趋势分析

北京 70 家 4A 级景区中，有 7 家未被百度平台收录，占总数的 10%；有 63 家被百度平台收录，占总数的 90%；在这些被收录的景区中，百度搜索指数年平均量 500 以下的景区有 31 家，占被收录总数的 44.29%；百度搜索指数年平均量 500~1000 的景区有 15 家，占被收录总数的 23.81%；百度搜索指数年平均量 1000~1500 的景区有 10 家，占被收录总数的 15.87%；百度搜索指数年平均量 1500~2000 的景区有 5 家，占总数的 7.94%；百度搜索指数年平均量 2000 以上的景区有 2 家，占被收录总数的 3.17%。百度搜索指数年最高量 5000 以下的景区有 49 家，占被收录总数的 77.78%；百度搜索指数年最高量 5000~10000 的景区有 3 家，占总数的 4.76%；百度搜索指数年最高量 10000 以上的景区有 4 家，占总数的 6.35%。由此可以看出，北京 4A 级景区的百度搜索指数年平均量普遍比 5A 级景区的百度搜索指数年平均量低，而百度搜索指数年最高量则没有很明显的不同。其中，各景区达到年最高量的时间一般为周末或国庆节。

（二）天津市 4A 级及以上景区百度趋势分析

1. 天津市 5A 级景区百度趋势分析

从百度趋势的角度分析，天津 2 家 5A 级景区中，百度搜索指数年平均量 100 以下的景区有 1 家，占总数的 50%；百度搜索指数年平均量 100 以上的景区有 1 家，占总数的 50%。百度搜索指数年最高量 500 以下的景区有 1 家，占总数的 50%；百度搜索指数年最高量 500 以上的景区有 1 家，占总数的 50%。其中天津盘山风景名胜区百度搜索指数年平均量与百度搜索指数年最高量都居首位，说明用户对此景区的关注度较高。而且达到百度搜索指数年最高量的时间为国庆期间或周末。

2. 天津市4A级景区百度趋势分析

天津31家4A级景区中,有13家未被百度平台收录,占总数的41.94%;有18家被百度平台收录,占总数的58.06%;在这些被收录的景区中,百度搜索指数年平均量500以下的景区有12家,占被收录总数的66.67%;百度搜索指数年平均量500～1000的景区有3家,占总数的16.67%;百度搜索指数年平均量1000～1500的景区有2家,占被收录总数的11.11%;百度搜索指数年平均量1500以上的景区有1家,占被收录总数的5.56%。百度搜索指数年最高量500以下的景区有7家,占被收录总数的38.89%;百度搜索指数年最高量500～1000的景区有5家,占被收录总数的27.78%;百度搜索指数年最高量1000以上的景区有6家,占被收录总数的33.33%。其中各景区百度搜索指数年最高量一般为国庆节、"五一"假期、周末以及暑假期间。

(三)河北省4A级及以上景区百度趋势分析

1. 河北省5A级景区百度趋势分析

从百度趋势的角度分析,河北8家5A级景区中,百度搜索指数年平均量1000以下的景区有2家,占总数的25%;百度搜索指数年平均量1000～1500的景区有3家,占总数的37.5%;百度搜索指数年平均量1500～2000的景区有1家,占总数的12.5%;百度搜索指数年平均量2000以上的景区有2家,占总数的25%。百度搜索指数年最高量5000以下的景区有4家,占总数的50%;百度搜索指数年最高量5000～10000的景区有3家,占总数的37.5%;百度搜索指数年最高量10000以上的景区有1家,占总数的12.5%。其中各景区百度搜索指数年最高量一般为"五一"假期、周末。

2. 河北省4A级景区百度趋势分析

河北104家4A级景区中,有50家未被百度平台收录,占总数的48.08%;有54家被百度平台收录,占总数的51.92%;在这些被收录的景区中,百度搜索指数年平均量500以下的景区有42家,占被收录总数的44.29%;百度搜索指数年平均量500～1000的景区有7家,占被收录总数的12.96%;百度搜索指数年平均量1000～1500的景区有2家,占被收录总数的

3.70%；百度搜索指数年平均量 1500 以上的景区有 3 家，占被收录总数的 5.56%。百度搜索指数年最高量 1000 以下的景区有 30 家，占被收录总数的 55.56%；百度搜索指数年最高量 1000～1500 的景区有 11 家，占被收录总数的 20.37%；百度搜索指数年最高量 1500～2000 的景区有 5 家，占被收录总数的 9.26%；百度搜索指数年最高量 2000 以上的景区有 8 家，占被收录总数的 14.81%。各景区达到百度搜索指数年最高量一般为"五一"前后、周末、国庆节前夕以及国庆节期间。

（四）京津冀 4A 级及以上景区百度趋势对比分析

1. 京津冀 5A 级景区百度趋势对比分析

以上分析，京津冀 18 家 5A 级景区中，百度搜索指数年平均量 1000 以下的景区，北京有 3 家，占总数的 16.67%；天津有 2 家，占总数的 11.11%；河北有 2 家，占总数的 11.11%；百度搜索指数年平均量 1000～2000 的景区，北京有 2 家，占总数的 11.11%；天津有 0 家，河北有 4 家，占总数的 22.22%；百度搜索指数年平均量 2000～3000 的景区，北京有 2 家，占总数的 11.11%；天津有 0 家，河北有 2 家，占总数的 11.11%；百度搜索指数年平均量 3000 以上的景区，北京有 1 家，占总数的 5.56%。百度搜索指数年最高量 2000 以下的景区，北京有 1 家，占总数的 5.56%；天津有 2 家，占总数的 11.11%；河北有 2 家，占总数的 11.11%；百度搜索指数年最高量 2000～4000 的景区，北京有 3 家，占总数的 16.67%；天津有 0 家，河北有 2 家，占总数的 11.11%；百度搜索指数年最高量 4000～6000 的景区，北京有 3 家，占总数的 16.67%；天津有 0 家，河北有 1 家，占总数的 5.56%；百度搜索指数年最高量 6000 以上的景区，北京有 1 家，占总数的 5.56%；天津有 0 家，河北有 3 家，占总数的 16.67%。由此发现北京、河北 5A 级景区的百度搜索指数年平均量明显高于天津 5A 级景区的百度搜索指数年平均量，北京 5A 级景区的百度搜索指数年平均量又略高于河北 5A 级景区的百度搜索指数年平均量，其中故宫、颐和园等景区搜索指数是相当高的；而且北京、河北 5A 级景区的百度搜索指数年最高量明显高于天津 5A 级景区的百度搜索指数年最高量，河北 5A 级景区的百度搜索指数年最高量与北京 5A 级景区的百度搜索指数年最高量相比略胜一筹。

2. 京津冀4A级景区百度趋势对比分析

基于以上对京津冀4A级景区的百度趋势分析，京津冀205家4A级景区中，有70家景区未被百度平台收录，占4A级景区总数的34.15%，其中北京景区有7家未收录，占未收录总数的10%；天津有13家未收录，占未收录总数的18.57%；河北有50家未收录，占未收录总数的71.43%。由此可见，河北未收录景区占比最大，北京未收录景区较少，说明河北景区的知名度整体不高。北京未收录景区多为小汤山现代农业示范园区、北京张裕爱菲堡国际酒庄等相对知名度不高且文化底蕴不够深厚的景区；天津未收录的景区多为天津天塔湖风景区、天津杨柳青博物馆（石家大院）等旅游优势不是很突出的景区；河北未收录的景区多为华北军烈士陵园红色旅游景区、石家庄市灵寿秋山景区等红色旅游区或山岳景观区。除去未收录景区，百度搜索指数年平均量500以下的景区，北京有31家，占被收录总数的22.96%；天津有12家，占被收录总数的8.89%；河北有42家，占被收录总数的31.11%；百度搜索指数年平均量500～1000的景区，北京有15家，占被收录总数的11.11%；天津有3家，占被收录总数的2.22%；河北有7家，占被收录总数的5.19%；百度搜索指数年平均量1000～1500的景区，北京有10家，占被收录总数的7.41%；天津有2家，占被收录总数的1.48%；河北有2家，占被收录总数的1.48%；百度搜索指数年平均量1500以上的景区，北京有7家，占被收录总数的5.19%，天津有1家，占被收录总数的0.74%；河北有3家，占被收录总数的2.22%。百度搜索指数年最高量5000以下的景区，北京有56家，占被收录总数的41.48%；天津有18家，占被收录总数的13.33%；河北有50家，占被收录总数的37.04%；百度搜索指数年最高量5000～10000的景区，北京有3家，占被收录总数的2.22%；天津有0家，河北有4家，占被收录总数的2.96%；百度搜索指数年最高量10000以上的景区，北京有4家，占被收录总数的2.96%；天津有0家，河北有0家。同时，北京4A级景区的百度搜索指数年平均量1000以上的景区占被收录总数的12.59%，天津4A级景区的百度搜索指数年平均量1000以上的景区占总数的2.22%，河北4A级景区的百度搜索指数年平均量1000以上的景区占总数的

3.70%，说明天津4A级景区的百度搜索指数年平均量与河北4A级景区的百度搜索指数年平均量普遍低于北京4A级景区的百度搜索指数年平均量。北京4A级景区的百度搜索指数年最高量5000以上的景区占总数5.19%，天津4A级景区的百度搜索指数年最高量5000以上的景区数为0，河北4A级景区的百度搜索指数年最高量占总数的2.96%，说明天津4A级景区的百度搜索指数年最高量与河北4A级景区的百度搜索指数年最高量普遍低于北京4A级景区的百度搜索指数年最高量，且天津景区的最高量数值偏低。

3. 综合分析

如表9-1所示，从用户的反馈角度来看，被百度收录用户搜索指数的景区共有153家，占到总数的68.61%。其中日平均搜索指数在1000以下的共117家，占总数的52.47%，1001～2000范围的共28家，占总数的12.56%，2001～5000的共7家，占总数的3.14%，5000以上的1家景区，占总数的0.45%。

表9-1 　　　　　　　　　　旅游景区百度平台平均搜索指数

日平均搜索指数	景区数量	占总景区百分比
1000 以下	117	52.47%
1001～2000	28	12.56%
2001～5000	7	3.14%
5000 以上	1	0.45%

根据统计结果，如表9-2所示，百度搜索指数日平均量前十景区中，北京的景区有7家，占总数的70%；河北的景区有3家，占总数的30%；天津的景区占比为0。其中前三名全为北京的景区。这说明用户对北京的景区关注度很高，河北次之，天津最低。

表9-2 　　　　　　　　　　百度搜索指数日平均量前十景区

序号	景区名称	搜索年平均数
1	颐和园	7043
2	八达岭水关长城景区	3234

续表

序号	景区名称	搜索年平均数
3	恭王府	2608
4	保定市安新白洋淀景区	2601
5	承德避暑山庄及周围寺庙景区	2504
6	北京欢乐谷	2142
7	故宫博物院	2104
8	石家庄市赵县赵州桥景区	2007
9	北京动物园	1899
10	北海公园	1894

如表 9 – 3 所示，百度搜索指数日最高量前十景区中，北京的景区有 6 家，占总数的 60% ；河北的景区有 4 家，占总数的 40% ；天津的景区占比为 0。

表 9 – 3   百度搜索指数日最高量前十景区

序号	景区名称	搜索最高数
1	雁栖湖旅游区	92580
2	保定市安新白洋淀景区	39173
3	颐和园	37692
4	蟹岛绿色生态农庄	25113
5	龙潭公园	17629
6	玉渊潭公园	12919
7	承德避暑山庄及周围寺庙景区	9161
8	张家口市张北县中都原始草原度假村	7311
9	保定市易县狼牙山风景区	7196
10	八达岭水关长城景区	8546

二、京津冀景区需求图谱分析

需求图谱反映的是用户在搜索该词的前后搜索行为变化中表现出来的相关检索词需求。相关词距圆心的距离表示相关词与中心检索词的相关性强度；

相关词自身大小表示相关词自身搜索指数大小。来源相关词反映用户在搜索中心词之前还有哪些搜索需求，通过过滤出关键词上一步搜索行为来源的相关词，按相关程度排序得出；同理，去向相关词反映用户在搜索中心词之后还有哪些搜索需求，通过过滤出关键词下一步搜索行为来源的相关词，按相关程度排序得出。

（一）北京景区需求图谱分析

北京78家4A级及以上景区中，以百度搜索指数年平均量与最高量都居首位的颐和园为例，位于图9-1中最内圈的是与颐和园检索相关性最强的相关词。其中圆明园是与颐和园类似的景区，很可能用户在产生旅游需求后，需要在圆明园和颐和园这两个景区中做选择，基于对来源相关词与去向相关词的分析，用户搜索完圆明园后进而会想要了解颐和园；颐和园图片和颐和园电影都是与颐和园密切相关的，说明用户希望可以通过颐和园的一些真实画面进一步了解颐和园；表面上看电影似乎与颐和园相关性不大，但是却位于最内圈，说明电影与颐和园相关性很强。2006年由娄烨导演的《颐和园》电影火遍大江南北，颐和园形象深入人心，很可能用户在检索电影关键词时，浏览到了《颐和园》电影，并对颐和园产生了深深的憧憬之情。

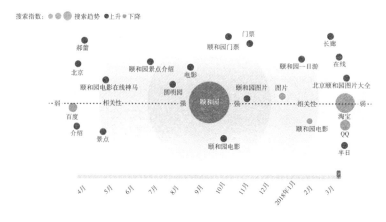

图9-1 关于颐和园搜索的需求图谱

资料来源：百度网站中的搜索指数。

从图9－1可以发现，与颐和园相关的搜索词除了以上相关度最强的，主要就是景点介绍、门票以及一些平台。发现用户在搜索完颐和园之后都是在搜索与颐和园有关的关键词或者一些其他的平台。由此推测，颐和园对于用户的吸引力是相当强的，用户将旅游欲望转换成旅游行为的概率是非常高。

（二）天津景区需求图谱分析

天津33家4A级及以上景区中，以天津方特欢乐世界为例，位于图9－2中最内圈的是与天津方特欢乐世界检索相关性最强的相关词。其中天津欢乐谷是与天津方特欢乐世界类似的旅游景区，说明用户要在这两个景区之中做出选择，至于哪个景区更胜一筹取决于景区游乐设施的多样性与安全性以及游客的偏好等因素。天津方特欢乐世界攻略说明用户已经产生了旅游动机，想要进一步了解天津方特欢乐世界的详细信息以及游玩方法。攻略可能是用户在搜索完天津方特欢乐世界之后进行的搜索。

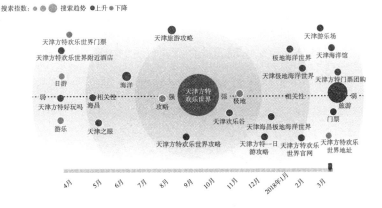

图9－2 关于天津方特欢乐世界搜索的需求图谱

资料来源：百度网站中的搜索指数。

从图9－2可以发现，与天津方特欢乐世界相关的搜索词除了以上相关度最强的，主要是两方面内容：一方面天津其他的旅游景区，除了最相关的天津欢乐谷还有天津之眼、天津极地海洋世界等；另一方面是与天津方特欢乐世界有关的其他服务，除了最相关的天津方特欢乐世界攻略，还有天津方特附近酒店、天津方特门票、天津方特地址等。天津方特欢乐世界适合一日游，而游客普遍选择周末出行或者超过两天的假期出游，所以如需求图谱显示，游客选择天津方特以后，还选择了解天津其他景区。值得一提的是天津方特游乐设施很多，游完需要一天，距离远的游客会选择住一晚，这一点在需求图谱中"天津方特附近酒店"关键词可以证实。

（三）河北景区需求图谱分析

河北112家4A级及以上景区中，以保定野三坡景区为例，位于图9-3中最内圈的是与保定野三坡景区检索相关性最强的相关词。其中保定涞水县野三坡景区需求图谱中与野三坡景区相关性很差。野三坡自驾游攻略属于去野三坡旅游的具体方式，说明大多数用户倾向于自驾游去保定野三坡。一方面自驾游去野三坡景区的人大多数来自保定本地或保定周边城市，野三坡一日游比重大；另一方面野三坡景区没有让游客留下来过夜的理由，这是有待改进的。保定是野三坡所在地，因为野三坡的知名度相当高，用户在搜索野三坡的同时必然会了解野三坡周边环境，或者了解野三坡所在地其他景区，对于保定的搜索量自然很高。攻略是用户产生旅游需求之后所做的，为了充分了解野三坡景区从而有更好的旅游体验。

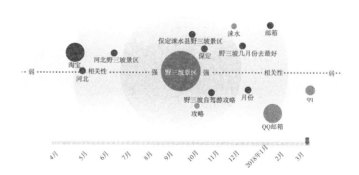

图9-3　关于保定野三坡景区搜索的需求图谱

资料来源：百度网站中的搜索指数。

从图9-3可以发现，与保定野三坡相关的搜索词除了以上相关度最强的，主要就是野三坡所在地以及其他社交软件。说明游客针对性很强即搜索就是为了了解野三坡景区以及熟悉其所在地环境,为此野三坡景区要做好周边环境建设以及自身网站的构建,使用户在想要了解野三坡景区时有迹可循且获得足够全面的信息。

(四) 京津冀景区需求图谱对比分析

根据需求图谱,综合京津冀223家4A级及以上景区发现,与关键词检索相关性最强的相关词一般为是关键词类似的景区或者是含有关键词的一些表述,这说明用户在检索景区关键词时主要考虑两方面的因素:一方面与检索景区差异性小的可替代性景区;另一方面与检索景区高度相关的,比如景区图片、景区攻略等。

与景区关键词相关的搜索词除了相关度最强的,主要就是与景区相关的各类服务或者一些其他平台。这就要求景区不仅要做好景区本身的各项工作,还要提供除景区本身之外的各种信息服务,比如景区的交通、附近的酒店、网站信息的完整性等。值得注意的是,用户一般检索景区信息时,也会去其他平台去检索,由此景区应加强与各类网络平台的合作,扩大宣传范围与力度,从而扩大其知名度以吸引更多的游客。

三、京津冀景区资讯关注分析

(一) 北京景区资讯关注分析

从资讯关注的角度来看,北京8家5A级景区中,资讯指数10000以下的景区有2家,占总数的25%;资讯指数10000~20000的景区有2家,占总数的25%;资讯指数20000~30000的景区有1家,占总数的12.5%;资讯指数30000~40000的景区有2家,占总数的25%;资讯指数40000以上的景区有1家,占总数的12.5%。其中,故宫博物院的资讯指数最高,说明社会对故宫的关注程度非常高,而北京奥林匹克公园就逊色很多。有5家景区媒体指数为0,占总数的62.5%;媒体指数为2的有2家景区,占总数的25%;媒体指数为5的有1家景区,占总数的12.5%。八达岭长城风景名胜区的媒体指数最高,说明关注长城的媒体很多,可以联系媒体在长城举办比赛等活动,通过媒体报道达到宣传景区的目的。

北京 70 家 4A 级景区中,除去未收录的 7 家景区,被收录的 63 家景区中,资讯指数 5000 以下的景区有 57 家,占被收录景区总数的 90.48%;资讯指数 5000~10000 的景区有 4 家,占被收录景区总数的 6.35%;资讯指数 10000 以上的景区有 2 家,占被收录景区总数的 3.17%。从中清晰地看到,北京 4A 级景区的资讯指数明显低于 5A 级景区的资讯指数。媒体指数则全为 0,说明媒体普遍对 4A 级景区的关注度不高,重点放在 5A 级景区上。

(二)天津景区资讯关注分析

从资讯关注的角度来看,天津 2 家 5A 级景区中,资讯指数为 9 的景区有 1 家,占总数的 50%;资讯指数为 0 的景区有 1 家,占总数的 50%。说明社会对天津盘山风景名胜区的关注度较高。

天津 31 家 4A 级景区中,除去未收录的 13 家景区,被收录的 18 家景区中,资讯指数 300 以下的景区有 17 家,占被收录景区总数的 94.44%;资讯指数 300 以上的景区有 1 家,占被收录景区总数的 5.56%。从中清晰地看到,"天津之眼"摩天轮的资讯指数明显高于其他景区的资讯指数。媒体指数则全为 0。

(三)河北景区资讯关注分析

从资讯关注的角度来看,河北 8 家 5A 级景区中,资讯指数 10000 以下的景区有 4 家,占总数的 50%;资讯指数 10000~15000 的景区有 2 家,占总数的 25%;资讯指数 15000 以上的景区有 2 家,占总数的 25%。保定市安新白洋淀景区的媒体指数为 2,石家庄市西柏坡景区的媒体指数为 1,其他景区的媒体指数全为 0,说明社会对 5A 级景区的关注度很高。

河北 104 家 4A 级景区中,除去未收录的 50 家景区,被收录的 54 家景区中,资讯指数 1000 以下的景区有 46 家,占被收录总数的 85.19%;资讯指数 1000~1500 的景区有 2 家,占被收录总数的 3.70%;资讯指数 1500 以上的景区有 6 家,占被收录总数的 11.11%。媒体指数全为 0。

（四）京津冀景区资讯关注对比分析

资讯指数 20000 以上的景区中，北京有 4 家，占总数的 22.22%；河北有 1 家，占总数的 5.56%；天津则没有。从资讯关注的角度看，北京、河北 5A 级景区的资讯指数明显高于天津 5A 级景区的资讯指数，北京 5A 级景区的资讯指数总体略高于河北 5A 级景区的资讯指数。北京 4A 级景区的资讯指数 1000 以下的占总数的 74.29%，天津 4A 级景区的资讯指数 1000 以下的占总数的 96.77%，河北 4A 级景区的资讯指数 1000 以下的占总数的 92.31%，由此可见，天津、河北 4A 级景区的资讯指数普遍低于北京 4A 级景区的资讯指数，河北 4A 级景区的资讯指数总体略高于天津 4A 级景区的资讯指数。

如表 9 - 4 所示，资讯指数前十景区中，北京的景区有 6 家，占总数的 60%；河北的景区有 4 家，占总数的 40%；天津的景区占比为 0。其中前三名全为北京的景区。

表 9 - 4　　　　　　　　　　资讯指数前十景区

序号	景区名称	资讯指数
1	故宫博物院	378976
2	颐和园	34555
3	八达岭长城风景名胜区	34357
4	恭王府	20894
5	北京动物园	16090
6	潭柘寺	15699
7	保定市白石山景区	17216
8	唐山市清东陵景区	44562
9	石家庄市荣国府	23191
10	保定市易县狼牙山风景区	22067

对景区新闻话题量的统计如表 9 - 5 所示，从景区角度看，京津冀 223 家 4A 级及以上的景区中，有 70 家未被百度新闻收录，占到总数的 31.39%；新闻话题量为 0 的有 45 家，占到总数的 20.18%。新闻话题量 1 ~ 1000 的共 69 家，占总数的 30.94%；新闻话题量在 1000 ~ 5000 之间的为 18 家，占到总数

的8.07%；新闻话题量在5000以上的有21家，占到总数的9.42%。

表9-5 旅游景区百度平台新闻话题量统计

新闻话题量	景区数量	景区百分比
0	45	20.18%
1~1000	69	30.94%
1000~5000	18	8.07%
5000以上	21	9.42%
未收录	70	31.39%

四、京津冀4A、5A景区人群画像分析

(一) 北京4A、5A景区人群画像分析

根据人群画像分析，北京8家5A级景区的搜索人群地区来源中，北京所占的比重最大，其次是河北、广东、山东、辽宁、江苏，浙江、上海也占有一定的比重，其他地区所占比例基本为0（见图9-4）。

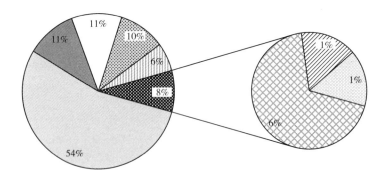

□北京 ■河北 □广东 ▨山东 □辽宁 ▨江苏 ▧浙江 □上海

图9-4 北京5A级景区人群画像分布饼状图

资料来源：根据百度指数中的人群画像数据整理而得。

北京70家4A级景区的搜索人群地区来源中，北京依旧占有最大比重，河北、广东这两个地区占的比重相对较高，山东、江苏、浙江、天津等地区

所占的比例相对较少（见图9-5）。

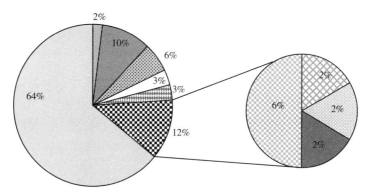

图9-5　北京4A级景区人群画像分布饼状图

资料来源：根据百度指数中的人群画像数据整理而得。

综上，北京78家4A级及以上景区的搜索人群地区来源中，北京位列第一，河北、广东、山东、江苏所占比重相对较高，天津、辽宁、浙江等地区的比例相对较少。

（二）天津4A、5A景区人群画像分析

天津2家5A级景区的搜索人群地区来源中，北京所占比重较大，其次是天津本地，河北、山东、辽宁所占比重相对较低，其他地区的比例更少（见图9-6）。

天津31家4A级景区的搜索人群地区来源中，天津所占比重最大，其次是河北、北京、山东占有较大比例，辽宁、广东等地区所占比例相对较少（见图9-7）。

综上，天津33家4A级及以上景区的搜索人群地区来源中，天津居首位，北京、河北这两个地区位居其后，山东、广东、辽宁等地的比例相对较少。

（三）河北4A、5A景区人群画像分析

河北8家5A级景区的搜索人群地区来源中，河北本地所占的比重最大，

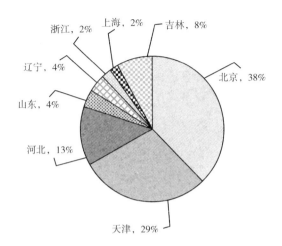

图 9 – 6　天津 5A 级景区人群画像分布饼状图

资料来源：根据百度指数中的人群画像数据整理而得。

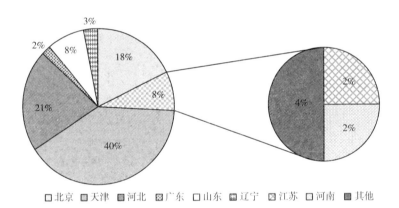

□北京　□天津　■河北　⊠广东　□山东　▦辽宁　▨江苏　□河南　■其他

图 9 – 7　天津 4A 级景区人群画像分布饼状图

资料来源：根据百度指数中的人群画像数据整理而得。

其次是北京、广东、山东，最后是天津、江苏、河南，其他地区所占比例基本为 0（见图 9 - 8）。

河北 104 家 4A 级景区的搜索人群地区来源中，河北依旧占有最大比重，接着是北京占的比重相对较高，广东、山东、江苏、浙江、天津等地区所占的比例相对较少（见图 9 - 9）。

综上，河北 116 家 4A 级及以上景区的搜索人群地区来源中，河北位列第

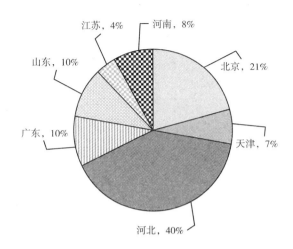

图9-8 河北5A级景区人群画像分布饼状图

资料来源：根据百度指数中的人群画像数据整理而得。

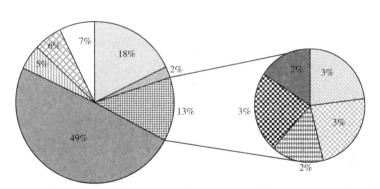

□北京 ■天津 ▨河北 ▥广东 □山东 ▨辽宁 ▨江苏 ▦浙江 □河南 ▨山西 ▨其他

图9-9 河北4A级景区人群画像分布饼状图

资料来源：根据百度指数中的人群画像数据整理而得。

一，北京所占比重相对较高，广东、山东、江苏、天津、辽宁、浙江等地区的比重相对较少。

（四）京津冀4A、5A景区人群画像对比分析

京津冀5A级景区人群画像综合占比中，北京地区占比约为36%，河北占比约为26%，天津占比约为7%，累计占比约为69%；而浙江、上海的占比均不到 1%。可见，对于京津冀地区 5A 景区，关注度最高的人群多为京津冀本地居民，浙江、上海等距离京津冀较远地区的居民关注度普遍较低（见图 9 – 10）。

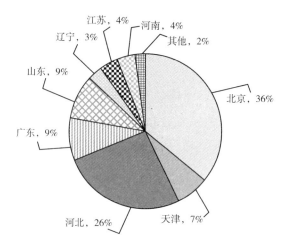

图 9 – 10　京津冀 5A 级景区人群画像综合分布饼状图

资料来源：根据百度指数中的人群画像数据整理而得。

京津冀 4A 级景区人群画像综合占比中北京地区占比约为 37%、河北占比约为 28%、天津占比约为 9%，累计占比约为 74%；而四川、湖南、云南的占比均不到 1%。可见，对于京津冀地区 4A 景区，关注度最高的人群多为京津冀本地居民；四川、湖南、云南等地当地景区优势较大，故这些地区居民对京津冀景区关注度普遍较低（见图 9 – 11）。

综上，京津冀 4A 以上景区搜索人群中占比最大的为北京居民，北京居民对京津冀景区度关注最高，整体表现为京津冀居民更倾向于本地旅游。

从用户来源地的角度分析（见表 9 – 6）。北京景区的搜索人群指数总数为 105.93，其中有 62.87% 的人来自北京，有 10.07% 的人来自河北，有 1.68% 的人来自天津，有 6.38% 的人来自广东，有 4.17% 的人来自山东，有 3.40% 的人来自江苏，有 1.60% 的人来自浙江，有 1.04% 的人来自辽宁，有 8.79% 的人来自其他地区；天津景区的搜索人群指数总数为 45.28，其中有 38.87% 的人来自天津，有 20.21% 的人来自北京，有 20.32% 的人来自河北，有 2.21% 的人来

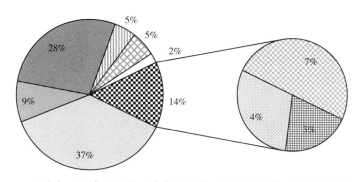

图 9-11　京津冀4A级景区人群画像综合分布饼状图

资料来源：根据百度指数中的人群画像数据整理而得。

自广东，有 7.35% 的人来自山东，有 3.53% 的人来自辽宁，有 1.44% 的人来自江苏，有 0.77% 的人来自浙江，有 5.30% 的人来自其他地区；河北景区的搜索人群指数总数为 109.35，其中有 47.23% 的人来自河北，有 18.29% 的人来自北京，有 2.56% 的人来自天津，有 7.18% 的人来自山东，有 5.72% 的人来自广东，有 3.25% 的人来自江苏，有 2.06% 的人来自辽宁，有 1.60% 的人来自浙江，有 12.11% 的人来自其他地区。

表 9-6　　　　　　　　　　京津冀旅游景区人群画像统计

北京景区			河北景区			天津景区		
地域	指数	百分比（%）	地域	指数	百分比（%）	地域	指数	百分比（%）
北京	66.60	62.87	河北	51.65	47.23	天津	17.60	38.87
河北	10.67	10.07	北京	20.00	18.29	河北	9.20	20.32
广东	6.76	6.38	山东	7.85	7.18	北京	9.15	20.21
山东	4.42	4.17	河南	7.50	6.86	山东	3.33	7.35
江苏	3.60	3.40	广东	6.25	5.72	辽宁	1.60	3.53
上海	2.37	2.24	江苏	3.55	3.25	广东	1.00	2.21
河南	2.20	2.08	山西	2.90	2.65	河南	0.80	1.77
天津	1.78	1.68	天津	2.80	2.56	江苏	0.65	1.44
浙江	1.69	1.60	辽宁	2.25	2.06	四川	0.60	1.33

北京景区			河北景区			天津景区		
地域	指数	百分比（%）	地域	指数	百分比（%）	地域	指数	百分比（%）
辽宁	1.10	1.04	浙江	1.75	1.60	吉林	0.40	0.88
云南	0.87	0.82	陕西	0.80	0.73	浙江	0.35	0.77
四川	0.80	0.76	上海	0.75	0.69	湖南	0.30	0.66
新疆	0.70	0.66	四川	0.30	0.27	上海	0.20	0.44
福建	0.40	0.38	新疆	0.20	0.18	内蒙古	0.10	0.22
湖北	0.35	0.33	云南	0.20	0.18			
陕西	0.30	0.28	安徽	0.10	0.09			
海南	0.30	0.28	湖南	0.10	0.09			
黑龙江	0.25	0.24	黑龙江	0.10	0.09			
江西	0.20	0.19	内蒙古	0.10	0.09			
安徽	0.12	0.11	重庆	0.10	0.09			
山西	0.10	0.09	湖北	0.10	0.09			
内蒙古	0.10	0.09						
贵州	0.10	0.09						
宁夏	0.10	0.09						
湖南	0.05	0.05						
合计	105.93	100		109.35	100		45.28	100

五、基于搜索指数的京津冀景区关注特征

（一）2/3 京津冀旅游景区关注度较大

京津冀 4A 级以上旅游景区中有 68.61% 的被收录，说明 1/3 的京津冀 4A 级以上景区旅游景区关注度很低，其中 52.47% 的被收录景区搜索指数在 1000 以下，说明一半的 4A 级以上景区有一定关注度，但还需努力。

（二）北京和河北旅游景区关注度大于天津

在年搜索平均数排名前十的景区中，北京占 7 个，河北占 3 个。在日搜索平均数排名前十的景区中，北京占 6 个，河北占 4 个。天津旅游景区均为 0，普遍关注度低。

（三）市场偏好文化遗产类和具有休闲度假功能景区

在年搜索平均数排名前十的景区中，北京包括颐和园、恭王府、八达岭、欢乐谷、故宫、北京动物园和北海公园，河北包括白洋淀、避暑山庄及周五寺庙和赵州桥，为文化遗产景区、市内休闲公园与山水景观类景区。在日搜索平均数排名前十的景区中，北京包括雁西湖旅游区、颐和园、蟹岛、龙潭、玉渊潭、八达岭等景区，河北包括白洋淀、避暑山庄及外八庙、张北中都草原和狼牙山，为文化遗产、休闲度假区和山水景观类景区，说明游客对于品质高的文化遗产景区、市内休闲公园、近地具有休闲度假功能的景区有很大偏好。

六、基于需求图谱的京津冀旅游景区的搜索特征

1. 游客搜索直接，目标明确

在需求图谱分析中可以看出，一半游客会直接搜索景区本身，以及与景区直接相关的门票、攻略等信息。

2. 关注周边服务设施和基础设施

除了直接相关信息搜索之外，会对周边的住宿、餐饮、交通等服务设施和基础设施，并对与景区相关的电影等文化相关产品感兴趣。

七、基于资讯关注的京津冀旅游景区信息发布特征

（一）1/2 景区普遍关注资讯发布

有 50%的景区发布了资讯，说明一半景区重视网络资讯发布，京津冀三

地景区比例相当，天津比例相对较小。

（二）北京和河北旅游景区注重资讯发布

在资讯指数排名前十的景区中，北京占 6 个，河北占 4 个，天津旅游景区为 0，普遍关注度低。

（三）文化遗产类景区和山水类景区更注重资讯发布

在资讯指数排名前十的景区中，北京景区有故宫、颐和园、八达岭、恭王府、北京动物园和潭柘寺，河北景区有白石山、清东陵、荣国府和狼牙山，为文化遗产景区与山水景观类景区。与搜索指数对比分析，可见景区类型重合，但具体景区有异。其中故宫、颐和园、八达岭、北京动物园以及狼牙山为搜索指数和资讯指数双高景区，潭柘寺、恭王府、白石山、清东陵和荣国府，还需要继续努力进行市场营销活动。

八、基于人群画像分析的京津冀客源市场及其特征

（一）北京旅游景区市场分析——全国性市场

通过以上对京津冀人群画像分析可以看出，关注北京景区的用户中多数来自北京，河北位列第二，但与北京存在一定差距，说明北京景区的客源市场主要在北京；其中关注北京景观的用户来源地涉及 25 个地区（包括北京在内），北至黑龙江，南至海南，内蒙古、新疆等偏远地区用户都对北京有所关注，说明北京景区客源市场辐射的范围非常广，是全国性市场。

（二）天津旅游景区市场分析——东北和华北为主的区域性市场

关注天津景区的用户多数来自天津本地，河北与北京占比基本持平，三地占比大，说明天津景区的客源市场主要为天津本地、河北、北京；关注天津景区的用户来源地涉及 14 个地区（包括天津在内），这 14 个地区北至吉林，南至广东，相对来说辐射范围比较大，主要市场在距离天津 1000 千米以

内的范围，尤其是有高铁连通的区域，客源市场重点在华东和东北市场。

（三）河北旅游市场分析——中国北部为主的区域性市场

关注河北景区的用户大多数来自河北本地，北京位列第二，但其用户量差距较大，天津地区的用户占的比例较少，为此河北景区应充分挖掘北京、天津市场，尤其是天津市场，扩大景区知名度；其中关注河北景区的用户来源地涉及 21 个地区（包括河北在内），这 21 个地区北至黑龙江，南至广东，内蒙古、新疆等地区的用户对河北景区也有所关注，大多数区域位于长江以北，客源市场重点在长江以北的东北、华北和西北市场。

（四）京津冀旅游景区客源市场特征分析

总体来说，京冀两地互动多于与天津的互动。京津冀景区客源市场呈现以下特征：

1. 三地景区互为客源市场，但天津游客对京冀市场的支持力度较京冀小

在天津景区的人群画像中，京津冀人群位于前三，而京冀旅游景区的人群画像中，京冀排在前两位，而天津则排在第八位。说明京津冀三地互为客源市场，但天津对京冀两地的需求较小。

2. 整体遵循空间距离和品牌距离衰减规律

整体来看，京津冀距离 1000 千米以内的市场比重大，如河南、山东，距离远的市场比重小。从区域内来看，距离京津近和品牌优势明显的河北省旅游景区，京津市场比重大，如白石山、野三坡、清东陵、中都草原等在距离上接近京津，如西柏坡、赵州桥等景区，具有明显品牌优势，对京津市场吸引力大。距离京冀空间近且具有品牌优势的天津古文化街、盘山、黄崖关、滨海航母主题公园，京冀比重大。北京景区中的天文馆、海洋馆等场馆对冀津都有吸引力，而文化性景区对河北吸引力大，但对天津则吸引力小。

3. 高铁对京津旅游市场引流作用明显，三大经济体交流明显

有高铁连通区域的客源市场比重大，如江浙和广东市场。长江三角洲地区和珠江三角洲地区是京津冀旅游景区的重要市场，这表明中国东部三大经济发达区域的旅游经济交流和沟通旺盛。

九、旅游者需求分析

总体来看，旅游者对于北京景区的消费需求明显高于河北景区与天津景区，说明旅游者在做出旅游决策时更加倾向于北京景区，尤其一些知名度高且具有历史特色的人文景观，如故宫。

对于北京78家4A级及以上景区中，颐和园、故宫博物院、恭王府这三个景区的各项百度指数明显高于其他景区，说明市场对这三个人文景观关注度很高且在进行旅游消费选择时，这三个景区是旅游者的首选。

对于天津33家4A级及以上景区中，天津之眼、天津欢乐谷、天津方特欢乐世界这三个景区的各项百度指数明显高于其他景区，值得一提的是，这三个景区都是4A级景区，相对于天津两个5A级景区更胜一筹，说明旅游者对于这三个景区比较青睐，更愿意选择这三个景区作为旅游目的地。

对于河北112家4A级及以上景区，保定市白石山景区、保定野三坡景区、保定市安新白洋淀景区这三个景区的各项百度指数明显高于其他景区，说明旅游者在河北旅游时，这三个景区选择可能性大。

对于京津冀那些未收录或百度指数很低的4A级景区，如小汤山现代农业示范园区、天津水高庄园、保定市涞水县鱼谷洞景区等景区，旅游者在做出消费决策时往往不会将这些景区列入考虑范围之内。

第十章 京津冀旅游协同创新模型及创新机制

　　旅游业，它是一个高科技应用较少的行业，创新成果极易被模仿，从而遏制了创新积极性，因此旅游创新的系统性不强。但又不能忽视旅游企业内部创新不足、创新动力主要来自于外界力量推动的现状。正如 J. 马特松等（2005）所说，旅游业创新系统制度化程度低，属于松散连接的系统，称之为旅游创新网络更为恰当。只有在目的地层面旅游创新活动受国家、区域和产业等创新系统的影响，遵循一定的行为模式，才具有一定内在的系统性。

　　旅游业因其服务业的特性，决定了创新过程与服务过程相伴而行。服务的协同创新在旅游协同创新中表现尤为明显。服务本质上是一个过程，旅游产品因其具有无形性、不可储存性、生产和消费同一性等性质决定旅游者在接受服务的过程中，参与服务。所以旅游业与其他行业，尤其是制造业的创新模式不同，协同创新就是一个为共同旅游者提供更为满意的服务的过程，在这个过程中，通过旅游者与旅游从业人员、旅游企业的互动，达到知识共享、绩效提升的目的。

　　由于旅游创新从中观层面上来看是区域间协同创新，表现在基于资源的资源型区域协同、基于产业链的产业链型协同创新，而产品和组织层面的创新是区域协同内在驱动力。

一、区域旅游协同模式

（一）资源型旅游协同模式

目前，旅游资源在临近空间上比较优势难以发挥，区域旅游经济难以形成规模经济与地区集聚规模经济，区域旅游经济发展不平衡。在规模经济与外部性的驱使下，区域旅游协同发展成为必然选择。

在资源型协同创新模式中，以目的地为基础，以旅游核心资源为基础，以景区协同为主体，以政府为主导，以信息关系为纽带，网络结构相对松散。旅游者价值是其协同创新的中心，让游客获得完美的体验和整体的感受是协同创新的目的。各个资源依托型的企业和非企业机构是创新主体，创新主体的异质性相对较弱。通过政府构建的协同创新平台，当公共平台的辐射范围很大，强度很高时，显性知识的传递则会非常迅速，信息的承载量大，但信息的异质性相对较弱，信息结构不完整，行业协会、科研院所以及其他中介机构所提供的异质性信息成为平衡信息结构的重要来源。

（二）产业链型旅游协同模式

基于产业链的旅游协同创新模式认为价值链是其协同创新的核心。该模式以企业利润为中心，以市场为基础，以企业市场化运作为主导，以垂直一体化基础上的物质联系为纽带，是结构相对紧密的市场型协同创新模式。

在市场型协同创新模式中，各个旅游企业在长期合作的过程中建立起稳定的关系，该种模式所建立起来的网络结构是相对紧密的，获得利润是协同创新的目的，垂直型的内部关系决定了其内部关系属于任务导向性的。构建的电子商务平台成为该模式中信息传递和知识流动的平台。当个别协同创新主体之间合作关系稳定、互动频率高、信任程度高时，他们之间的隐性知识的传递就显得有效，但这种隐性知识的传递具有很高的重复性、单调性和片面性，信息接触点少，直接影响了创新效率的提升。这时中介机构、科研院所等非企业机构所提供的显性知识在一定程度上弥补了信息结构不完善的缺憾。

（三）综合型旅游协同模式

从本质上来讲，基于旅游资源区域性分布的旅游协同模式，是一种更为宏观角度的考察。旅游集群关注的是相互关联的旅游企业的地理集中问题，是旅游吸引物及相关要素在一定的地理空间上的集中现象。旅游产业集聚是集群形成的前提，但旅游产业集聚不一定形成集群；旅游产业集群是旅游产业集聚的结果，产业集群是产业集聚发展的理想目标和终极状态，是产业集聚的高级阶段，但不等于旅游产业集聚。旅游产业集聚的具体形态是以旅游产品的生产链为核心的旅游产业集群。

二、旅游业态创新及驱动机制

科学技术的进步一直处于动态变化之中，旅游新业态的"新"有两层含义：第一，相对于区域内现有的旅游业态相比，在组织、产品、消费等方面具有更新和融合，包括旅游产品和旅游消费运营形态的创新；第二，不同于现有的任何旅游业态，具有原创新，主要包括旅游组织形态的创新。因此按照"新"的含义，旅游产业形态类型包括产业组织经营业态、产业产品业态两种类型。

（一）旅游组织经营业态

从空间和产业两个维度，把组织经营业态分成四类（见图 10 - 1），其中实体空间 + 传统产业是传统业态的类型，不是本研究范围。

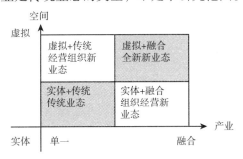

图 10 - 1　旅游组织经营形态

1. *虚拟 + 传统——基于信息技术的组织和经营新业态*

在散客化趋势下，消费者对旅游信息需求、旅游产品多样化的需求，信息产业与"大旅游"的融合渗透，信息化平台为支撑，颠覆了传统的企业组织和经营形态，为旅游业发展提供了新的机会，催生了依托于信息平台（自媒体和传统网络平台）的在线旅游组织和运营新业态。第一，旅行社在虚拟空间形成新的组织形态，如网络 + 旅行社模式、微信平台 + 俱乐部组织形态，除了线下向线上融合，也出现了线上向线下融合，比如同程网 + 实体店的逆向发展。第二，信息技术在虚拟空间新的经营形态，如网络营销、网上河北旗舰店等。

2. *实体 + 融合——基于业务融合的组织和经营新业态*

业务融合基础上的组织新形态，如旅游装备制造业、旅游房地产业、旅游影视业等，在产业融合出现同时，在区域空间上的旅游要素会发生集聚，最终形成产业链条，产业节点互动沟通程度高，形成新的组织形态，形成复合型的旅游综合体。如河北省的花香果巷田园综合体、京西百渡、山海康养度假区、太行红河谷、加油站 + 旅游商品服务等都属于这类。

业务融合基础上的经营新业态，如旅行社 + 景区形成的"景区专卖店"，景区、酒店和旅行社结成联盟，进行联合营销。

3. *虚拟 + 融合——基于信息技术和产业融合的全新新业态*

在信息空间中整合旅游产业及旅游，信息化突破了空间界限，产业融合突破了产业界限，产业融合和虚拟叠加，会形成信息平台上的"产业集聚"的全新业态。目前，这类业态有动漫 + 旅游携程、e龙，在哪儿、同程等在线旅游运营商新业态。

（二）旅游产品业态

旅游业和第一产业相结合，能够促进观光农业、休闲农业、体验农业发展；和第二产业相结合，能够带动房车、游艇、雪具、户外旅游装备等旅游装备制造业发展；和第三产业相结合，能够带动"吃、住、行、游、购、娱"

等服务行业全面升级。在产业融合的过程中产生了新产品，如农业旅游、工业旅游、航空旅游、游艇旅游、服务区旅游等新兴旅游产品。

（三）旅游新业态发展的驱动机制

按照河北省旅游新业态产生的条件可以从内在驱动力和外在驱动力相互作用的结果，内在驱动力源于市场需求，外在驱动力源于产业融合，技术创新和政府推动是助动力，而产业融合需要产业之间拥有共同的技术基础，并相互之间有一定程度的关联性。

1. 产业融合是旅游产品创新的内在动力

旅游产业融合促进了旅游新业态的产生，促进了旅游产品创新。首先，产业融合发生的基础通常是产业之间拥有共同的技术基础。由于旅游产业融合体现在与其他产业之间或旅游产业内部不同行业之间相互渗透、相互交叉，最终融合为一体的过程。其次，发生融合的产业之间相互具有一定程度的关联性。旅游业是一个综合性的产业。旅游产业融合既包括旅游产业之间的融合，又包括旅游产业与其他产业之间的融合，各产业之间具有一定程度的关联性。如今旅游产业链出现了横向一体化和纵向一体化发展趋势。横向一体化主要采取的是推行连锁经营和特许经营，扩大同业的市场覆盖面，形成市场网络，组织更加广泛的客源，保证企业经营效益。纵向一体化是指为了满足消费者日益多样化的需求以及降低企业经营风险，在"食、住、行、游、购、娱"各行业全面拓展业务，使得企业经营业务范围在产业链向上向下无限延伸。这样不仅提高了企业的服务能力，获利能力和经营能力，而且也催生出了新型的旅游业态。现代旅游业更是成为国民经济的一个支柱性产业，因此，其他相关产业为了寻求自身更好更快的发展，也主动积极地向旅游业渗透，与旅游业结合发展的趋势日趋明显（见图10-2）。如农业、工业旅游业等。

2. 旅游市场需求是产业融合的决定作用

旅游方式和旅游类型的多样化是促成产业融合的决定因素。随着大众旅游和体验经济时代的到来，我国居民物质生活水平的不断提高，人们的可供

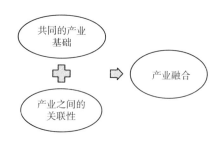

图 10 - 2 产业融合的条件

自由支配的收入在增加，新的休假制度也在推行，旅游已经逐渐成为人们生活必不可少的一部分。由于旅游者层次的广泛性，不同层次的旅游者的旅游需求存在很大差异，旅游活动方式和旅游类型也千差万别。旅游者更加注重旅游过程中的体验性和参与性，不断追求刺激、新颖的旅游经历，传统的观光旅游已不能满足部分旅游者的需求，休闲度假、深度旅游、徒步探险、旅游演艺等具有个性化和体验性的休闲旅游产品受到广大游客的喜爱。个性化和多元化的旅游需求引导着旅游企业对现有旅游产品进行改造或打造新的旅游产品，加快了旅游产业的转型升级，拉动旅游产业融合化发展，促使旅游新业态形成。

3. 技术创新和政府推动是旅游产业融合的助动力

信息技术在实现旅游产业融合过程中起到助推的作用，政府推动是旅游产业融合的催化剂。信息技术的快速发展是促进旅游新业态形成的又一关键因素。信息技术对旅游企业的经营管理模式、组织形式、流通渠道和盈利模式等各方面都产生了深远的影响。信息技术在旅游企业中的运用，促使旅游企业进行产品和经营形态的创新，更好地满足了旅游者的需求，而且降低了成本，提高了旅游企业经营管理效率，促使旅游企业获得竞争优势。这些都必然促使旅游企业大量引进新技术，不断进行旅游创新。由此可见，信息技术的不断进步、创新和变革是旅游产业融合和旅游新业态产生的强劲助推力，在实现旅游产业融合过程中起到助推的作用。进一步来讲，技术创新 + 市场需求促进了产业融合。如图 10 - 3 所示。

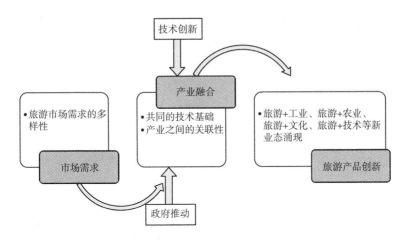

图 10 - 3 产业融合与产品创新动力机制

三、旅游协同创新模型

以上三种创新模式基于不同的角度提出来。资源型旅游协同创新模式是基于旅游目的地的一种复杂的网络式创新模式。这种模式以空间为基础，涵盖了空间上的所有企业，但因其结构松散，相对于结构较为紧密的基于产业链型协同创新模式劣势明显。但基于区域的协同创新的发展壮大要与产业链的延伸和创新共同来完成。但这两个协同创新模式忽略了旅游协同创新的网络结构，以及各个主体在旅游协同创新中的作用以及信息和知识的传导渠道。有鉴于此，旅游协同创新模型构建如图 10 - 4 所示。

（一）旅游协同创新网络系统

由图 10 - 4 可见，旅游协同创新系统通过紧密的协同创新纽带而形成一个有机的整体，每一个主体在这个系统中发挥着不可替代的作用。

旅游创新系统由系统创新节点、节点之间关系或纽带以及资源和知识的互动共享以及网点组成。这个系统依赖于创新系统中不同的创新主体（旅游者、旅游企业、高校等）的协同交互作用，是一个互动交流的过程。

这个系统是一个开放的复杂系统，系统的目标是通过各个主体之间的互

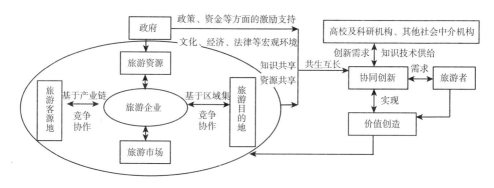

图 10 - 4　旅游协同创新模型

动作用，实现系统的价值创造。这个系统协同创新的基础在于企业和区域之
间在资源方面的稀缺性和功能方面的互补性和共生性。旅游客源地和旅游目
的地之间的互动交流，以及旅游市场与旅游资源之间的供求关系使这个系统
处在不断变化的过程中。在这个过程中，不仅有旅游流、信息流、人才流和
资金流的流动，更为重要的是知识流的存在，使创新活动在整个系统的不断
整合中由无序向有序发展。

1. 旅游企业内部的协同创新

从旅游企业的角度来讲，内部的协同可以提高其内部信息的交流和沟通，
促进企业学习效应，解决工作中的困惑或难题，加强各个部门之间的协调，
促进企业管理效率和员工的工作效率，提高在旅游资源、旅游产品、旅游市
场营销、旅游企业管理流程等方面的创新。

2. 基于区域集群的旅游协同创新

区域旅游协同发展是指区域内各旅游子系统之间的协同和共生、自成一
体、高效和高度有序化的整合，是"一体化"运作的区域旅游发展方式。更
多区域协同创新是以目的地为基础的，该种协同创新模式是以旅游者价值为
中心，以旅游核心资源为基础，以景区与其他产业部门协同为主体，以政府
为主导，以信息关系为纽带，网络结构相对松散的协同创新模式。

基于区域集群的旅游协同创新，旅游者价值是其协同创新的中心，通过
共享服务设施和基础设施，共享旅游目的地品牌效应，让游客获得完美的体
验和整体的感受是协同创新的目的。各个资源依托型的企业和非企业机构，

乃至旅游者都是创新主体，创新主体的异质性相对较弱。通过政府构建的协同创新平台，如果公共平台的辐射范围很大，强度很高，显性知识的传递则会非常迅速，信息的承载量也大。但信息的异质性相对较弱，信息结构不完整，行业协会、科研院所以及其他中介机构所提供的异质性信息成为平衡信息结构的重要来源。

3. 基于产业链的旅游异地协同创新

基于产业链的旅游协同创新模式认为，价值链是其协同创新的核心。该模式是以企业利润为中心，以市场为基础，以企业市场化运作为主导，以垂直一体化基础上的物质联系为纽带，结构相对紧密的市场型协同创新模式。

基于产业链的旅游异地协同创新，各个旅游企业在长期合作的过程中建立起稳定的关系，该种模式所建立起来的网络结构是相对紧密的。获得利润是协同创新的目的，垂直型的内部关系决定了其内部关系属于任务导向性的。构建电子商务平台成为该模式中信息传递和知识流动的平台。当个别协同创新主体之间合作关系稳定，互动频率高、信任程度高时，他们之间的隐性知识的传递就显得有效，但这种隐性知识的传递具有很高的重复性、单调性和片面性，信息接触点少，直接影响了创新效率的提升。这时，中介机构、科研院所等非企业机构所提供的显性知识在一定程度上弥补了信息结构不完善的缺憾。

（二）旅游协同创新主体的角色

旅游服务协同创新贯穿于以上各个方面。每个主体在提供服务的过程中角色不用，作用也不一。在这个系统中，旅游创新主体包括政府、旅游企业、高校及科研机构、其他社会中介机构、旅游者等。

1. 政府

旅游业具有很强的经济拉动作用和溢出效应。政府的引导和支持尤为关键。

政府在旅游企业协同创新中的作用主要体现在政策制度的支持，基础设施和服务设施的提供，交流平台的构建以及对研究开发的投入。尤其是资金投入和政策支持对于创新系统来讲，影响很大，在旅游目的地的协同创新中作用尤甚。首先，政策、制度的支持和设施的建设优化可以创新软硬环境，奠定协同创新的基础，尤其是在相邻区域的协同创新中，行政区域之间生产要素的自由流动仍然存在障碍，导致协同创新不能实现。其次，构建交流平台，如旅游目的地营销系统整合区域旅游信息，实现电子商务和电子政务，节约企业沟通成本的同时，促进企业运营模式的变化，促进整个行业的协同创新。最后，当行业遇到难题，尤其是技术性难题，不能通过自身解决时，需要研发机构给予支持和帮助，政府的资金投入必不可少。政府在整个协同创新系统中资金、知识和信息交流平台等方面的输入，促使整个系统协同创新的顺利进行。前两者奠定了区域旅游协同的基础，最终促进创新；后者是创新的动力来源，是新知识产生的摇篮。

2. 旅游行业

旅游行业由景区、旅行社、饭店、旅游交通、旅游购物、旅游娱乐业等类企业组成。旅行社、饭店、旅游交通作为旅游活动顺利完成的基本保障，与河北省旅游业协同程度高，但在购物和娱乐方面程度很低。因此，除了注重在管理、组织方面的协同创新的同时，更要注重旅游产品和旅游品牌形象的协同创新，以及在旅游购物商品设计、旅游娱乐活动组织等方面的创新。

同时，单个企业的产品创新和组织管理创新较多，而整个链条的旅游市场、旅游线路和旅游组织等方面的创新较少。旅游企业创新需要知识积累以及知识共享才能保证创新动力。因此，企业员工、旅游者以及各种团队沟通渠道的建设有助于各个层面的交流，使知识形成点—线—面的逐级扩散。

3. 中介机构

中介机构包括高校、科研机构及其他社会中介机构。中介机构是对政府和企业创新的有效补充，应顺应协作创新主体的不同要求，分析其面临的困境和急待解决的问题，通过提供智力支持，达成与创新主体的协作，促进合作平台上信息、知识等资源的共享。

（三）旅游协同创新的知识传递

旅游企业是协同创新中的知识源泉和动力来源，信息网络为协同创新提供知识流动渠道，高校和科研院所为其提供有效的知识补充。旅游企业间的水平、垂直沟通和知识流动是构成协同创新系统的基本要素，旅游企业之间协同创新不断完善，才能更好地建设起富有创新的旅游产业网络和旅游创新系统。

在旅游协同创新系统中，存在隐性知识的传递和显性知识的传递。隐性知识因其稀缺性而在关系紧密的主体之间流动。显性知识因其共享性而在公共平台或者一定范围内进行流动。知识流动有效，则协同创新效果明显；反之，则不明显。

同时，在旅游协同创新系统中，存在着明显的区域差别。经济发展水平相当的区域之间，信息交流的平台完善，内容丰富，形成信息有效的双向流动，协同创新较易实现；而在经济发展水平差距较大的区域之间，信息交流平台不对接，内容差异大，信息单向流动较多，协同创新实现较困难。

（四）综合分析

从区域的角度来讲，政府在提供固定投入，优化区域内部协同创新环境的同时，要通过各种政策引导最大化协同带来的效应，弱化区域之间的界限，提高跨区域的协同创新。从行业的角度来讲，行业协同带来了知识共享，提高信息的流动效率，带来了知识交流的均等化，最终降低信息流动成本，提高行创新水平。从企业的角度来讲，企业内部员工的协同与外部市场的沟通和交流，成为企业创新的基础和关键。

旅游协同创新模型因其服务创新性而与其他服务业和制造业有所区别。在旅游协同创新中，因其价值链条组成的复杂的网络体系，使各个主体在协同创新中存在着非常复杂的互动关系。旅游协同创新强调共享—学习—创新的路径，这是一个螺旋式重复上升的互动过程，在这个过程中，创新的程度取决于共享和学习的效果，经济发达、产业规模大的地区，产业分工明确，协作明显，创新活动频繁，创新效果良好；反之，效果则差。

四、京津冀旅游协同创新机制研究

（一）利益传导机制

各主体通过互动、合作，形成利益传导机制，以实现互惠、协同、共赢的目标。利益传导主体包括政府、旅游企业、旅游中介服务机构等，利益传导机制包括政府与旅游企业之间的利益传导、旅游企业之间的利益传导、旅游企业与旅游中介服务机构的利益传导。

1. 政府

政府是基础设施和政策的主要提供者。政府制定旅游的总体政策和规划，建立旅游管理的制度和体系，是旅游产业集聚区规则的管理者和监督者。旅游产业集聚区可借助于政府的能力，为产业发展争取更好的基础设施，同时可推动政府出台更有利于产业结构调整与升级的产业政策和管理制度，不断规范旅游市场环境和经营模式。

2. 旅游企业

旅游企业间的利益传导包括与竞争企业的利益传导和上下游企业的利益传导，其主要实现方式为合作，通过稳定的合作关系实现人员、技术、信息、知识等在各个企业之间扩散、传递，实现利益的传导机制。在利益传导机制中应注意合作双方的相关信息内部透明化，保证合作的公平、公开，促进企业间合作关系的良性循环，以推动合作来取得最大化的收益。

3. 旅游中介服务机构

旅游中介服务机构是发展环境的重要决定者，旅游产业集聚区为旅游中介服务机构的发展提供了重要的支撑。有利于充分发挥相关组织的支持作用，发挥其针对旅游业的组织形式、旅游企业管理特点、专业化协作模式及相关专业技术等多方面的作用。

（二）信任机制

信任属于人际关系的范畴，但是将其形象地运用到组织层次中，更有助于理解组织间的合作行为。区域旅游协同是我国旅游业发展的必然途径，信任机制是旅游产业集聚区持续健康发展的重要机制之一，即各主体在面对不确定性时，能够信赖对方，并作出让对方信赖的行为，从而产生各自相互认同的心理状态。信任机制的建立主要包括三方面的内容。

1. 企业诚信经营的理念

旅游产业集聚区信任机制建立的根源在于各旅游企业自身的诚信经营，

旅游企业应树立和不断强化以信用为核心的诚信经营意识和企业文化，为旅游产业集聚区的信任机制的形成提供道德基础保障。

2. 信用评价体系

建立信用评价体系完善旅游产业集聚区的信用机制和诚信体系。旅游中介服务机构和政府可以制定旅游信用标准，开展企业信誉记录与评定工作，定期通过相关渠道向外界披露旅游企业信用的相关信息。这为交易方获取企业有关声誉的历史信息提供了便捷的途径，企业基于对良好声誉的一贯性维护以及对良好声誉商业价值的考虑将更加倾向于采取合作行为。

3. 声誉约束机制

声誉约束机制是基于名誉的信任。旅游中介服务机构负责对各旅游企业的日常信用行为进行监督，接受来自旅游者及相关部门的投诉。通过行业协会发挥职能，使整个行业的信息传播速度加快、成本降低，整个市场更加透明，任何采取"欺诈"行为的企业将更加容易被识别，非诚信行为的成本大大提高，从而强化基于市场选择监督与市场竞争的集体惩罚机制，使声誉约束机制更加有效。

（三）集体学习机制

旅游主体间的网络关系是集体学习机制产生的基础。旅游产业的各主体通过密切的交流、合作及互动，实现知识的产生、传递与积累，形成集体学习机制。主体可以通过集体学习，吸收其他主体的知识来增加自身的知识基础和提高自身能力，以适应各自或共同的发展需要。

1. 集体学习的动力

集体学习的动力主要由"共同的目标"和"成本、资源、知识、竞争"构成。集体学习就是因为成员间需要而且能够方便地相互协调解决技术、市场等方面的问题而形成的，这也是集体学习的动力。当然对于成员而言，除了共同的目的外，也都希望集体学习能够促使他们技术创新、知识积累以及创新能力、学习能力，竞争力的提高。企业为了降低成本，提高资源的利用效率，丰富自身的知识，提高竞争力，从而利用区域内契机，不断地进行集体学习。

2. 链锁的知识溢出效应

旅游产业的持续创新需要有链锁的知识作为基础，构建链锁的知识溢出效应成为实现多元利益主体共赢的重要方式。创业知识、沟通交流知识、服务销售知识、产品开发知识，所有的外显知识和隐性知识在分享协作中不断碰撞交流，知识的溢出又让想获得长期竞争优势的企业进行再次创新，促进了产业成熟度的提高。持续学习是获得知识的有效途径，政府可以通过定期在发展较发达的区域进行考察，获得成功经验来指导本地产业的发展。教育培训机构开设管理层、服务层、技术层的进修和培训班让从业者进行系统学习。学习是创新知识的积累手段，通过多层次多角度的集体学习，保证区域内知识的不断溢出，知识溢出提高了旅游产业的创新绩效。

第十一章 京津冀旅游协同障碍与
路径选择

京津冀三地旅游资源丰富多样，虽然存在一定同质性，但是互补性还是足够的。国内多数学者认为京津冀旅游合作具有良好的发展前景，但事实却不尽人意，一方面，京津冀的区域旅游合作主要发生在三地的临近位置，主要是市场自发的比较松散的合作方式，合作范围偏小，合作领域较窄，合作主体单一；另一方面，京津冀三地旅游发展极度不平衡，行政区划特征明显。北京作为全国的政治经济文化技术中心，同时又是历史上的重要城市，其旅游资源的吸引力和城市魅力远超津冀；天津作为重要的商埠之地，其旅游资源具有与北京相区分的独特性；拥有大量旅游资源的河北省由于在资源类型上与北京有一定的同质性，导致自身旅游资源竞争力下降，虽然由于临近京津，河北省可以享受到一部分辐射效应带来的旅游效益，但是政府主导作用发挥有限的区域旅游合作状况下，北京旅游的强势也对周边地区造成了较强的屏蔽作用。近几年，三地政府积极沟通商榷，签署了一系列旅游合作协议，但是仍然缺乏实质性的项目作支撑，政府部门没有充分发挥其应有的协调作用。

一、京津冀旅游协同障碍

随着区域经济一体化快速发展，京津冀区域旅游合作进一步深入推进，但在合作过程中还存在一些问题，具体表现在以下几个方面。

（一）协调机制需要进一步加强

目前，三地旅游部门建立了京津冀旅游协同发展工作协调领导小组，在三地党委、政府领导下开展工作，组长是三地的旅游委主任（旅游局局长）。京津冀旅游协同工作会议的协调工作采取统筹协调和临时协调的方式。一般每半年向三地党委、政府汇报一次工作。协同工作力度较之前加大，但在各地内部，与其他部门联动，与发改、财政、交通、文化、环保等相关部门会商不太主动，不能及时协调解决工作推进中遇到的困难和问题。

（二）政策性文件的具体实施还有待深入

2016 年，京津冀三地旅游局（委）发布《京津冀旅游协同发展行动计划（2016—2018 年）》（以下简称《行动计划》），从发展壮大旅游产业、加快建设旅游市场、着力建设旅游服务新网络、逐步完善旅游行业管理体系四个方面，明确提出三年内京津冀三地旅游协同发展的 21 项重点任务。根据《行动计划》，京津冀三地将共建旅游资源交易平台，推进三地旅游项目招商、旅游企业融资、旅游企业股权交易、旅游实物资产交易等。整合三地旅游项目资源，拓展三地旅游项目投融资渠道，促进旅游资源和资本的结合，吸引民营资本、国际资本参与重大旅游项目开发，打造一批具有国际竞争力的京津冀旅游项目。但是对于该行动计划的实施，到目前为止，大部分还停留在文件方面，没能真正具体落实。今后不仅仅要有相关规划出台，更重要的是规划的落地实施。

（三）区域凝聚力小，旅游产品和服务有差距，统一品牌形象有待建设

北京是中国旅游最发达的城市，但却很难将京津冀三地的旅游资源整合在一起，缺乏一种区域旅游凝聚力。地缘接近的区域也联合进行打造，如房山十渡与河北的野三坡，怀柔白桦谷与河北的丰宁，平谷黄松峪与天津的蓟县等，打破区划壁垒联手建造，但实施效果还没有达到预期。在旅游产品创新和旅游服务方面仍存在一定的差距，具有特色的创新产品数量少，新产品中除了张家口滑雪场、张北草原音乐节外，还没有太多新奇有趣的旅游产品

吸引北京游客，基础设施较为落后，仍亟须完善和提高服务水平。

在对外统一宣传营销方面，京津冀地区缺乏对区域整体旅游品牌和形象的整体谋划，没有形成统一的旅游品牌。相比之下，珠三角地区早在1993年广东省旅游局、香港旅游协会与澳门旅游局在香港联合成立"粤港澳珠江三角洲旅游推广机构"负责区域旅游的推广和宣传，共同打造区域旅游品牌，而京津冀地区在这方面进展比较缓慢。虽然有些机构已经成立，但是在实际运作过程中还没有像长三角和珠三角那样真正发挥作用，因此还没能够打造出具有国内影响力的旅游精品线路和统一旅游品牌形象。

（四）合作主体缺失，合作范围有待扩大

目前，京津冀两市一省的旅游合作更多地偏向相关部门的自发合作，属于"政府主导的旅游协同阶段"，各地旅游业相关企业、商会和行业协会等主体还没有积极地参与到区域旅游合作中来，还没有形成"政府主导、市场主体、多元参与"的合作格局。旅游企业间的合作是通过产权交易或契约关系而谋求企业利益的经济行为。尤其是跨区域经营的连锁企业、旅游集团还很欠缺，区域内旅游企业之间的合作多为一次性或短期性，缺乏长期、规范、稳定、深入的联系，区域协同微观基础不牢固，旅游企业"联而不合"，实质上的集团化和规模化没有形成，强强联合缺乏有效的保障等方面都需要得到进一步的改善。在合作的企业内部没有形成现代企业制度：科学管理有待加强。三地旅游集团都以本地为主，普遍对外联系弱。从合作范围来看，京津城际开通以来，京津两地旅游互动明显增多，但京津同周边城市之间的合作还比较少，合作范围有待进一步扩大。从合作的内容上来看，三地之间主要是以旅游部门联合及相互召开旅游促销会为主，还没有扩展到联合展开旅游招商、合作开发旅游产品、共同提供标准旅游服务、共建区域旅游市场、共树区域旅游品牌等内容上来，旅游合作的内容不够丰富。

（五）区域旅游产业链不完善

我国旅游业收入构成中，旅游门票收入占很大比重，京津冀地区也存在同样的问题，三地旅游产业发展都过分集中于"游"，"吃、住、行、购、

娱"等方面发展相对不足，没有形成完整的区域旅游产业链，导致在旅游业发展上重景点和项目开发、轻配套相关产业的发展，从而形成不合理的区域旅游产业结构，容易影响区域内部旅游合作深入发展，甚至由于争项目、争资金、争游客而恶化区域合作关系，影响区域旅游业健康、持续发展。目前京津冀三地推出了旅游一卡通，目的是为了打造大的旅游圈，但是由于各种原因，目前旅游一卡通的影响不大，甚至在民间的知名度还很低，没能发挥其应有的作用。另外，为了推动交通一体化，发行了交通一卡通，但是目前三地居民的拥有一卡通的人数还不多，没能达到预期效果，这就需要相关部门采取措施使之达到预期目标。

（六）京津冀区内旅游市场互动不佳

北京是全国性市场，河北省是北方区域性市场，天津是东北和华北市场，区内市场的互动性差，尤其是北京和天津对河北的选择性不佳，主要集中在唐山、秦皇岛、张家口等区域相近区域的龙头景区，但选择量也较小。从京津冀旅游线路的分析发现，前往北京的游客在进行线路选择时，并没有因为天津、河北地理距离北京近和交通很便捷而选择其旅游目的地。

（七）示范区的发展带动不明显，集聚效应较差

京津冀旅游试点示范区带动不明显。在"京东休闲旅游示范区、京北生态（冰雪）旅游圈（含京张体育文化旅游带）、京西南生态旅游带（含京西百渡休闲度假区）、京南休闲购物旅游区和滨海休闲旅游带"建设上还未取得实效，带动效应不明显，区域资源整合差，集聚效应较差。

（八）京津冀旅游协同公共环境和服务需进一步提升

目前，京津的公共环境和公共服务明显比河北要好，甚至相邻的区域差异较大，这样很不利于京津冀整体形象打造，所以应该注重提升京津冀整体的公共环境和服务水平。虽然三地高速公路全部畅通，但"最后一公里"的问题依然存在，相邻区域的交通服务体系需要完善。京津冀跨区旅游管理综合协调、旅游案件联合查办、旅游投诉共同受理、旅游行业监管信息共享等

综合监管机制等有待统一。从旅游信息化发展来看,京津冀地区旅游信息化程度不高,制约了三地旅游合作的快速发展。一是缺乏统一的信息平台,三地重点旅游城市虽然都建立了旅游信息网,但网站内容多侧重于当地的旅游景点介绍,资源分散,难以形成共享。虽然在 2016 年出台的《行动计划》明确提出,加强京津冀旅游大数据成果共享。实施国家大数据战略,利用在张承地区设立国家级旅游数据(灾备)中心的契机,在国家旅游局的指导下,加强京津冀旅游大数据成果共享。进一步整合京津冀三地旅游统计分析数据、旅游咨询数据、旅游交易服务数据、旅游企业监管数据、旅游投诉受理数据等,加强数据成果有效利用,更好地为京津冀三地旅游管理部门、涉旅企业、游客提供服务,为旅游业发展提供支撑。但是到目前为止三地还未能建立起一个真正的大数据中心,以供三地共享。二是旅游电子商务推进比较缓慢。一方面由于京津冀旅游企业信息化发展比较缓慢,缺乏比较有影响力的区域性旅游电子商务平台,游客网上订票、异地订票等一些电子化便利措施难以实现;另一方面旅游电子商务属于新兴行业,相应法律法规还不完善,对相关旅游主体的监管不全面,发生纠纷容易产生游客维权难等现象,影响了旅游电子商务的健康发展。

(九)雄安新区的建立对于京津冀旅游协同的效果并不明显

雄安新区是中共中央、国务院决定设立的、建设一个具有全国意义的新区,选准了推进供给侧结构性改革、疏解北京非首都功能、京津冀协同发展三大战略的耦合点,是一个重大的历史性战略选择。雄安新区位于京、津、保、石之间,与北京、天津共同构成了一个金三角,三地之间同城化的推进必将促进人流、物流、资金流、信息流的频繁流动。三地之间完善的基础设施和公共服务实现一体化,为京津冀旅游的互补、协调、突破性发展提供良好的硬件和软件环境。长期以来,京津冀旅游实施一体化战略、推进协同发展的最大障碍是由于行政区划而导致的旅游管理体制的分割。现在建设雄安新区已成为京津冀三地共同的、首要的战略任务,行政界线不再是协同发展的阻力,同心协力成为三地协同发展的动力。三地旅游资源整合、产品对接、市场共拓只会导致三方共赢兴享,产生"1+1+1>3"倍数效应。新区的新体制新机制为形成旅游协同发展的新路径，特别是在旅游企业经营、旅游服务优化、旅游市场管治和旅游人才引进等软环境合作方面创造新空间。

但是新区的建设不是一朝一夕能够建成的，目前新区仍在规划、勘探的初级阶段，其带动效应还远远没有显现出来。其带动效果需要等新区建成后才能显现，因此目前对于京津冀旅游协同的带动性并不大。

二、京津冀旅游协同障碍原因

（一）京津冀三地关系复杂，利益协调难度大

首先，京、津为直辖市，与河北省在行政级别上应该是一种平行的关系，但是北京作为首都，河北省一直是北京的保护屏障，北京周边的张家口、承德、廊坊等地一直是北京涵养水源、保护生态的后花园，北京与其周边河北地区的利益分配存在严重的不均等现象。天津历史上曾是河北省省会，新中国成立后划分为直辖市，本来作为河北省经济发展较快的城市也剥离出河北，成为河北的竞争者。从京津冀三地的空间和经济格局来看是"两核一环"，"两核"即北京、天津，一环即河北。总之，三者的竞争大于合作，且竞争力差距大，利益分配不均等，导致三地旅游基础设施差距明显，虽然三地都有较高质量的旅游资源，但是基础建设的差距加大了整合难度。其次，在京津冀存在"环北京贫困带"，北京和天津目前都处在一个对资源进行吸附的阶段，周边形成贫困带，中间地方很发达，从而造成与周边关系难处。最后，京津冀协同发展进一步刺激河北高端人才流向北京天津。人才的流失对于地区经济的影响不容小觑，挽留高端人才，需要更多创新政策，更完善的高端人才创业和发展环境。

可见，三地之间因条块分割的财政体制使得各地必然将本地的利益放在首要位置，为了增加本地的财政收入，造成资源利用、道路交通、企业发展等很多方面的障碍，而区域发展不平衡又加剧了这些障碍。特别对于区内市场合作来说，河北、天津都希望在北京旅游市场占有更大份额，但是北京对河北、天津却缺乏相应的依赖，这种不平衡使得三地区域旅游合作从一开始

就处于一种不平等的位置，不利于区域旅游合作的长期和深入发展。

（二）旅游资源互补性弱，资源缺乏有效整合，合作动力不足

京津冀旅游资源，除了滨海旅游资源外，其他旅游资源河北有的北京都有，相反河北没有的，北京也有，因此在资源上互补性不够强。京津冀三地缺乏资源的有效整合，旅游资源比较分散，缺少区域性的精品旅游线路。河北和天津的旅游资源虽然全，但禀赋较难称为优良，旅游产品精品、亮点不多，存在一定的吸引力缺陷，且作为北京旅游者来说，其对旅游产品的挑剔程度高。所以在市场上互动性不足，北京和其他地区合作的动力并不强。

（三）城市体系规模等级缺乏合理性，旅游消费能力差距大

京津冀城市群包括北京市、天津市和河北省的石家庄、唐山、保定等八个城市及其所属区域。目前京津冀城市群经济总量已经很大，但反映区域经济发展水平的人均地区生产总值低于长三角和珠三角。就河北省的城市体系来看，不能与京津形成合理的空间结构。京津冀经济发展的一个最大特点是区域内部发展差距大，次中心城市接受经济辐射能力有限，使城市群边缘地区很难分享中心城市的发展成果。京津冀城市体系结构中的首位度小，低位序的小城市较多，城市规模结构失衡，城市间交流受到限制；各城市旅游业发展不均衡，城市间竞争大于合作；同时区域内旅游消费能力的大小，将直接影响到河北省旅游的进展。河北省 2017 年居民人均可支配收入 21484 元，比上年增长 8.9%。从 2013～2017 年数据看，京冀收入倍差由 2.69 缩小为 2.66，津冀收入倍差由 1.74 缩小为 1.72，河北与京津收入倍差呈逐年缩小趋势①。但是整体来看河北省的消费能力与京津相比仍然很低，这直接影响了河北省与天津、北京的协同发展。所以，相对于上海、广州对区域经济的拉动效应，先进的北京对于区域的表现主要是反拉动——吸附这一地区的资源、资金、人才，对区域经济的反哺作用相当微弱；区域旅游总体规划缺位；该区域的旅游经济体现了强烈的区域性质，而不是资源要素的市场特点。

---

① http://yzdsb.hebnews.cn/pc/paper/c/201802/01/c50861.html.

（四）产品没有创新，市场吸引力不足

北京已成为比较成熟的旅游客源地，自身面积够大，且旅游资源丰富，不仅有优美的自然山水风光，同时还拥有深厚的文化遗址遗迹类旅游资源，并且这些旅游资源的无论是从品质上还是从开发商来说其品质都很好，能够承载大量的旅游消费群体，这对天津和河北来说是一种强有力的竞争，因此作为游客来说并没有因为距离近而选择天津和河北。从中国的假日制度来看，在国庆和春节长假期间，北京居民更多的是选择长距离出游，如海南或是国外。平时最多的闲暇时间为周末，在这种情况下，往往会选择距离上不太远的目的地出游，研究发现大多车程在 2 小时之内，这样不会造成过度劳累，影响出游品质，而河北的景区驱车大多都会超过 2 小时，因此造成游客将河北排除在目的地之外。

（五）京津冀旅游管理的综合协调能力较差

经历了几年的发展，京津冀旅游协同发展取得了一些成效。三地建立了京津冀旅游协同发展工作协调机制，成立了领导小组及相应的办公室；建立了京津冀旅游协同发展项目对接机制；先后建立了旅游直通车发展协作机制，成立了旅游网站联席会；建立了旅游咨询服务合作机制，建立健全了旅游市场一体化监管机制、投诉受理协调机制、执法合作机制、信息共享机制等。同时我们也注意到这些协作机制或协作机构虽然已经建立，但大都没能真正发挥其应有的职能。这些机构大多只是一个虚设，没能引起三地相关部门的重视，其综合协调能力也就没能达到预期目标。

三、京津冀旅游协同发展路径

京津冀旅游协同发展是三地旅游业发展的共同需求。为了避免行政分割，各自为政，使得内部产业结构趋同，重复建设，造成资源浪费，必须要依托北京功能疏解进行协同发展，通过大运河、长城、太行山和立体化交通网络为延伸发展轴进行承接，在机制、公共服务、交通、市场、管理等方面进行

协同，加快京津冀旅游产业协同发展进程。

（一）构建协同发展的机制保障

强化顶层设计，建立国家层面的协同发展的协调机制。国家有关部委应加紧建立重点区域发展支持协调机制，加快推进《京津冀旅游协同发展行动计划（2016—2018）》的落地实施工作。加快京津冀旅游协同发展规划的出台，对三地旅游业发展和布局进行统筹安排。建立区域"高层协商决策、部门协调落实、行业协作组织支持促进"的工作机制。京津冀三地高层领导定期会晤，采取轮执主席制，三方轮流坐庄，就京津冀旅游协同发展的重大问题进行沟通、形成共识；职能部门建立协调落实机制，落实高层决策事项，合力改善区域内的政策、制度和服务环境；行业协作组织积极搭建区域信息共享、企业合作、产业链式对接平台，促进产业一体化发展。

建立规划对接机制。落实即将出台的京津冀旅游协同发展规划，明确各自分工，突出比较优势，以区域为单位建立起旅游的比较优势。设立旅游协同发展基金。各地政府按照地方财政收入的一定比例，出资共同设立旅游产业协同发展基金，主要用于支持重点旅游发展、特色园区建设；用于生态环境补偿，促进区域旅游全面协调可持续发展。

建立利益补偿机制。京津冀三地之间是一种错综复杂的多边多级关系。借鉴欧盟旅游一体化的发展经验，可成立京津冀区域旅游合作公用基金。通过利益补偿机制，使得各方利益得到保障，有利于保持区域旅游合作的持久性。

（二）构建协同的交通网络体系和公共服务体系

旅游业发展中重要一环就是交通，往往交通成为旅游业发展的桎梏。为了保证京津冀旅游协同发展，必须要构建协同的交通网络体系。三地要认真落实《京津冀交通一体化合作备忘录》，打造海陆空立体交通网络。三省市在公路建设过程中统一规划，协调发展，打造京津冀快速路网。在铁路方面加快编制京津冀城际轨道交通规划，加大城际铁路的修建，完善当前高铁的班次，满足不同有课的需求。在海港方面，构建区域港口协调机制，加强津冀港口资源的有效整合，探索便捷的通关运作模式。在空港方面，加强京津冀各城市机场的分工合作，充分发挥各个机场的优势。加快北京新机场的修建。

优化京津冀旅游交通服务体系，构建自驾车旅游服务体系、咨询服务体系以及"同城待遇"的惠民政策。进一步完善"西柏坡号""正定号""衡水湖号""邯郸号""大好河山张家口号"等旅游专列运行体系，编制《京津冀旅游直通车服务规范和质量标准》。配合交通部门优化游客"零距离"换乘体系，完善旅游交通标识系统。依托风景道、旅游公路和旅游咨询服务中心体系建设服务体系。推出区域内旅游惠民政策，建立三地联动的假日旅游产品发布机制。

（三）依托北京功能疏解，创新产品，对接三条文化带

依托北京功能疏解，创新河北省旅游产品体系，在休闲养老、滨海休闲度假、草原娱乐等方面进行产品对接，大力推进大运河、长城和西山永定河这三个文化带建设。这三个文化带建设把北京与天津和河北紧密联结起来，形成了强大的发展黏合力。文化的传播要依托旅游载体，三个文化带的建设必将对京津冀旅游协同发展工作形成强有力促进。要依托北京城市副中心建设谋划京津冀协同发展。北京城市副中心，地处京津冀三地的交汇处，具有非常优越的牵动区域发展的地缘优势，在推动京津冀旅游协同发展中处于桥头堡位置。北京城市总体规划中，通州行政副中心也被明确定位为"京津冀区域协同发展示范区"，这是依托副中心建设推进京津冀旅游协同发展的重要基础。

（四）构建旅游协同的市场联动机制，打造旅游统一品牌形象

建立各类要素信息共享机制，实现京津冀科技、人才、产权交易等各大要素市场互通有无、资源共享。充分发挥各地的优势。充分利用北京这一国际大都市优势，河北省承接其外溢游客以提升自身国际市场影响力。利用天津各种交易所对周边服务辐射作用，促进各要素合理流动、有效整合，增强区域旅游经济发展活力。加强制度建设，建立完善知名商标共保、信用体系共认、执法信息共享、公平竞争体系共建等监管模式，共同营造公开的市场

准入环境和法制环境。

制定京津冀旅游统一对外宣传促销口号和形象 Logo，建立统一的旅游品牌，打造运河、长城等跨区域旅游产品。三地联合营销，利用三地在不同国家和地区的影响力进行营销宣传，最终达到京津冀旅游品牌的共同市场认知。

（五）构建旅游协同的信息化平台，提升服务能力

旅游协同的信息化平台主要包括旅游目的地整体营销、旅游电子商务、旅游信息公共服务和旅游市场监管的信息化。其中旅游目的地整体营销主要是三地共同搭建门户网站，开发手机 APP 和微信平台等。通过整合三地旅游资源，打造有竞争力的旅游线路，从而构筑京津冀统一的旅游形象，打造统一的旅游目的地。旅游电子商务包括电子票务、自助导游系统和第三方在线预订平台。通过旅游电子商务助推目前三地推出的旅游"一卡通"。"一卡通"基本上解决了三地游客的吃住行各方面的需求。旅游市场监管信息系统，重点是假日旅游的汇报和旅游预警信息系统。三地建立统一的旅游统计体系，通过以上各大信息化平台的构建，实现京津冀"智慧旅游"工程，扩大京津冀旅游新媒体平台建设，实现京津冀旅游信息互通。方便三地的旅游统计工作的协同，成果共享，建立京津冀旅游公共信息数据库。加强三地联合执法，构建旅游信息化和大数据管理分析平台，便于三地能够更好地为游客提供优质的服务。

由于旅游产业的综合性特点，区域旅游协同离不开相关领域信息化的共同参与，比如金融、通信、交通等领域的信息化，不断把京津冀区域旅游协同带到新的天地。利用在张承地区设立国家级旅游数据（灾备）中心的契机，整合京津冀三地旅游统计分析数据、旅游咨询数据、旅游交易服务数据、旅游企业监管数据、旅游投诉受理数据等，为京津冀协同发展奠定基础。

（六）加大精品旅游线路整合力度，共建京津冀旅游协同发展示范区

利用三地的旅游资源优势，通力打造精品旅游线路。发挥现有政府机构的作用，协调三地旅游主管部门，联合打造红色精品旅游线路、皇家精品旅游线路和运河沿线精品旅游线路。加快推进京东休闲旅游示范区、京张体育文化旅游产业带、运河休闲旅游文化带、京西南生态旅游带、京南休闲购物旅游区、滨海休闲旅游带等五大示范区建设。按照点—轴—网络发展规律，持续开展雄安新区、大运河文化旅游带、塞罕坝生态旅游区等重点区域旅游发展战略及相关政策研究，积极与国家有关部委对接，争取政策支持。

（七）完善京津冀旅游行业管理体系，培育市场合作主体

加强旅游监管提升服务质量，联合开展京津冀旅游品质协同认证。建立健全京津冀旅游标准体系，联合整治京津冀旅游市场秩序，建立京津冀旅游安全及应急协调机制，发挥旅游行业组织作用，完善京津冀旅游行业协会合作机制，成立旅游联盟组织，搭建旅游企业沟通、交流与合作的平台，实现三地旅游企业协同发展。同时，建立合理的公司治理结构，管理权开放、资源资本化和市场化运作是旅游企业提升竞争力的关键。基于产业融合和信息技术，实现"旅游＋1"战略创新旅游产品体系，实现提升增效和转型升级。

（八）加快雄安新区的建设，充分发挥其带动功能

正如前面所讲，雄安新区的建设对于疏解北京的非首都功能，带动京津冀协同发展起到至关重要的作用。而且雄安新区正处于北京、天津和石家庄的中心位置，其带动效果非常明显。因此雄安新区的建成必然会重新整合京津冀三地资源，更好地发挥各自优势。由于雄安新区特殊的地理位置以及战略定位，必将带动京津冀旅游协同大发展，使得京津冀在国内旅游市场以及国际旅游市场占有举足轻重的地位。雄安新区的建成能更好地承接北京的非首都功能，这样无形中就会提升京津冀在国内外的知名度。目前雄安新区的建设已经开始实施，随着雄安新区的建成三地又一个新的增长极出现，必将重构京津冀城市结构体系，引领区域经济发展，提升当地居民消费能力，带动三地旅游上一个新的台阶。

（九）积极推动京津冀人才智力交流共享机制

积极推动京津冀三地高校科研院所积极开展旅游人才培养、旅游研究和旅游行业智力支持，建设集高校、企业、政府组成的京津冀旅游智库。积极

主动与京津专家或规划单位、研究机构对接联系，加强合作交流，为河北旅游产业发展提供智力支撑。先后请京津方面专家参与河北各项旅游规划等重点旅游规划的编制、论证、评审、咨询等工作，聘请京津专家参与指导河北5A 级景区创建工作。同时通过举办系列主题论坛，邀请知名专家进行主旨演讲，共同探讨京津冀旅游协同发展的措施和路径，推动京津冀旅游合作向更宽领域、更深层次、更高水平发展。

总之，京津冀协同发展是国家战略，也是区域经济发展的必然，京津冀协同中遇到的障碍，包括体制机制、资源整合、品牌共建、管理体系、公共服务等方面，在国家政策引导下，随着的区域旅游经济发展，会逐渐得到解决。

附　录

京津冀旅游协同工作会议

会议	时间和地点	完成的工作和计划的工作
第一次	2014.4 北京	计划的工作： 1. 修改完善《关于进一步推动京津冀旅游协同发展的若干建议》，形成《关于进一步推进京津冀旅游协同发展的指导意见》 2. 建立健全京津冀旅游协同发展机制 3. 编制京津冀旅游协同发展三年规划（2015—2017 年） 4. 制定京津冀旅游协同发展相关政策，推动京津冀旅游协同发展政策一体化 5. 加强京津冀旅游市场一体化建设 6. 着力优化京津冀旅游公共环境和服务 7. 积极构建京津冀旅游标准体系 8. 健全京津冀旅游行业监管体系 9. 加强京津冀旅游人才队伍建设
第二次	2014.8 天津	完成的工作：制定了京津冀旅游协同发展工作协调机制方案，"旅游组织一体化"：建立了京津冀旅游协同发展工作协调领导小组；推进 28 项工作任务分解 计划的工作： 1. 加强京津冀结合部旅游信息、交通、服务等对接，协调交通部门，配套专项资金，在京津冀交界处道路旅游交通标志牌，共同解决景区"最后一公里"的服务问题 2. 共同开发京津冀旅游宣传品，推出旅游精品线路、包装旅游产品，并确定网络营销方案 3. 利用元旦、春节"双节"机会，共办旅游主题活动 4. 依托专业机构组织京津冀旅游投融资对接会，邀请国内知名的投融资机构和京津冀三省市重点旅游项目招商单位现场对接洽谈，共同培育、打造覆盖京津冀区域的旅游投融资平台 5. 建立京津冀区域旅游质监执法合作机制，通过机制创新进一步探索三地旅游联合执法新模式，为实现执法联动打好基础 6. 推进更多地区开通京津冀旅游直通车，通过直通车推进京津冀旅游线路产品的共建，逐渐形成网络

会议	时间和地点	完成的工作和计划的工作
第三次	2014.12 张家口	完成的工作：通过七个方案： 1.《2015 年度京津冀交界处道路旅游交通标志牌设置方案》 2.《京津冀共同开发旅游宣传品工作方案》 3.《京津冀旅游产业项目投融资推介会框架方案》 4.《京津冀旅游大拜年活动方案》 5.《京津冀三地旅游投诉受理协调机制》 6.《京津冀区域旅游执法合作机制》 7.《京津冀三省市旅游局（委）推动京津冀区域旅游直通车发展实施意见》 计划的工作：继续深化落实方案内容
第四次	2015.6 北京	完成的工作：对旅游市场一体化建设、京津冀高速路交界处互置旅游道路标志牌、增开旅游直通车线路以及旅游标准化建设等重点工作进行了调度；对京津冀旅游协同发展研究报告中的旅游协同发展战略定位、行动计划和目标任务等重大问题进行了研究；京津冀旅游投融资服务平台正式启动运营 计划的工作： 1. 认真贯彻落实《京津冀协同发展规划纲要》 2. 研究编制《京津冀旅游协同发展行动计划（2015—2017 年）》 3. 联合制定《关于推动京津冀旅游协同发展的实施意见》 4. 联合编制《京津冀旅游协同发展规划》 5. 进一步推进三地旅游市场一体化建设，继续开发和完善京津冀旅游"一本书、一张图、一张网" 6. 继续推进京津冀道路交界处旅游交通标志牌设置工作 7. 发挥京津冀旅游产业投融资平台作用，对京津冀旅游产业投融资项目推介会签约项目进行跟踪推进，推动落地实施，促进旅游企业间深度合作 8. 不断增加京津冀旅游直通车线路，进一步完善旅游集散中心建设，创新发展模式，提升服务质量，制定旅游直通车发展标准 9. 探索推广京津冀旅游一卡通，使三地居民出行更加便捷、优惠；提升旅游一卡通效益，拓展使用功能，扩大覆盖范围，增强管理作用
第五次	2015.12 天津	完成的工作：对"四个一体化"方案中要落实的 28 项工作任务进行了梳理和分析；提出了 2016 京津冀旅游协同发展的工作要点和 13 个重点实施和需要加大工作推进力度的讨论议题；对京东休闲旅游区行动计划等重点问题进行了研究讨论；完成《京津冀旅游协同发展工作总结》初稿 计划的工作： 1. 联合编制《京津冀旅游协同发展行动计划》 2. 进一步推进三地旅游市场一体化建设 3. 进一步推进三地旅游信息平台建设 4. 进一步推动京津冀旅游产业投融资平台建设 5. 继续推进京津冀旅游直通车工作，认真研究京津冀旅游直通车的市场参与机制和措施 6. 建立三地旅游诚信信息联合公示平台 7. 建立京津冀乡村旅游协同发展机制

续表

会议	时间和地点	完成的工作和计划的工作
第六次	2016.7 承德市	完成的工作： 通过《京津冀旅游协同发展行动计划（2016—2018 年）》 发布《京津冀旅游协同发展示范区合作宣言》 签署《京津冀乡村旅游共建共享共识》 签订《京津冀旅游集散中心直通车同业协会项目合作意向书》 签订《京冀自驾游房车露营协会旅游战略合作意向书》 计划的工作： 1. 有序推进实现京津冀旅游协同发展"四个一体化"目标 2. 明确京津冀旅游协同发展近期拟推动的十项重点工作：落实京津冀旅游协同发展三年行动计划、共建京津冀旅游协同发展示范区、推动开展"京津冀畅游工程"、优化旅游投融资环境、增进旅游人才交流培训、推动乡村旅游深度合作、推进旅游标准互用互认、联合开展旅游宣传营销、联合整治旅游市场秩序、实现旅游信息互联互通
第七次	2017.12 北京	完成的工作： 发布《关于促进京津冀旅游协同发展试点示范区建设的指导意见（征求意见稿）》，签署《京津冀红色旅游联盟合作协议》和《京津冀旅游宣传协议》 计划的工作： 1. 三地将扩大京津冀旅游新媒体平台建设，实现京津冀旅游信息互通 2. 共同推动部分国家的人员 144 小时过境免签政策率先在京津冀旅游协同发展五大示范区内落地实施，实现"一站式"畅游京津冀 3. 建立京津冀旅游管理综合协调、旅游案件联合查办、旅游投诉统一受理、旅游行业监管信息共享等综合监管机制，提高依法监管能力

附表 2　全域旅游视角下野三坡旅游发展水平评价指标体系

一级指标	二级指标	指标解释
自然环境发展水平	森林覆盖率×1	景区森林覆盖率
	垃圾无害化处理率×2	所依托区域内垃圾无害化处理量与产生量之比
	空气质量良好（API指数＜100 的天数）及以上天数比重×3	空气质量良好（API 指数＜100 的天数）及以上天数与全年天数之比
	地表水质量×4	取值标准：达到国家规定的一级标准（3 分）；达到国家规定的二级标准（2 分）；达到国家规定的三级标准（1 分）
	路边、河边、湖边达到美化、绿化、洁化程度×5	取值标准： A. 路边、河边、湖边、海边无垃圾积存，较大部分区域进行了绿化，设置了景观植物或景观小品（8～10 分） B. 路边、河边、湖边、海边有较少垃圾积存，大部分区域进行了绿化，设置了景观植物或景观小品（5～7 分） C. 路边、河边、湖边、海边有较多垃圾积存，少部分区域进行了绿化，设置了部分景观植物或景观小品（3～4 分） D. 路边、河边、湖边、海边有大量垃圾积存，极少部分区域进行了绿化，无设置景观植物或景观小品（1～2 分）

一级指标	二级指标	指标解释
自然环境发展水平	景区周边和主要旅游线路沿途环境美化程度×6	取值标准： A. 景区周边和主要旅游线路沿途无垃圾积存，景区周边和主要旅游线路沿途无占街摆摊、无乱张贴小广告，景区周边和主要旅游线路沿途开展了绿化、美化，景区周边和主要旅游线路沿途村镇环境优美、乡村风貌突出且保持传统村镇的原有肌理和建筑元素，构筑具有当地特色的城乡建筑风格（7~10分） B. 景区周边和主要旅游线路沿途有较少垃圾积存，景区周边和主要旅游线路沿途少量占街摆摊、有少量小广告，景区周边和主要旅游线路沿途村镇环境较优美、乡村风貌较突出且保持传统村镇的原有肌理和建筑元素，构筑比较具有当地特色的城乡建筑风格（3~6分） C. 景区周边和主要旅游线路沿途有垃圾积存，景区周边和主要旅游线路沿途有占街摆摊、小广告，景区周边和主要旅游线路沿途村镇环境一般、乡村风貌不突出且无保持传统村镇的原有肌理和建筑元素，无构筑具有当地特色的城乡建筑风格（1~2分）
	环境保护力度与环境安全×7	取值标准：受到污染以及存在安全隐患的程度 A. 严重（1分）　　　　　B. 中度（2分） C. 轻度污染（3分）　　　D. 已有保护（5分）
旅游资源发展水平	旅游资源品味度×8	取值标准：世界遗产（1000分）、国家历史文化名城（600分）、国家重点风景名胜区（500分）、国家自然保护区（300分）、国家森林公园（200分）、其他（0分）每个观测量取值不叠加，如有重复取最高分
	旅游资源知名度×9	取值标准：在某区域范围内知名度或构成某区域知名品牌 A. 世界（10分）　　　　B. 全国（7分） C. 本省（5分）　　　　　D. 本地（2分）
	旅游资源珍稀奇特度×10	取值标准： 有（　）珍稀物种，或景观（　），或此类现象在其他地区（　） A. 大量，异常奇特，罕见（5分）　B. 较多，较奇特，少见（4分） C. 少数，一般奇特，出现（3分）　D. 个别，普遍，常见（2分）
	旅游资源规模与丰度×11	取值标准： 独立型旅游资源单体规模、体量（　）；集合型旅游资源单体结构（　）、疏密度（　） A. 巨大，完美，优良（8~10分） B. 较大，和谐，良好（5~7分） C. 中等，和谐，较好（3~4分） D. 较小，较和谐，一般（1~2分）
	适游期或适用范围×12	取值标准： 适宜游览的日期每年超过（　）天，或适宜于（　）游客使用和参与 A. 300，所有（5分）　　　　B. 250，80%左右（4分） C. 150，60%左右（3分）　　D. 100，40%左右（1分）

一级指标	二级指标	指标解释
旅游产品发展水平	旅游产品多样性与丰富性×13	取值标准: 旅游产品具有全国知名度, 省外游客占20%以上（10分）; 旅游产品具有全省知名度, 市外游客占50%以上（8分）; 旅游产品具有全市知名度（5分）每个观测量取值不叠加, 如有重复取最高分
	产品与新业态融合度×14	取值标准: 有四类及以上新业态产品（10分）; 有三类新业态产品（8分）; 有两类新业态产品（5分）; 无新业态（3分）
	产品全年度组合度×15	取值标准: 有四季旅游产品（10分）; 有三季旅游产品（8分）; 有两季旅游产品（5分）
旅游交通发展水平	连接景区、度假区、主要乡村旅游点的公路沿线设施完善程度×16	取值标准: A. 餐饮、住宿、购物、加油站、厕所、观景平台等设施完善, 能满足游客需求（10）B. 餐饮、住宿、购物、加油站、厕所、观景平台等设施较完善, 能基本满足游客需求（5分）
	到主要景区的旅游交通专线或城市公交×17	取值标准: 已开通5条以上（5分）; 已开通3条以上（3分）; 已开通1条以上（1分）
基础要素发展水平	拥有住宿床位数×18	景区所依托区域可用于接待的住宿设施床位数总和
	住宿设施类型×19	取值标准: 住宿设施类型达到四种或以上（10分）; 住宿设施类型达到三种（7分）; 住宿设施类型达到两种（5分）; 住宿设施类型达到一种（2分）
	饭店数量×20	景区可用于接待游客用餐的场所数量总和
	特色旅游商品丰富性与多样性×21	取值标准: A. 有系列化、品牌化的当地特色旅游商品（8~10分）B. 有知名的旅游商品、土特产品、手工艺品、旅游纪念品等（5~7分）C. 有特色旅游商品、土特产品、手工艺品、旅游纪念品等（2~4分）
	文娱活动和民俗节庆活动举办频率×22	取值标准: 每年举办三次及以上大型旅游节庆活动（10分）; 每年举办两次大型旅游节庆活动（8分）; 每年举办一次大型旅游节庆活动（5分）
旅游业绩发展水平	年接待旅游者总人次×23	年全区域接待旅游者总人次
	年旅游总收入×24	年销售旅游产品所获货币收入总额
	旅游总收入占当地GDP比重×25	年旅游总收入与当地GDP之比

一级指标	二级指标	指标解释
公共服务水平	旅游咨询中心完善程度×26	取值标准：（该项分值为叠加分值即分值 = A + B） A. 旅游集散咨询体系有地方特色且突出（3 分） B. 具备信息咨询（景区、线路、交通、气象、安全、医疗急救等信息资料）、集散换乘、服务预定、购物娱乐、投诉处理、医疗救护等多种功能（10 分，每有一项不足扣一分，扣完为止）
	停车场完善程度×27	取值标准：（该项分值为叠加分值即分值 = A + B + C） A. 停车场配套完善，均设有停车线、回车线、停车分区，并分设进出口（每发现一处不合格扣 1 分）（5 分） B. 停车场规模与游客承载量相适应（3 分） C. 管理规范，制度健全，设有专人值管（每发现一处不规范扣 1 分）（5 分）
	旅游标识完善程度×28	取值标准： 景区（　）公共信息图形符号位置合理、符合规范、视觉效果优良，（　）标识系统外形美观、内容完整、规范、准确、清晰、中英文对照，维护保养良好 A. 大量，大量（9 ~ 10 分）　　　B. 较多，较多（7 ~ 8 分） C. 部分，部分（5 ~ 6 分）　　　D. 少量，少量（3 ~ 4 分）
	房车露营地数量×29	取值标准：有 3 处以上自驾车房车露营地（10 分）；有 1 处以上自驾车房车露营地（5 分）；仅有露营地没有房车基地（1 分）
	房车露营地配套设施完善程度×30	取值标准：露营、休闲、娱乐、餐饮、购物等功能齐全（5 分）；仅有露营、休闲等基本功能（3 分）；无（1 分）
政府支撑水平	管理机构级别×31	取值标准：设立旅游发展委员会：旅游发展委员会为当地政府组成部门（6 分）；旅游发展委员会为当地政府直属机构（3 分）；有其他方式联盟（2 分）
	管理职能的完善程度×32	取值标准： A. 有与省旅游发展委员会规划发展、产业促进、公共服务、综合监管等相对应的职能科室，有相关部门主要领导在旅游发展委员会任职（5 分） B. 基本具有与旅游综合产业相适应的产业规划、综合监管、政策协调、旅游经济运行监测等相应职能（3 分）
	旅游执法机构完善程度×33	取值标准： A. 设立旅游警察、工商旅游分局、旅游巡回法庭及其他旅游执法机构（4 分） B. 设立其他旅游综合执法机构（2 分） C. 无旅游综合执法机构（1 分）
	相应政策支持力度×34	取值标准： A. 出台了大量有关景区发展的规划与实施意见（10 分） B. 出台了部分有关景区发展的规划与实施意见（8 分） C. 出台了少量有关景区发展的规划与实施意见（5 分）

一级指标	二级指标	指标解释
政府支撑水平	相关部门政策支持力度×35	取值标准：发改、财政、公安、交通、城建、国土等相关部门出台支持配合景区旅游发展的专项意见或扶持政策：3 个及以上部门出台了专项意见（5 分）；2 个相关部门出台了专项意见（3 分）；1 个相关部门出台了专项意见（1 分）
	招商引资力度×36	取值标准（该项分值为叠加分值即分值 = A + B）： A：建立党政主要领导联系旅游项目的制度（5 分）；建立旅游部门主要领导联系旅游项目的制度（3 分） B：每年旅游招商引资总额达到 20 亿元以上（5 分）；每年旅游招商引资总额达到 10 亿元以上（3 分）；每年旅游招商引资总额达到 1 亿元以上（1 分）
	旅游专项资金保障力度×37	取值标准（该项分值为叠加分值即分值 = A + B + C）： A：专项旅游资金达到 5000 万元（10 分） 专项旅游资金达到 3000 万元（7 分） 专项旅游资金达到 1000 万元（4 分） B：设有整合各类资金投入旅游的平台或载体，且运行效果良好（5 分）；设有整合各类资金投入旅游的平台或载体，运行效果一般（3 分） C. 建有多元化的投融资模式（PPP、众筹、BOT、BT、TOT 等每有一种加 1 分）（最高 5 分）
宣传营销水平	宣传资料丰富程度×38	取值标准：（该项分值为叠加分值即分值 = A + B + C + D） A. 有区域宣传片（4 分） B. 有区域旅游指南（4 分） C. 有区域旅游地图（4 分） D. 有其他宣传材料（1~3 分）
	旅游宣传渠道及平台×39	取值标准：（该项分值为叠加分值即分值 = A + B + C + D） A. 有官方网站（4 分） B. 有官方微博、微信（3~4 分） C. 有官方期刊（4 分） D. 有其他宣传媒介（1~3 分）
	促销活动举办频率×40	取值标准：每年组织三次及以上（10 分）；每年组织两次（8 分）；每年组织一次（5 分）
	宣传推广资金支持力度×41	取值标准： A. 宣传推广专项资金超过 200 万（10 分） B. 宣传推广专项资金超过 100 万（8 分） C. 有专项资金保障（5 分）

一级指标	二级指标	指标解释
信息技术发展水平	旅游大数据中心完善程度 C42	取值标准： A. 旅游大数据中心完全实现互联互通（10 分） B. 旅游大数据中心基本实现互联互通（8 分） C. 旅游大数据中心即将建成（5 分） D. 旅游大数据中心还未筹建（2 分）
	涉旅场所监控、通信网络完善程度 ×43	取值标准：（该项分值为叠加分值即分值 = A + B + C） A. 涉旅场所实现 WI－FI 全域覆盖（5 分） B. 涉旅场所实现通讯信号全域覆盖（3 分） C. 涉旅场所实现视频监控全域覆盖（5 分）
信息技术发展水平	智慧旅游公共服务体系完善程度 ×4	取值标准：（该项分值为叠加分值即分值 = A + B + C） A. 已开通 12301 地方旅游服务热线（5 分） B. 设有旅游信息公共服务与咨询网上平台（5 分） C. 能及时处理在线咨询和在线投诉（5 分）
	电子商务系统完善程度 ×45	取值标准：（该项分值为叠加分值即分值 = A + B + C） A. 建有旅游营销信息发布和在线销售平台（5 分） B. 实现无障碍支付（支持刷卡、微信、支付宝等多种支付方式）（3~5 分）
旅游共建及共享水平	社区参与旅游发展程度 ×6	取值标准：（该项为叠加分值即分值 = A + B） A. 在旅游规划发展阶段广泛听取民众意见（2 分） B. 有居民参与旅游发展的受益机制，当地居民的生活环境、所有土地、基础设施、传统文化等能得到保护与提升（3~5 分）
	社区居民对旅游业满意度 ×47	取值标准：（该项为叠加分值即分值 = A + B） A. 旅游从业人员的人身安全、福利待遇、职业尊严等能得到充分保障（5 分） B. 政府、企业与当地居民等各利益主体和谐共处、协调有序、互惠互利（2~5 分）
	旅游从业人员占比 ×48	旅游业从业人员与所有从业人员之比
	惠民政策实施力度 ×49	取值标准：（该项为叠加分值即分值 = A + B） A 对公众免费开放的文化馆、博物馆、图书馆、美术馆、活动中心、科技馆、纪念馆等文化展示场所或公园、广场、绿地、绿道、骑行专线、登山步道、慢行系统等休闲场地；有 5 处及以上（10 分）；有 3 处及以上（8 分）；有 1 处级以上（5 分）该三部分测量值取值不可叠加，如有重复取最高值 B. 全面落实对未成年人、学生、教师、老年人、现役军人、残疾人等群体减免门票等优惠政策（3~5 分）；发行旅游一卡通，发行地区旅游优惠卡、优惠券等（3~5 分）

参 考 文 献

[1] 白长虹等. 京津冀旅游一体化中的理论与实践问题——多中心治理理论的视角 [J]. 旅游学刊, 2014, 29 (11): 16 – 19.

[2] 白长虹, 邢博, 等. 京津冀区域旅游与文化产业协同发展研究 [C]. 2011 京津冀区域协作论坛论文集, 2011: 207 – 212

[3] 白翠玲, 李占乔, 苗泽华. 京津冀区域旅游发展中政府合作机制研究 [J]. 商业时代, 2008 (18): 93 – 94.

[4] 白翠玲, 苗泽华, 等. 基于帕累托最优的京津冀旅游企业合作路径选择 [J]. 商业研究, 2008 (10): 37 – 40.

[5] 卞显红, 沙润. 长江三角洲城市旅游空间相互作用研究 [J]. 地域研究与开发, 2007, 26 (4): 62 – 67.

[6] 曹芳东, 黄震方, 吴丽敏, 等. 基于时间距离视域下城市旅游经济联系测度与空间整合——以长江三角洲地区为例 [J]. 经济地理, 2012, 32 (12): 157 – 162.

[7] 陈传康. 华北文化旅游区与京津冀旅游开发协作 [J]. 城市问题, 1989 (1): 62 – 66.

[8] 陈刚强, 许学强. 中国入境旅游规模空间分布变化及因素分析 [J]. 地理科学, 2011, 31 (5): 613 – 619.

[9] 陈浩, 陆林, 郑嬗婷. 基于旅游流的城市群旅游地旅游空间网络结构分析——以珠江三角洲城市群为例 [J]. 地理学报, 2011, 66 (2): 257 – 266.

[10] 陈娟, 戴文远. 福州市旅游开发的创新与发展研究 [J]. 福建师范

大学学报，2005，21（3）：116 – 120.

[11] 陈万本. 区域旅游合作研究 [D]. 北京第二外国语学院，2005.

[12] 陈秀琼，黄福才. 中国入境旅游的区域差异特征分析 [J]. 地理学报，2006，61（12）：1271 – 1280.

[13] 成思危. 论创新型国家的建设 [J]. 中国软科学，2009（12）：1 – 14.

[14] 程晓丽，祝亚雯. 基于点—轴理论的皖南国际旅游文化示范区旅游空间结构研究 [J]. 地理科学，2013，33（9）：1082 – 1088.

[15] 崔峰，包娟. 浙江省旅游产业关联与产业波及效应分析 [J]. 旅游学刊，2010（3）：13 – 20.

[16] 崔凤军. 城市旅游的空间竞争与合作——关于杭州旅游接轨上海的对策研究 [J]. 商业经济与研究，2004（3）：44 – 48.

[17] 戴学锋. 旅游协同发展——引领京津冀一体化的重要力量 [J]. 旅游学刊，2014，29（11）：19 – 20.

[18] 邸明慧. 浅谈京津冀旅游一体化建设 [C] // 全国区域旅游开发学术研讨会文选，2004.

[19] 邸明慧，王然. 中国旅游区域整合的新发展 [J]. 地理与地理信息科学，2008，24（4）：98 – 102.

[20] 董观志，白晓亮. CEPA 背景下深港旅游合作的创新策略 [J]. 经济问题，2005（5）：79 – 81.

[21] 董观志，白晓亮. 国际化视野下的广深珠旅游合作研究 [J]. 特区经济，2004（12）：67 – 69.

[22] 董耀会. 守望长城——董耀会谈长城保护 [M]. 北京：文物出版社，2008：1 – 209.

[23] 窦群. 以信息化助推京津冀区域旅游一体化 [J]. 旅游学刊，2014，29（10）：19.

[24] 冯智恩. 新形势下京津冀区域旅游协同发展探索 [J]. 产业与科技论坛，2015（12）：27 – 28.

[25] 高楠，马耀峰，李天顺，等. 基于"点—轴"理论的陕西旅游空间

结构研究［J］.干旱区资源与环境，2012，26（3）：177-182.

［26］宫元慧，韩瑛.山西省长城旅游资源整合开发研究［J］.哈尔滨师范大学自然科学报，2012（3）：75-78.

［27］郭丕斌，王霞等.旅游服务创新影响因素研究［J］.技术经济，2013，32（1）：14-16.

［28］韩宁."一带一路"背景下区域旅游发展协同路径研究［J］.旅游纵览月刊，2015（9）.

［29］何小勤.浙江省区域旅游业发展差异成因及对策［J］.国土与自然资源研究，2010（5）：76-77.

［30］河北省地方志编纂委员会.河北省志.81卷.长城志［M］.北京：文物出版社，2011：13-195.

［31］贺灵.区域协同创新能力测评及增进机制研究［D］.中南大学商学院，2013.

［32］侯秀芳，王栋.冀东"金三角"旅游市场一体化的发展瓶颈研究［J］.中国商贸，2012（1）：162，167.

［33］胡伟.企业协同进化与发展模式研究［D］.河海大学学位论文，2008：34-36.

［34］黄细嘉.创新区域中心城市旅游联动发展模式——以武汉、长沙、南昌三市为例［J］.地域研究与开发，2007，26（6）：79-83.

［35］解学梅.都市圈协同创新机理研究：基于协同学的区域创新观［J］.科学技术哲学研究，2011（2）：95-99.

［36］冷志明.湘鄂渝黔区域经济协同发展研究［J］.中央民族大学（社会科学版），2005，32（5）：5-10.

［37］黎鹏.区域经济协同发展及其理论依据与实施途径［J］.地理与地理信息科学，2005，21（4）：51-55.

［38］李创新，马耀峰，郑鹏，等.基于STSM的入境旅游流集散地域结构特征分析——以中国入境旅游六大典型区域为例［J］.地理科学，2011，31（5）：620-626.

［39］李登科.京津冀地区旅游发展趋势探讨［J］.旅游学刊，1988，3

（2）：53 - 57.

[40] 李江帆, 李冠霖, 江波. 旅游业的产业关联和产业波及分析——以广东为例 [J]. 旅游学刊, 2001 （3）: 19 - 25.

[41] 李景元. 对接京津与都市区经济一体化 [M]. 北京: 中国经济出版社, 2011: 112 - 120.

[42] 李善同, 钟思斌. 我国产业关联和产业结构变化的特点分析 [J]. 管理世界, 1998 （3）: 61 - 68.

[43] 李树民. 区域旅游合作的行为模式与动力机制 [J]. 旅游学刊, 2005, 20 （3）: 10.

[44] 李为科, 刘金萍, 郭跃. 基于投入产出分析法的重庆旅游业产业波及效应分析 [J]. 南京晓庄学院学报, 2006 （4）: 96 - 100.

[45] 刘德谦. 关于京津冀旅游协同发展的回望 [J]. 旅游学刊, 2014, 29 （11）: 13 - 15.

[46] 刘德谦. 京津冀旅游协同发展笔谈 （二） ——关于京津冀旅游协同发展的回望 [J]. 旅游学刊, 2014, 29 （11）: 13 - 15.

[47] 刘法建, 张捷, 陈冬冬. 中国入境旅游流网络结构特征及动因研究 [J]. 地理学报, 2010, 65 （8）: 1013 - 1024.

[48] 刘锋. 三大视角探析京津冀区域旅游合作 [J]. 旅游学刊, 2014, 29 （10）: 15 - 16.

[49] 刘军. 社会网络分析导论 [M]. 北京: 社会科学文献出版社, 2004.

[50] 刘军. 整体网分析讲义: Ucinet 软件使用指南 [M]. 上海人民出版社, 2009.

[51] 刘俊杰. 珠三角旅游业的创新与优化 [J]. 肇庆学院学报, 2000 （1）: 65 - 69.

[52] 刘丽娟. 京津冀都市圈旅游产业的集聚研究 [J]. 特区经济, 2011 （6）: 52 - 54.

[53] 刘敏, 冯卫红. 关于旅游产业集群类型的探讨 [J]. 经济问题, 2010 （1）: 121 - 123.

［54］刘敏．关于旅游地旅游企业创新的初步研究——以平遥古城为例
［J］．生产力研究，2010（11）：192－194.

［55］刘思敏．京津冀一体化旅游发展的问题与对策［J］．旅游学刊，
2014，29（10）：16－18.

［56］陆林，余凤龙．中国旅游经济差异的空间特征分析［J］．经济地
理，2005，25（3）：406－410.

［57］路紫．承接京津旅游扩散的重要基础——河北省城市化［J］．旅游
学刊，2014，29（10）：18－19.

［58］吕典玮．京津冀区域一体化中市场一体化研究［D］．上海：华东师
范大学资源与环境科学学院，2011.

［59］罗嘉，李连友．基于协同学的金融监管协同度研究［J］．财贸经
济，2009（3）：15－19.

［60］麻学锋．旅游产业集聚经营与创新研究［J］．江苏商论，2005
（9）：110－112.

［61］马晓冬，沈正平，等．基于区域合作的徐连旅游带建设［J］．人文
地理，2005，20（2）：57－61.

［62］马耀峰，李永军．中国入境旅游流的空间分析［J］．陕西师范大学
学报（自然科学版），2000，28（3）：121－124.

［63］孟庆松，韩文秀．复合系统协调度模型研究［J］．天津大学学报，
2000，33（4）：444－446.

［64］苗泽华，白翠玲，等．京津冀区域旅游合作模式［J］．经营与管
理，2009（3）：68－69.

［65］苗泽华，白翠玲．京津冀区域旅游合作现状分析及对策研究［J］.
绿色大世界，2007（12）：24－26.

［66］宁泽群，李享，吴泰岳，汪金辉．京津冀地区的旅游联动发展：模
式、对象与路径［J］．北京联合大学学报，2013，11（1）：106－116.

［67］牛江艳，曹荣林，杨新军．跨省区域旅游合作研究——以陕甘豫三
省为例［J］．人文地理，2007，22（1）：28－33.

［68］牛湘子．基于价值创新的旅游企业持续竞争优势浅析［J］．现代商

业，2008（15）：65.

[69] 彭红松，陆林，路幸福，等．基于社会网络方法的跨界旅游客流网络结构研究——以泸沽湖为例［J］．地理科学，2014，34（9）：1042-1050.

[70] 秦学．论区域旅游合作模式的变化及其创新发展——以"泛珠三角"和"大珠三角"为例［J］．云南民族大学学报，2006，23（1）：98-102.

[71] 舟斌．我国休闲旅游发展趋势及制度创新思考［J］．经济纵横，2004（2）：25-28.

[72] 尚雪梅，王国强．基于社会网络理论的区域旅游空间结构研究——以京津冀地区为例［J］．瞭望环渤海，2010（11）.

[73] 施岚．武汉建设成为中部六省旅游研发中心的运作思路［J］．武汉学刊，2007（1）：41-42.

[74] 宋德利，马保烈．以构建旅游黄金走廊视角探究齐长城旅游资源的开发利用［J］．旅游世界·旅游发展研究，2014（3）：6-10.

[75] 宋慧林，宋海岩．中国旅游创新与旅游经济增长关系研究——基于空间面板数据模型［J］．旅游科学，2011，4（2）：23-29.

[76] 宋增文．基于投入产出模型的中国旅游业产业关联度研究［J］．旅游科学，2007（2）：7-12.

[77] 宋增文，罗希，周辉，等．京津冀区域视野的北京旅游发展新思路——北京旅游发展新五年规划探索［J］．城市规划通讯，2017（10）.

[78] 粟路军，柴晓敏．区域旅游协同发展及其模式与实现路径研究［J］．北京第二外国语学院学报，2006（7）：19-24.

[79] 孙冬冬，傅广海．旅游景区资源一体化管理初探［J］．城市旅游规划，2014（2）：212-215.

[80] 汪德根，陆林，陈田，等．基于点—轴理论的旅游地系统空间结构演变研究——以呼伦贝尔—阿尔山旅游区为例［J］．经济地理，2005，25（6）：904-909.

[81] 王凤娇．京津冀区域旅游经济差异及影响因素研究［D］．燕山大学，2016.

[82] 王娟，刘邦凡，等. 京津冀旅游资源一体化发展对策研究 [J]. 中国公共管理论丛，2013 (1)：177-180.

[83] 王隽妮，万永坤，董锁成. 旅游业"挤出效应"与区域差异分析 [J]. 资源科学，2015，37 (3)：574-579.

[84] 王君正，吴贵生. 我国旅游企业创新对绩效影响的实证研究——以云南旅游业为例 [J]. 科研管理，2007，28 (6)：56-65.

[85] 王君正，吴贵生. 我国旅游企业创新模式选择的实证研究——以云南旅游业为例 [J]. 研究与发展管理，2008 (20)：73-80.

[86] 王尚义. 刍议太行八陉及其历史变迁 [J]. 地理研究，1997 (3)：68-75.

[87] 王思思，李婷，董音. 北京市文化遗产空间结构分析及遗产廊道网络构建 [J]. 干旱区资源与环境，2010 (6)：51-55.

[88] 王伟. 环城游憩带成长模式及创新系统研究——基于体验经济视角 [D]. 浙江工商大学硕士学位论文，2007：1.

[89] 魏小安. 京津冀旅游一体化的动力与推力 [J]. 旅游学刊，2014，29 (10)：13.

[90] 吴晋峰，潘旭莉. 京沪入境旅游流网络结构特征分析 [J]. 地理科学，2010，30 (3)：370-376.

[91] 吴晋峰. 入境外国旅游流网络分布、性质和结构特征研究 [J]. 干旱区资源与环境，2014，28 (7)：177-182.

[92] 吴群刚，杨开忠. 关于京津冀区域一体化发展的思考 [J]. 城市问题，2010 (1)：11-16.

[93] 吴三忙. 产业关联与产业波及效应研究——以中国旅游业为例[J]. 产业经济研究，2012 (1)：78-86.

[94] 吴三忙. 旅游业融合中政府的作用 [J]. 天津师大学报，2011，26 (6)：7-8.

[95] 肖扬. 桂西南区域旅游合作竞争创新模式研究——基于共生理论 [J]. 消费导刊，2009 (3)：1.

[96] 谢春山，傅吉新，李飞. 旅游业的产业地位辨析 [J]. 北京第二外

国语学院学报，2005（3）：5－10.

[97] 谢彦君．基础旅游学（第三版）［M］．北京：中国旅游出版社，2011：146－156.

[98] 徐丽霞．新疆传统旅游目的地创新开发研究——以吐鲁番地区为例［D］．新疆师范大学硕士学位论文，2008：1－45.

[99] 许学强，周一星，宁越敏．城市地理学［M］．北京：高等教育出版社，1997：116－122.

[100] 薛晓东，许宣伟．创新性思维的自组织机制探析［J］．电子科技大学学报（社科版），2008（2）：6－9.

[101] 杨德进，徐虹．京津冀协同发展背景下景区供应链合作共赢模式研究［J］．河北学刊，2017（5）：145－150.

[102] 杨广，李美云，李江帆等．基于不同视角的服务创新研究述评［J］．外国经济与管理，2009，31（7）：9－15.

[103] 杨国良，张捷，艾南山，等．旅游系统空间结构及旅游经济联系——以四川省为例［J］．兰州大学学报（自然科学版），2007，43（4）：24－30.

[104] 杨杰．我国中小企业自主创新能力的培育途径［J］．河北经贸大学学报（综合版），2006，6（4）：51－54.

[105] 杨丽花，佟连军．基于社会网络分析法的生态工业园典型案例研究［J］．生态学报，2012，32（13）：4236－4245.

[106] 杨琴，王兆峰．旅游产业结构升级优化技术创新模型的构建——以湖南为例［J］．求索，2009（10）：86－87.

[107] 杨晓燕．长三角区域旅游资源整合研究［D］．上海师范大学旅游学院，2005.

[108] 易明．关系、互动与协同创新：产业集群的治理逻辑［J］．企业改革与发展，2010（8）：166－169.

[109] 于洪雁，李秋雨，梅林，等．社会网络视角下黑龙江省城市旅游经济联系的空间结构和空间发展模式研究［J］．地理科学，2015，35（11）：1430－1436.

[110] 余斌，马柯，张立生. 河南旅游业产业关联效应分析 [J]. 信阳师范学院学报（自然科学版），2003（4）：423-426.

[111] 虞虎，陈田，陆林，等. 江淮城市群旅游经济网络空间结构与空间发展模式 [J]. 地理科学进展，2014，33（2）：169-180.

[112] 袁新华. 面向泛珠三角区域合作的湖南旅游发展战略分析 [J]. 旅游学刊，2005，20（1）：48-52.

[113] 袁园. 京津冀区域旅游一体化评价 [D]. 北京交通大学，2017.

[114] 曾国屏. 竞争和协同：系统发展的动力和源泉 [J]. 系统辩证学报，1996（7）.

[115] 张爱平，钟林生，徐勇，等. 中国省际旅游发展质量特征及空间差异 [J]. 地理科学，2015，31（3）：283-292.

[116] 张海宁. 京津冀旅游产业协同发展研究——借鉴日本首都圈经验 [D]. 河北大学，2016.

[117] 张河清. 旅游开发的跨省际协作问题实证研究——建立"中国侗文化旅游圈"的开发设想 [J]. 经济地理，2005，25（3）：414-417.

[118] 张洪，汪芳. 服务利润链角与旅游企业服务创新 [J]. 管理观察，2008（22）：96-98.

[119] 张华初，李永杰. 中国旅游业产业关联的定量分析 [J]. 旅游学刊，2007（4）：15-19.

[120] 张欢欢. 基于协同理论的区域旅游产业发展研究 [D]. 西北师范大学，2008.

[121] 张辉，黄雪莹. 旅游产业融合的几个基本论断 [J]. 旅游学刊，2011，26（4）：5-6.

[122] 张玲，邬永强. 基于CAS理论的旅游产业集群动力机制研究——以广州会展旅游产业集群为例 [J]. 经济地理，2013，33（8）：171-176.

[123] 张天悦. 试论交通在区域经济协同发展中的助推作用 [D]. 北京交通大学学位论文，2011：24-25.

[124] 张文建，阚延磊. 上海市旅游产业关联和产业波及分析 [J]. 社会科学，2003（8）：21-27.

[125] 张亚明, 张文文, 张文长. 京津冀区域旅游经济系统动力学分析 [J]. 管理学报, 2009, 6 (10): 1330 - 1334.

[126] 赵建强, 秦巍, 张海超. 基于 HHI 模型的城市旅游协同发展研究 [J]. 统计与决策, 2011 (10): 56 - 58.

[127] 赵黎明. 京津冀协同发展——旅游业先行破局 [J]. 旅游学刊, 2014, 29 (10): 14 - 15.

[128] 中国长城保护报告 [R]. 国家文物局网站, 2016 - 12 - 1.

[129] 周生春. 试论文化、经济和旅游的关系 [J]. 经济师, 2008 (4): 28.

[130] 朱晨. 基于 GEM 模型的京津冀区域旅游产业发展研究 [D]. 天津工业大学, 2017.

[131] 朱冬芳, 陆林, 虞虎. 基于旅游经济网络视角的长江三角洲都市圈旅游地角色 [J]. 经济地理, 2012, 32 (4): 149 - 154.

[132] 朱付彪, 陆林, 於冉, 等. 都市圈旅游空间结构演变研究——以长三角都市圈为例 [J]. 地理科学, 2012, 32 (5): 570 - 576.

[133] 邹家红. 湖南区域旅游发展差异的系统分析 [J]. 热带地理, 2009, (4): 379 - 383.

[134] 左学金. 人口增长对经济发展的影响 [J]. 国际经济评论, 2010 (6): 127 - 135.

[135] Anna Lejpras. Locational conditions, cooperation, and innovativeness: evidence from research and company spin - offs. [J]. *The Annals of Regional Science*, 2011, 46 (3).

[136] Anne - Mette Hjalager. A review of innovation research in tourism [J]. *Tourism Management*, 2010, 31 (1): 1 - 12.

[137] Ansoff, H. *Corporatestrategy* [M]. Revised edition. NewYork: McGraw2HillBook Company, 1987: 35 - 83.

[138] Archer, B., Fletcher, J.. The economic impact of tourism in the Seychelles [J]. *Annals of Tourism Research*, 1996, 23 (1): 32 - 47.

[139] Archer, B. Importance of tourism for the economy of Bermuda [J]. *An-*

nals of Tourism Research, 1995, 22 (4): 918 – 930.

[140] Benaissa, E., Tahiri, B., Benabdelhafid A.. Applying multi – agent technique in cooperation: case of tourism. [C]//International Conference on Advanced Logistics and Transport. IEEE, 2013: 335 – 340.

[141] Berry, L. L., Shankar, V., Parish, J. T., et al. Creating new markets through service innovation [J]. *Mit Sloan Management Review*, 2006, 47 (2): 56.

[142] Bresson, G., Logossah, K.. Crowding – out effects of cruise tourism on stay-over tourism in the Caribbean: Non – parametric panel data evidence [J]. *Tourism Economics*, 2011, 17 (1): 127 – 158.

[143] Durbarry, R.. Tourism and economic growth: the case of Mauritius [J]. *Tourism Economics*, 2004, 10 (4): 389 – 401.

[144] Fai, F., Tunzelmann, N. V.. Industry – specific competencies and-converging technological systems: Evidence from patents [J]. *Structural Change and Economic Dynamics*, 2001, 12 (2): 141 – 170.

[145] Faruk Balli, Hatice O. Balli, Rosmy Jean Louis. The impacts of immigrants and institutions on bilateral tourism flows [J]. *Tourism Management*, 2016, 52 (2): 221 – 229.

[146] Fourie, J., Siebrits, K., Spronk, K.. Tourist displacement in two South African sport mega – events [J]. *Development Southern Africa*, 2011, 28 (3): 319 – 332.

[147] Gadrey, J., Gallouj, F., Weinstein, O.. New modes of innovation: How services benefitindustry [J]. *International Journal of Service Industry Management*, 1995, 6 (3): 4 – 16.

[148] Glauco De Vita. The long – run impact of exchange rate regimes on international tourism flows [J]. *Tourism Management*, 2014, 45 (12): 226 – 233.

[149] Gunn, C. A., Turgut Var. *Tourism Planning: Basics Concepts Cases* [M]. New York: Rutledge, 2002.

[150] Haken, H.. Synergetics. *Instruction and Advanced Topics* [M].

3nd. Berlin: Springer, 2004: 24 – 45.

[151] Han, S.. Study on the tourism cooperation of three coastal cities in Jiangsu [C] // Fifth International Conference on Computational and Information Sciences. IEEE, 2013: 559 – 562.

[152] Leiper, N.. *Tourism Management* [M]. Collingwood, VIC: TAFE Publications, 1995.

[153] María Santana – Gallego, Francisco J. Ledesma – Rodríguez, Jorge Pérez – Rodríguez. International trade and tourism flows: An extension of the gravity model [J]. *Economic Modelling*, 2016, 52 (1): 1026 – 1033.

[154] Marrocu Emanuela, Paci Raffaele. They arrive with new information. Tourism flows and production efficiency in the European regions [J]. *Tourism Management*, 2011, 32 (4): 750 – 758.

[155] Mattsson J., Sundbo J., Fussing – Jensen C.. Innovation systems in tourism: The roles of attractors and scene – takers [J]. *Industry and Innovation*, 2005, 12 (3): 357 – 381.

[156] Philip Cooke, Mikel Gomez Uranga. Regional innovation system: Institutional and organizational dimensions [J]. *Research Policy*, 1992, (26): 156 – 162.

[157] Poon, A.. *Tourism, Technology and Competitive Strategies* [M]. UK: CABI Publishing, 1993.

[158] Preuss, H.. A method for calculating the crowding – out effect in sport mega-event impact studies: The 2010 FIFA World Cup [J]. *Development Southern Africa*, 2011, 28 (3): 367 – 385.

[159] RYC Tse. Estimating the impact of economic factors on tourism: Evidence from Hong Kong [J]. *Tourism Economics*, 2001, 7 (3): 277 – 293.

[160] Scotten, N., Cooper, C., Baggio, R.. Destination networks: four Australian cases [J]. *Annals of Tourism Research*, 2008, 5 (1): 169 – 188.

[161] Sundbo, J., Orfila – Sintes, F., Sorensen, F.. The innovation behavior of tourism firms – comparative studies of Denmark and Spain [J]. *Research Policy*, 2007, 36 (1): 88 – 106.

［162］TwanHuybers. Inter – firm cooperation at nature – based tourism destinations ［J］. *Journal of Socio – Economics*，2003，32（5）.

［163］Yang Yang，Timothy Fik，Jie Zhang. Modeling sequential tourist flows：Where is the next destination? ［J］. *Annals of Tourism Research*，2013，43（10）：297 – 320.

［164］Zhang，Y.. Tourism and Regional Imbalance in Yunnan（China）［R］. Canberra：Proceedings of the 11th Australian Tourism and Hospitality Research Conference，2001.

后　记

中共中央总书记、国家主席、中央军委主席习近平于2014年2月26日在北京主持召开座谈会，专题听取京津冀协同发展工作汇报，强调实现京津冀协同发展。2017年4月1日，中共中央、国务院决定在河北设立的国家级新区——雄安新区，对于集中疏解北京非首都功能，探索人口经济密集地区优化开发新模式，调整优化京津冀城市布局和空间结构，培育创新驱动发展新引擎，具有重大现实意义和深远历史意义。

本著作是在国家京津冀协同战略背景下进行撰写的。本书为作者2014年承担河北省社会科学基金项目"京津冀旅游协同创新机制及路径选择研究"，项目编号为HB14GL036。自承担项目以来，课题组成员积极开展研究，深入了解京津冀旅游协同发展现状，着手《京津冀旅游协同创新机制及路径选择研究》的撰写，并与经济科学出版社签订了出版协议。本书不仅是河北省社科规划基金项目的研究成果，也是学术团队长期研究旅游的结晶。本人从2005年开始，就对京津冀旅游合作进行研究，对区域旅游城市结构、三地合作机制和路径系统地进行分析。此后，一直关注并思考京津冀区域协同中的协同程度、景区、产业集群、营销平台等方面研究和发展实际。

作为地方高校的教师，始终坚持为所在区域的旅游行业服务的宗旨。在课题研究中，重视调查研究，重视理论联系实际，重视最新发展趋势，重视为旅游业发展建言献策，并在学术会上做京津冀协同发展的主题发言。正是多年坚持不懈的研究，为本书的撰写奠定了坚实的基础。

在该书撰写过程中，课题组全体成员齐心协力、勤勤恳恳，牺牲了一个个节假日，少了很多跟家人、朋友的欢聚。在专家指导和领导的支持和关怀，以及同事们的帮助下，终于完成了书稿的撰写工作，课题组成员感到十分的欣慰，这是本人及课题组同仁们多年来致力于区域发展和网络经济研究的又一个见证，也是新的起点和激励。

本人作为总负责人，初步拟定了著作的编写刚要，并经过课题组全体成员多轮讨论，才确定了本书的研究内容和研究方法。在本书的撰写中，课题组进行了合理分工，具体分工如下：前言（白翠玲）、第一章（白翠玲）、第二章（张启）、第三章（杨丽花）、第四章（杨丽花、白翠玲）、第五章（杨丽花）、第六章（白翠玲）、第七章（白翠玲、和文征）、第八章（和文征、牛天娇）、第九章（白翠玲、高楠）、第十章（白翠玲、杨建朝）、第十一章（张启、白翠玲）、后记（白翠玲）。张启老师、杨建朝和研究生高楠负责专著校对，全书由白翠玲统稿。

在课题研究中，得到了河北省社科规划办、河北省旅游发展委员会、河北地质大学党政领导与商学院师生的关心和支持，感谢我的研究生赵房、蔡玉培、谷雪倩、牛天娇这几年的付出和努力，在此，深表感谢。

在本书撰写过程中，参考了很多文献，很多作者的思想和方法使我们受益匪浅，尤其是已故的陈传康、郭康先生的学术成果，邸明慧、白长虹、宁泽群、刘德谦、魏小安、路紫、戴学锋、刘锋、窦群、刘思敏、袁园、朱晨等研究学者研究成果。在此对编者表示衷心感谢。

由于作者学浅识薄，本书中不免有疏漏或不妥之处，敬请各位专家学者和广大读者批评指正，不吝赐教。您的批评指正，不仅是对我们的鞭策与鼓励，也是我们潜心学问，继续前行的不竭动力。

白翠玲
2018 年 3 月 15 日晚于河北地质大学综合楼 813 办公室